國家社會科學基金一般項目（17BZX070）階段性成果

日本濂溪志

王晚霞 編著

湖湘文化海外傳播研究叢書

叢書主編 陳代湘

岳麓書社·長沙

作者簡介

王晚霞（1977—　），女，籍貫陝西周至，文學博士，哲學博士後，天津科技大學副編審，曾在康奈爾大學、臺北大學訪問學習。主要研究古典文獻學與中國古代文學。主持國家社科基金、教育部人文社科基金、中國博士後基金、湖南省級項目等十余項，已出版著作多部（如：《濂溪志八種彙編》，湖南大學出版社2013年；《林希逸文獻學研究》，中國社會科學出版社2018年；《濂溪志新編》，中國社會科學出版社2019年；《濂溪志補遺》，中國社會科學出版社2020年；《濂溪風雅》，中國社會科學出版社2020年），發表學術論文70餘篇。

周茂叔愛蓮圖一，作者狩野正信，九州國立博物館藏

周茂叔愛蓮圖二，反町茂作氏藏，出自東洋陶瓷研究所編《吴須赤繪圖鑒》，座右寶刊行會1942年版

叢書總序

陳代湘

極富地域特色的湖湘文化，在中國傳統文化史上有十分特殊的地位。湖湘文化歷史悠久，影響深遠，在近、現代更是得到了極大的發展，并出現了幾波著名的人才群體和相應的思想高峰，對社會變革和經濟社會發展起到了巨大的推動作用。

湖南，古稱湖湘①。據考古發現，早在舊石器時代，湖南地域就已有人類活動②。春秋戰國時期，湖南屬於楚國，被北方中原國家視爲“蠻夷”而受到輕蔑。宋代以前，湖南一直被視爲蠻荒僻遠之地，乃貶謫官員流放之所。但是，湖南的土著先民在這塊土地上世世代代繁衍生息，在和其他民族長期不斷交流融合中，創造了獨具特色的本土文化。外地被迫來到湖南的貶員謫客，著名者如屈原、賈誼、柳宗元、劉禹錫等，受到湖湘本土文化的影響，創作出了許多傳世的文化佳作，在這些作品中寄寓了他們求索天人、不屈不撓、愛國奮進的精神，影響了後來世世代代的湖南人。

宋代，湖南道州（今湖南道縣）人周惇頤橫空出世，創立濂學，成爲宋明理學的開山鼻祖。胡安國、胡宏父子開創湖湘

---

①學術界以前都認爲最早稱湖南爲“湖湘”者是五代時任潭州軍府事的武陵人周行逢，而實際上早在初唐時，“湖湘”作爲湖南地域之名即已出現（見聶榮華、萬里主編《湖湘文化通論》第33—34頁，湖南大學出版社2005年7月版）。另，在先秦時期，湖南被稱爲“沅湘”之地（見王逸《楚辭章句》，《四庫全書》第1062册，第16—17頁，上海古籍出版社1987年版）。皆因湖南境内湖泊和江河而得名。“湖南”之得名，乃因其位於洞庭湖之南。而“湖湘”之得名，則是“洞庭湖”與“湘江”簡稱的組合。“沅湘”之地是以境内的沅江和湘江流域指稱湖南之地域。

②見伍新福主編《湖南通史·古代卷》，湖南人民出版社2008年11月版。

學派，促成湖湘文化興盛，湖南遂成“理學之邦”，成爲士子學人心儀的學術聖地，歷史上有“湖南一派，在當時爲最盛”① 的評價，當時的士子學人“深以不得卒業於湖湘爲恨”②。

明末清初的王船山，抱高蹈之節，創岸异之學，在艱苦卓絶的環境中，對傳統學術尤其是宋明理學進行了深入的批判和總結，并創立自己的思想體系。其思想超越了當時的時代，在中國近代得到强烈的迴響，恰如梁啓超所言：“清初幾位大師——實即殘明遺老——黄梨洲、顧亭林、朱舜水、王船山……之流、他們許多話，在過去二百多年間，大家熟視無睹，到這時忽然像電氣一般把許多青年的心弦震得直跳……最近三十年思想界之變遷，雖波瀾一日比一日壯闊，内容一日比一日複雜，而最初的原動力，我敢用一句話來包舉他，是殘明遺獻思想之復活。”③

近、現代湖南，人才輩出。魏源、賀長齡、曾國藩、左宗棠、彭玉麟、胡林翼、譚嗣同、唐才常、熊希齡、黄興、宋教仁、蔡鍔、陳天華、楊昌濟、毛澤東、劉少奇、蔡和森、彭德懷……這一長串名字，被中國近、現代的歷史豐碑深深地銘刻，他們不但在事功實踐中取得了輝煌的成就，而且在理論創造上也做出了突出的貢獻。

湖南歷史上之所以豪杰輩出，群星閃耀，得益於獨具特色、經世致用的湖湘文化滋養。對湖湘文化這一傳承千年、高潮迭起的思想文化現象的研究，目前學界已經取得了豐碩的成果，然而，現有的湖湘文化研究，更多的是立足於國内視角，對湖湘文化在海外的傳播與影響關注較少。

---

①黄宗羲按語，見《宋元學案·南軒學案》，中華書局 1986 年 12 月版，第 1611 頁。

②朱熹《答劉公度》，見《朱熹集》卷六十四，四川教育出版社 1996 年 10 月版，第 3399 頁。

③梁啓超《中國近三百年學術史》，見《梁啓超全集》，北京出版社 1999 年 7 月版，第 4441—4442 頁。

湖湘文化是中華文化極富特色的重要組成部分，湖湘文化的崛起與對外傳播，恰恰是中華文化大放异彩的時期。梳理湖湘文化在朝鮮、日本、越南等亞洲國家以及歐美國家傳播的文獻資料、認知態度與傳播的路徑、方式、過程、特點，探究湖湘學術思想在海外相關地區和國家的變遷及其本土化進程，研究湖湘民俗文化的海外傳播，關注現代紅色文化對周邊國家的輻射，聚焦湖湘文化核心價值對海外的影響，提升中華文化自信，助推人類命運共同體建設，是本系列叢書的主旨所在。

濂溪學文獻：東亞世界的財産

［日］吾妻重二

值此王晚霞博士《日本濂溪志》刊行之際，作爲以周惇頤爲起點考察朱子學史的日本研究者之一，我感到由衷的喜悦，并送上誠摯的祝賀。一直以來，并未出現編纂、刊行與周惇頤相關的日本儒者們的著述，就此而言，此著爲史上第一，有着重要的意義。

日本很早就知道周惇頤（1017—1073）的存在，在朱熹（1130—1200）去世後不久，鐮倉時代的十四世紀初，隨着朱子學（道學）的傳來，周惇頤相關著作也傳入日本，并爲一些知識人所閱讀。本書引用的度會家行（1256—1362）、虎關師煉（1278—1346）的文章即是早期的例子。雖然在之後的一段時間，講授朱子學的中心主要局限於京都的博士家和禪宗寺院，但到了十七世紀初，隨着德川政權治下社會秩序的安定，以及經濟和文化、學塾的發展，儒教如決堤一般吸引人心，興起了很大的潮流。接着如所周知，朱子學開始廣泛傳播，接着産生了以朱子學爲母體的各種思想，周惇頤的學問思想也隨之廣泛浸透日本社會。

比如，以出淤泥而不染之蓮花爲比喻而詠嘆君子的《愛蓮説》爲例，此文收録於室町時代初期、十四世紀中葉傳來的《古文真寶後集》中，并作爲漢文學習的教材被學習，其後，在整個江户時代直至近代長久地膾炙人口。

又如，本來用於表現周惇頤人品的“胸中灑落”的“灑落”一詞，因受到江户時代初期藤原惺窩等朱子學者喜愛，成爲了表現風趣的言辭、風俗和行爲的詞語而固定下來。現在日語中使用的“しゃれ”（Syare，俏皮話），“おしゃれ”（Osyare，打扮）就由來於此。會裝飾、化妝、打扮的我們現代日本人，雖然完全没有意識到，但其語源上是與周惇頤相關的。

再者，與周惇頤在日本的受容有着重要關聯的是和刻本的存在。所謂和刻本，是在日本復刻的中國的書籍（漢籍），多數情况下均通過標記“訓點”讓日本人更爲易讀。其最爲盛行的莫過於江户時代，與民間書肆之隆盛相伴的是衆多和刻本的出現。周惇頤的著作中，有《太極圖》一卷，以及《太極圖説》一卷、《通書》兩卷、《周子書》一卷、《周書抄略》三卷（山崎闇齋編）、《周張二子書》（《周子全書》七卷、《張子全書》十五卷），從江户時代初期到幕末，在整個近世時期有多次再版。收入《太極圖・圖説》和《通書》的《性理大全》七十卷的和刻本，也在十七世紀中葉已經付梓。此外《濂洛風雅》七卷、《伊洛淵源録》十四卷、《近思録》十四卷亦屢屢被刊行，這些書中記載了周惇頤的詩、傳記還有著述，自不待言。

江户時代，由於德川幕府採取了鎖國政策，因此原則上中國的書籍衹能通過長崎貿易輸入日本。那些書籍非常昂貴，而且多數情况下衹購入一份，一般日本人難以入手，所以人們多用和刻本閲讀漢籍。周惇頤的著述極常見於那些和刻本之中，成爲了日本人的教養中的一部分。

除此之外，還要注意一下繪畫之中常描繪周惇頤的情景。日本狩野派之祖狩野正信（1434—1530）所繪《周茂叔愛蓮圖》（九州國立博物館藏），是被指定爲國寶的名畫。其他如天才畫家曾我蕭白（1730—1781）的《周茂叔愛蓮圖》（三重縣立博物館藏）等，都是作爲顯示中國文人脱俗生活的題材而描繪的。日本究竟有多少描繪愛蓮圖及與周惇頤相關的繪畫，還有待於今後的調查，我想應該有相當大的數量，畢竟周惇頤是中國文人的一個象徵。

如此，周惇頤的存在爲日本的知識人所周知。當然，由於伊藤仁齋、伊藤東涯、荻生徂徠這些所謂的“古學派”之人對朱子學的非難，周惇頤的思想也成爲批判的對象，但這也可以説顯示出了周惇頤的反響之大。

以前，與周惇頤相關曾有重大的誤解。一是將《太極圖》

視爲竊取道教，或者佛教之圖的誤解；二是否定周惇頤與二程的師徒關係，即周程傳授，試圖將他排除在道學譜系之外的誤解。限於篇幅，對此問題不能詳述，但通過近年的研究，這些舊説之誤已經大體明瞭，周惇頤作爲思想家的意義，現在也能够合理地進行考察、評價。

本書對周惇頤相關的史料進行了廣泛地調查、收集，明確標記了史料的來源、出處，是非常可信的資料彙集，對今後的周惇頤研究可資之處甚多。除此之外，王晚霞博士還出版了《濂溪志八種彙編》（湖南大學出版社 2013 年），《濂溪志新編》（中國社會科學出版社 2019 年），《濂溪風雅》（中國社會科學出版社 2020 年），《濂溪志補遺》（中國社會科學出版社 2020 年）等大部頭著作，預計還會出版《韓國濂溪志》。

期待本書的刊行，可以大幅推進周惇頤的研究，并産生以廣闊的視野爲基礎的新成果。不僅如此，本書的刊行應該可以讓更多人瞭解到周惇頤的學問，以及内含周惇頤學問的朱子學（道學）并非衹是中國的遺産，也曾是日本、朝鮮、韓國、越南等東亞世界的財産。（翻譯：劉瑩）

作者系日本關西大學文學部教授，東西學術研究所所長，泊園紀念會會長。日本中國學會副理事長，國際儒學聯合會理事，同日本代表副理事長。

2021 年 4 月 13 日於大阪

前　言

南宋1241年，周惇頤和其他四位道學家程顥、程頤、張載、朱熹一起從祀孔廟後，濂—洛—關—閩的宋學傳承次序由此得到官方認可。在儒家道學統緒中處於樞紐地位的周惇頤，被公認爲道學宗主，其思想是宋以後道學的源頭活水。而在歷史進程中逐漸形成的濂溪學尚未引起學界足够重視，尤其是域外濂溪學。周惇頤思想作爲當時國際先進思想，在鐮倉時代前期隨朱子學一起傳入日本後，首先經受到五山禪僧的辯駁、批判、檢討，到室町時代漸爲學林所知，經過戰國時代和安土桃山時代的沉寂醖釀，到江户中期，迎來了發展的高峰。中國學者要掌握濂溪之學在日本的受容發展情況，首先面臨的困難是史料匱乏，目前中國國内尚無一部文獻可以作爲研究的基礎。

幾年前，我在美國康奈爾大學東亞圖書館查找周惇頤史料時，看到大量日本儒學文獻。本書與我編纂的《韓國濂溪志》基本上同時開始相關工作，近幾年穿梭於日韓文獻之林，僅就儒學資料而言，在我印象中，相對於韓國，日本的專門文獻更多，如《群書類叢》《續群書類叢》《續續群書類叢》《續群書類叢補遺》《新群書類叢》系列，僅看書名，就能感覺到日本學人的謙遜，因爲這幾套書的部頭都非常大，大致有三千餘卷，兩千餘册，收書近四千種，這樣大的叢書却没有叫做一個什麽群書大全之類的題名。此外還有《日本儒林叢書》系列、《甘雨亭叢書》《日本倫理彙編》等多部大型儒學文獻。當然，韓國的《韓國歷代文集叢書》《韓國文集叢刊》體量更大，但其包括所有古籍類别，并非衹是儒學叢書。就儒學資料來説，日本的系列叢書使用起來更爲便捷。幸運的是，這些叢書在美國康奈爾大學東亞圖書館，和與其有館際互藉系統的美國、日本、中國台灣的多個圖書館，均可藉到。在多年多次赴美國康奈爾大學的游學中，便如此這般獲得了本書所需史料。

本書内容與已有濂溪學文獻全然不同，確保了文獻的單一和獨有。既在國别上拓展了濂溪學文獻範圍，提高了文獻使用效能，也有助於降低學者研究中的資料檢索成本，節省了人類必要勞動時間。以地方志的體例、濂溪學的角度整理史料，可從多個維度增補濂溪學研究史料，爲多側面突破濂溪學研究提供文獻保障，也可强化濂溪學作爲一個理論符號的學術價值，發掘其作爲道統樞紐的原動力。

需要説明的是，本書所録日本濂溪學史料當然僅爲部分，想必還有諸多相關史料遺漏，本書衹爲管中窺豹，同時拋磚引玉，以待學界同仁完善之。爲避免冗贅重出，我稍早編纂的《濂溪風雅》（中國社會科學出版社 2020 年版）中曾收録的日本諸位先生的詩歌，本書不再收録。本書體例中的“先哲像傳志”題名仿 1844 年日本學者德齋原義所著《先哲像傳》一書，本書先哲圖像亦源於其中。其他體例“太極圖志”“通書志”，僅爲使史料歸類清晰便於閲讀而勉力爲之，未必準確，歡迎學界同仁批評指正。謝謝！

王晚霞於天津科技大學

2021 年 9 月 23 日

凡　例

一、選文原則

需同時滿足以下條件：一者必須與周惇頤密切相關，二者作者爲日本籍。

二、體例續增

續舊者如“遺書文獻志”“諸儒論斷志”，增新者如“先哲像傳志”“太極圖志”“通書志”。

三、考證校勘

一者統一文字，凡史料中的日文漢字除個别人名用字外一般均改爲中國通行繁體字，如“図”改爲“圖”，“続”改爲“續”等。他如“于”“於”，“繫”“係”等，則各依底本，不做統一。二者統一异稱，如日文中的“大極圖”改爲“太極圖”等。三者爲增加對日本學者的瞭解，以脚注形式對作者加以簡介，略示意爾。四者重新製作了原底本中的濂學圖像。五者凡底本模糊難辨之文，皆以“□”代之。六者底本中偶出之日文，均翻譯爲漢文。七者周敦頤之名字，文獻中常“敦”“惇”并用，因涉及改名與避諱等較複雜的歷史情况，本書各依底本及作者的習慣，不做統一。

四、底本信息

凡入選史料標題與底本來源文獻名稱不一致者，則在篇末注明來源文獻，一致者不再注明。卷一未注明來源的先哲圖像，均來自《先哲像傳》。史料來源文獻大致有兩類，一是日本大型儒學叢書，二是部分單行本别集，這兩類文獻具體信息如下：

1. 塙保己一編：《群書類叢》，東京：群書類叢刊行會 1951 年後陸續出版。

2. 塙保己一、太田藤四郎編：《續群書類叢》，東京：續群書類叢完成會 1927—1933 年版。

3. 塙保己一、太田藤四郎編：《續群書類叢補遺》，東京：續群書類叢完成會 1927—1933 年版。

4. 日本國書刊行會編：《續續群書類叢》，東京：續群書類叢完成會 1984—1985 年版。

5. 日本國書刊行會編：《新群書類叢》，東京：續群書類叢完成會 1906—1908 年版。

6. 關儀一郎編：《日本儒林叢書》，東京：東洋圖書刊行會 1927—1929 年版。

7. 關儀一郎編：《續日本儒林叢書》，東京：東洋圖書刊行會 1931—1933 年版。

8. 關儀一郎編：《續續日本儒林叢書》，東京：東洋圖書刊行會 1935—1937 年版。

9. 關儀一郎編：《儒林雜纂》，東京：東洋圖書刊行會 1938 年版。

10. 日本京都史迹會編：《林羅山文集》，東京：ぺりかん社 1979 年版。

11. 日本古典學會編，山崎闇齋著：《山崎闇齋全集》，東京：ぺりかん社 1978 年版。

12. 室直清著，大地昌言纂，伊東貞校：《鳩巢文集》刻本，寶曆十二年崇文堂刊，日本慶應義塾大學圖書館藏本。

13. 吉川幸次郎，清水茂校注：《日本思想大系 33・伊藤仁齋伊藤東涯》，東京：岩波書店 1971 年版。

14. 貝原篤信：《大疑録》刻本，日本明和四年丁亥中春，日本橋北室町三丁目江都書林須原屋市兵衛刊，日本慶應義塾大學圖書館藏本。

15. 德齋原義著：《先哲像傳》刻本，日本弘化元年甲辰季冬潤深堂藏梓，日本慶應義塾大學圖書館藏本。

16. 虎關師煉：《元亨釋書》，出自《新订增补国史大系》第 31 卷，東京：吉川弘文馆 1929 年版，美國加利福尼亞大學圖書館藏本。

17. 山鹿素行著，四元内治編：《山鹿素行全集》，帝國武德學會 1916 年版，美國伊利诺伊大學厄巴纳—香檳分校藏本。

18. 中村惕齋：《筆記周子通書解》，江户抄本，日本慶應義塾大學藏本。

19. 澀井孝德《讀書會意》刻本，寬政六年刻，東武書肆山下町萬屋太治右衛門刻，日本慶應義塾大學藏本。

凡來自大型叢書的史料，其更爲詳細的出處信息如下：

1. 萬里集九：《梅花無盡藏》，出自《續群書類叢》第十二輯下文筆部。

2. 月舟壽桂：《幻雲詩稿〔新補〕》，出自《續群書類叢》第十三輯上文筆部。

3. 木下順庵：《恭靖先生遺稿》，出自《續續群書類叢》第十三輯詩文部。

4. 藤原惺窩：《惺窩先生文集》，出自《續續群書類叢》第十三輯詩文部。

5. 慈遍：《舊事本紀玄義》，出自《續續群書類叢》第一輯神祇部。

6. 林讀耕齋：《羅山林先生行狀》，出自《續續群書類叢》第三輯史傳部。

7. 三宅觀瀾：《觀瀾集》，出自《續續群書類叢》第十三輯詩文部。

8. 大田錦城：《九經談》，出自《日本儒林叢書》第六卷解説部第二十五編。

9. 伊藤仁齋：《讀近思録鈔》，出自《日本儒林叢書》第五卷解説部第一編。

10. 伊藤仁齋：《極論》，出自《日本儒林叢書》第五卷解説部第一編。

11. 伊藤仁齋：《古學先生文集》，出自《日本思想大系》第 33 册《伊藤仁齋　伊藤東涯》。

12. 伊藤仁齋：《語孟字義》，出自《日本思想大系》第 33 册《伊藤仁齋　伊藤東涯》。

13. 伊藤長胤：《古今學變》，出自《日本思想大系》第 33 册《伊藤仁齋　伊藤東涯》。

14. 伊藤長胤：《太極圖説管見》，出自《日本儒林叢書》第五卷解説部第一編。

15. 伊藤長胤：《通書管見》，出自《日本儒林叢書》第五卷解説部第一編。

16. 伊藤長胤：《太極圖説十論》，出自《日本儒林叢書》第五卷解説部第一編。

17. 度會家行：《瑚璉集》，出自《續續群書類叢》第一輯神祇部。

18. 翺之慧鳳：《竹居清事》，出自《續群書類叢》第十二輯上文筆部。

19. 伊地知季安：《漢學紀源》，出自《續續群書類叢》第十輯教育部。

20. 松永遐年：《尺五先生全集》，出自《續續群書類叢》第十三輯詩文部。

21. 安積澹泊：《澹泊齋文集》，出自《續續群書類叢》第十三輯詩文部。

22. 太宰春臺：《讀大疑録》，出自《群書類叢》第六卷解説部第二・第四編。

23. 松下慶摄：《本朝學原浪華鈔》，出自《續續群書類叢》第十卷教育部。

24. 伊藤仁齋：《語孟字義》出自《日本儒林叢書》第六卷解説部第二編。

25. 伊藤長胤：《閑居筆録》，出自《日本儒林叢書》第一卷隨筆部第一、第二編。

26. 中村蘭林：《閑窗雜録》，出自《日本儒林叢書》第二卷隨筆部第二、第一編。

27. 大高坂芝山：《南學遺訓》，出自《日本儒林叢書》第三卷史傳書簡部第三編。

28. 大高坂芝山：《適從録》，出自《日本儒林叢書》第四卷論辨部第一編。

29. 渡邊予齋：《吾學源流》，出自《日本儒林叢書》第三卷史傳書簡部第六編。

30. 岡田煌亭：《聖學私言》，出自《日本儒林叢書》第六卷解説部第二編。

31. 安積艮齋：《朱學管窺》，出自《日本儒林叢書》第六卷解説部第二編。

32. 富永仲基：《翁之文》，出自《日本儒林叢書》第六卷解説部第二編。

33. 荻生徂徠：《辨道》，出自《日本儒林叢書》第四卷論辨部第一編。

34. 荻生徂徠：《萱園十筆》，出自《續日本儒林叢書》第一卷隨筆部第一編。

35. 荻生徂徠：《萱園隨筆》，出自《續日本儒林叢書》隨筆部第一第七卷第二編。

36. 室直清：《太極圖述》，出自《續日本儒林叢書》第一卷解説部第一編。

37. 伊藤長胤：《東涯漫筆》，出自《甘雨亭叢書》。

38. 長野豐山：《松陰快談》，出自《日本儒林叢書》第十四卷儒林雜纂第一編。

目　録

日本濂溪志卷之一　先哲像傳志

日本濂溪志卷之二　遺書文獻志

日本濂溪志卷之三　太極圖志

日本濂溪志卷之四　通書志

日本濂溪志卷之五　諸儒論斷志

日本濂溪志卷之一　先哲像傳志

藤原惺窩像

林道春像

中村惕齋像

林讀耕齋像

山崎闇齋像

伊藤仁齋像

伊藤長胤像

木下順庵像

貝原益軒像

山鹿素行像

太宰春臺像

日本濂溪志卷之二　遺書文獻志

周書抄略　山崎闇齋①

周書抄略上

天地凡四條

動而無静，静而無動，物也。動而無動，静而無静，神也。動而無動，静而無静，非不動不静也。物則不通，神妙萬物，水陰根陽，火陽根陰，五行陰陽，陰陽太極，四時運行，萬物終始，混兮闢兮，其無窮兮。《通書》，下同。

誠者，聖人之本，大哉乾元，萬物資始，誠之源也！乾道變化，各正性命，誠斯立焉。純粹至善者也，故曰：一陰一陽之謂道，繼之者善也，成之者性也。元亨，誠之通，利貞，誠之復，大哉《易》也，性命之源乎！

"伊川與濂溪説'復'字亦差不同。"用之云："濂溪説得復字，就歸處説，伊川就動處説。"曰："然，濂溪就坤上説，就回來處説，如云利貞者，誠之復，誠心，復其不善之動而已矣，皆是就歸來處説。伊川却正就動處説，如元亨利貞，濂溪

①山崎闇齋（1618—1682），名嘉，字敬義，號闇齋，又號垂加，通稱長吉、清兵衛、嘉右衛門，神道家，江户時期重要的朱子學者。《先哲叢談》載有其生平，現存有《山崎闇齋全集》。

就利貞上說'復'字，伊川就'元'字頭說'復'字，以《周易》卦爻之義推之，則伊川之說爲正，然濂溪伊川之說，道理祇一般，非有所异，祇是所指地頭不同。"《朱子語類》，下二條同。

問："程子言先儒皆以静爲見天地之心，不知動之端乃天地之心，動處如何見得？"曰："這處便見得陽氣發生，其端已兆於此，春了又冬，冬了又春，都從這裏發去，事物間亦可見，祇是這裏見得較親切。"鄭兄舉王輔嗣說："寂然至無，乃見天地心。"曰："他說無是胡說。若静處說無，不知下面一畫作甚麽？"

居甫問："復見天地之心。"曰："復未見造化，而造化之心於此可見。"某問："静亦是心，而心未見。"曰："固是。但又須静中含動意始得。"曰："王弼說此似把静作無。"曰："渠是添一重說話，下自是一陽，如何說無，上五陰亦不可說無，說無便死了，無復生成之意，如何見其心？"

《朱子文集·答何叔京書》曰："來教云，天地之心不可測，識惟於一陽來復，乃見其生生不窮之意，所以爲仁也。熹謂若果如此說，則是一陽未復已前，別有一截天地之心，漠然無生物之意，直到一陽之復見其生生不窮，然後謂之仁也。如此則體用乖離，首尾衡决，成何道理？王弼之説，便是如此，所以見闢於程子也。須知元亨利貞便是天地之心，而元爲之長，故曰大哉乾元，萬物資始，便是有此乾元，然後萬物資之以始，非因萬物資始，然後得元之名也。"

寂然不動者，誠也。感而遂通者，神也。動而未形，有無之間者，幾也。誠精故明，神應故妙，幾微故幽，誠、神、幾曰聖人。

幾善惡，言衆人者也。動而未形，有無之間也。言聖人毫釐發動處，此理無不見。寂然不動者，誠也，至其微動處，即是幾，幾在誠神之間。《語類》，下三條同。

幾雖已感，却是方感之初，通則直到末梢，皆是通也。如推其極，到協和萬邦黎民於變時，雍亦祇是通也，幾却祇在起頭一些子。

林問："入德莫若以幾，此最要否？"曰："然。"問："《通書》説'幾'，如何是動静體用之間？"曰："似有而未有之時，在人識之爾。"

安卿問："神誠幾，學者當從何入？"曰："隨處做工夫，誠是存主處，發用處是神，幾是決擇處，然緊要處在幾。"

《文集·與劉子澄書》曰："《通書》極力説個'幾'字，儘有警發人處，近則公私邪正，遠則廢興存亡，衹於此處看破，便斡轉了，此是日用第一親切工夫，精粗隱顯，一時穿透。堯舜所謂惟精惟一，孔子所謂克己復禮，便是此事。"

天理人欲之分，衹争些子，故周先生衹管説"幾"字，然辨之又不可不早，故横渠每説"豫"字。《語類》，下同。

《通書》多説幾，《太極圖》上却無此意，曰五性感動，動而未分者便是。

問："誠無爲、幾善惡一段看，此與《太極圖》相表裏。"曰："然，周子一書都是説這道理，又舉'喜怒哀樂未發謂之中'一章，及'心一也'一章，程子承周子一派，都是太極中發明。"曰："然。"問："此都是説這道理，是如此工夫，當養於未發。"曰："未發有工夫，既發亦用工夫，既發若不照管也，不得也，會錯了，但未發已發，其工夫有個先後，有個輕重。"

問："若是未發時便是都無事了，如何更有幾，二者之間，其幾甚微，莫是指此心未發而言否？"曰："説幾時便不是未發，幾正是那欲發未發時，當來這裏致謹，使教自慊，莫教自欺。"又問："莫是説一毫不謹，則所發流於惡，而不爲善否？"曰："衹是説心之所發，要常常省察，莫教他自欺耳。人心下自是有兩般，所以要謹謹時，便知得是自慊，是自欺，而不至於自欺，若是不謹，則自慊也不知，自欺也不知。"

幾是動之微，是欲動未動之間，便有善惡，便須就這處理會，若至於發著之甚，則亦不濟事矣，更怎生理會？所以聖賢説戒謹乎其所不睹，恐懼乎其所不聞，蓋幾微之際，大是要切。

漢卿問："一陽初動處，萬物未生時，以人心觀之，便是善惡之端，感物而動處。"曰："此是欲動未動之間，如怵惕惻隱於赤子入井之初，方怵惕惻隱而未成怵惕惻隱之時。故上云：冬至，子之半。是康節常要就中間説，子之半則是未成子，方離於亥，而爲子方四五分。是他常要如此説，常要説陰陽之間，動静之間，便與周、程不同，周、程衹是五行一陰陽，陰陽一太極，太極本無極，衹是體用動静，互换無極，康節便又要説循環，便須指消息、動静之間，便有方了，不似二先生。”

問：“康節所謂一陽初動後，萬物未生時，這個時節莫是程子所謂有善無惡，有是無非，有吉無凶之時否?”先生良久曰：“也是如此，是那怵惕惻隱方動而未發於外之時，正、淳云，此正康節所謂一動一静之間也。”曰：“然。某嘗謂康節之學與周子、程子所説小有不同，康節於那陰陽相接處看得分曉，故多舉此處爲説，不似周子説無極而太極與五行一陰陽、陰陽一太極如此周遍，若如周子、程子之説，則康節所説在其中矣。康節是指貞元之間言之，不似周子、程子説得活，體用一源，顯微無間。”

邵伯温作《易學辨惑》記康節先生事曰：“伊川同朱光庭公掞訪先君，先君留之飲酒，因以論道。伊川指面前食卓曰：‘此卓安在地上，不知天地安在甚處?’先君爲極論天地萬物之理，以及六合之外。伊川嘆曰：‘平生惟見周茂叔論至此！’” 遺事。

“此康節之子伯温所記，但云極論而不言其所謂云何。今按康節之書，有曰：‘天何依?’曰：‘依乎地。’曰：‘地何附?’曰：‘附乎天。’曰：‘天地何所依附?’曰：‘自相依附。’天依形，地附氣，其形也有涯，其氣也無涯。竊恐當時康節所論，與伊川所聞於周先生者，亦當如此，因附見之云。”嘉謂，此注見《性理大全》。

道夫問：“濂溪遺事載邵伯温記康節論天地萬物之理，以及六合之外，而伊川稱嘆。《東見録》云：‘人多言天地外，不知天地如何説内外，外面畢竟是個甚，若言著外，則須似有個規模，此説如何?’”曰：“六合之外，莊周亦云聖人存而不論，以其難説故也。舊嘗見《漁樵問對》，問天何依，曰依乎地，地何附，曰附乎天。天地何所依附，曰自相依附。天依形，地附氣，其形也有涯，其氣也無涯，意者當時所言不過如此。某嘗欲注此語於遺事之下，欽夫若不許，細思無有出是説者，因問向得此書，而或者以爲非康節所著，先生曰：其間儘有好處，非康節不能著也。”《語類》，下二條同。

古今曆家衹是推得個陰陽消長界分爾，如何得似康節説得那“天依地，地附天，天地自相依附，天依形，地附氣”底幾句，向嘗以此數語附於《通書》之後，欽夫見之，殊不以爲然，曰：“恐説得未是。”某云：“如此則試别説幾句來看。”廣云：“伊川謂自古言數者，至康節方説到理上。”曰：“是如此，如楊子雲亦略見到理上，衹是不似康節精。”

論陰陽五行曰：“康節説得法密，横渠説得理透。”邵伯温載伊川言曰：“向惟見周茂叔語及此，然不及先生之有條理也。”欽夫以爲，伊川未必有此語，蓋伯温妄載，某則以爲此語恐誠有之。

《文集·答吕伯恭書》曰：“康節所著《漁樵對問》，論天地自相依附，形有涯而氣無涯，極有條理，當時想是如此説，故伊川然之，今欲分明，即更注此段於其下如何?”

《東萊集·與朱侍講書》曰：“邵康節一段所謂極論天地萬物之理，以及六合之外，不知六合如何有外?末載伊川之類，亦恐是邵家子弟欲尊康節，故托之伊川，不知可削去否?其它所疑，張丈已報去，更不重出。”又曰：“邵氏載康節一段，意主於稱康節，而濂溪之語無所見，恐不載，亦無害。”嘉按，《南軒集》漏此事。

《語類》問：“康節論六合之外，恐無外否?”曰：“理無内外，六合之形，須有内外，日從東畔升，西畔沉，明日又從東畔升，這上面許多，下面亦許多，豈不是六合之内?曆家算氣，衹算得到日月星辰運行處，上去更算不得，安得是無内外?”

《文集》李敬子問：“康節天地自相依附之説，燔以爲此説與周子《太極圖》、程子動静無端、陰陽無始之義一致，非曆家所能窺測。”曰：“康節之言，大體固如是矣。然曆家之説，亦須考之，方見其細密處，如《禮記·月令疏》及晋《天文志》，皆不可不讀也。近見一書名《天經》，祇是近世人所作，然類集古今，言天者極爲該備，不知曾見之否?”

問:“動静無端，陰陽無始。”曰:“這不可説道有個始，他那有始之前，畢竟是個甚麽，他自是做一番天地了，壞了後，又恁地做起來那個，有甚窮盡?某自五六歲便煩惱，道天地四邊之外是什麽物事，見人説四方無邊，某思量也，須有個盡處，如這壁相似壁後也，須有什麽物事，其時思量得幾乎成病，到而今也，未知那壁後是何物，或舉天地相依之説，云祇是氣。曰:亦是古如此説了。《素問》中説黄帝曰:‘地有憑乎?’岐伯曰:‘大氣乘之。’是説那氣浮得那地起來，這也説得好。”《語類》，下同。

舜弼問:“天依地，地依氣。”曰:“恐人道下面有物，天行急，地閣在中。”

天以氣而依地之形，地以形而附天之氣，天包乎地，地特天中之一物爾，天以氣而運乎外，故地摧在中間隤然不動，使天之運有一息停，則地須陷下。

天何依，曰依乎地，地何附，曰附乎天，天地何所依附，曰自相依附，天依形，地依氣，所以重復而言，不出此意者，唯恐人於天地之外，别尋去處故也。天地無外，所謂其形有涯，而其氣無涯也。爲其氣極緊，故能扛得地住，不然則墜矣。

《周書抄略》上。終。

周書抄略中

人倫凡五條

禮，理也。樂，和也。陰陽理而後和，君君臣臣，父父子子，兄兄弟弟，夫夫婦婦，萬物各得其理，然後和，故禮先而樂後。《通書》，下同。

天以春生萬物，止之以秋，物之生也。既成矣，不止則過焉，故得秋以成。聖人之法天，以政養萬民，肅之以刑。民之

盛也，欲動情勝，利害相攻，不止則賊滅無倫焉，故得刑以治。情僞微曖，其變千狀，苟非中正明達果斷者，不能治也。《訟卦》曰："利見大人，以剛得中也。"《噬嗑》曰："利用獄，以動而明也。"嗚呼！天下之廣，主刑者，民之司命也，任用可不慎乎！

天下事最大而不可輕者，無過於兵刑。臨陳時，是胡亂錯殺了幾人，所以老子云："夫佳兵者，不祥之器，聖人不得已而用之。"獄訟，面前分曉事易看。其情僞難通，或旁無佐證，各執兩説繫人性命處，須吃緊思量，猶恐有誤也。《語類》，下同。

《論刑》云："今人説輕刑者，祇見所犯之人爲可憫，而不知被傷之人尤可念也。如劫盜殺人者，人多爲之求生，殊不念死者之爲無辜，是知爲盜賊計，而不爲良民地也。若如酒税、僞會子，及饑荒竊盜之類，猶可以情原其輕重大小而處之。"

今之法家，惑於罪福報應之説，多喜出人罪以求福報，夫使無罪者不得直，而有罪者得幸免，是乃所以爲惡爾，何福報之有！《書》曰："欽哉，欽哉，惟刑之恤哉！"所謂欽恤者，欲其詳審曲直，令有罪者不得免，而無罪者不得濫刑也。今之法官惑於欽恤之説，以爲當寬人之罪，而出其死，故凡罪之當殺者，必多爲可出之塗，以俟奏裁，則率多减等，當斬者配，當配者徒，當徒者杖，當杖者笞，是乃賣弄條貫，舞法而受賕者耳，何欽恤之有！罪之疑者從輕，功之疑者從重，所謂疑者，非法令之所能决，則罪從輕而功從重，惟此一條爲然耳。非謂凡罪皆可以從輕，而凡功皆可以從重也。今之律令亦有此條，謂法所不能决者，則俟奏裁。今乃明知其罪之當死，亦莫不爲可生之塗以上之，惟壽皇不然，其情理重者皆殺之。

李公晦問："'恕'字前輩多作愛人意思説，如何？"曰："畢竟愛人意思多。因云，人命至重，官司何故斬之於市？蓋爲此人曾殺那人，不斬他，則那人之冤無以伸，這愛心便歸在被殺者一邊了。然古人'罪疑惟輕''與其殺不辜，寧失不經'，雖愛心祇在被殺者一邊，却又溢出這一邊些子。"

聖人亦不曾徒用政刑，到德禮既行，天下既治，亦不曾不用政刑，故《書》説“刑期於無刑”，衹是存心期於無，而刑初非可廢。又曰：“欽哉，惟刑之恤哉！”衹是説恤刑。

法家者流，往往常患其過於慘刻。今之士大夫，耻爲法官，更相循襲，以寬大爲事，於法之當死者，反求以生之，殊不知明於五刑，以弼五教，雖舜亦不免。教之不從，刑以督之，懲一人，而天下人知所勸戒。所謂辟以止辟，雖曰殺之，而仁愛之實已行乎中。今非法以求其生，則人無所懲懼，陷於法者愈衆，雖曰仁之，適以害之。

《與仲章侄書》曰：“仲章：夏熱，計新婦、男女安健，我此中與叔母、季老、通老、韓姐、善二以下并安，近遞中得先公加贈官誥，贈諫議大夫，家門幸事幸事！汝備酒果香茶，詣墳前告聞先公諫議也，未相見，千萬好將息，不具。叔付仲章，六月十四日。諸處書，立使周一父子送去。叔母、韓姐傳語：汝與新婦、侄兒、侄女各計安，好將息，好將息，百一、百二，附兄嫂起居之問，善二與新婦安安，汝切不得來，周翁夫妻安否，周一父子看守墳塋小心否，周幼二安否，如何也？”遺文。

明道先生曰：“王君貺嘗見茂叔，爲與茂叔世契，便受拜，及坐間大風起，説《大畜卦》，君貺乃起曰：‘適來不知受却公拜，今却當請納拜。’茂叔走避。君貺此一事却過人，謝用休問：‘當受拜，不當受拜？’曰：‘分已定，不受乃是。’”遺事。《語類》曰：“周茂叔納拜已受去，如何還。”

《邵州遷學釋菜文》曰：“惟夫子道高德厚，教化無窮，實與天地參而四時同。上自國都，下及州縣，通立廟貌。州守縣令，春秋釋奠。雖天子之尊，入廟肅恭行禮，其重誠與天地參焉。儒衣冠、學道業者，列室於廟，朝夕目瞻睟容，心慕至德，幾於顔氏之子者有之。得其位，施其①澤及生民者，代有之。然夫子之宫可忽歟？而邵置於惡地，掩於衙門，左獄右庾，穢喧歷年。惇頤攝守州符，嘗拜堂下，惕汗流背，起而議遷。得地

①“其”後當有“道”字。

東南，高明協卜，用舊增新，不日成就。彩章冕服，儼坐有序，諸生既集，率僚告成，謹以禮幣藻蘋，式陳明薦，以兖國公顔子配。維治平五年，歲次戊申正月甲戌朔三日丙子，朝奉郎、尚書駕部員外郎，通判永州軍州、兼管内勸農事、權發遣邵州軍州事，上騎都尉賜緋魚袋周惇頤敢昭告於先師兖國公顔子，爰以遷修廟學成，恭修釋萊於先聖至聖文宣王，惟子睿性通微，實幾於聖，明誠道確，夫子稱賢，謹以禮幣藻蘋，式陳明獻，從祀配神。遺文。

嘉謂，孔子謂泰伯、文王至德，謂武未盡善，譏魯禘之非禮，而嘆周公之衰，則文宣王之謚决而不歆焉，然宋未之有革，故周子從之而已，張孚敬《孔子祀典或問》："論之尤正，有補於名教矣。"

《周書抄略》中。終。

周書抄略下

爲學凡四條

顔子一簞食，一瓢飲，在陋巷，人不堪其憂，而不改其樂。夫富貴，人所愛也，顔子不愛不求，而樂乎貧者，獨何心哉！天地間有至貴至愛可求而异乎彼者，見其大而忘其小焉爾。見其大則心泰，心泰則無不足，無不足則富貴貧賤，處之一也，處之一則能化而齊，故顔子亞聖。《通書》，下同。

程氏《外書》曰："仁者在己，何憂之有，凡不在己，逐物在外，皆憂也。樂天知命故不憂，此之謂也。若顔子簞瓢，在他人則憂，而顔子獨樂者，仁而已。"鮮于侁問伊川曰："顔子何以能不改其樂?" 正叔曰："顔子所樂者，何事?"侁對曰："樂道而已。"伊川曰："使顔子而樂道，不爲顔子矣。"侁未達，以告鄒浩，浩曰：“夫人所造如是之深，吾今日始識伊川面。”注①《胡文定公集》記此事云，安國嘗見鄒至完，論近世人物，因問：“程明道如何？”至完曰：“此人得志，使萬物各得其所。”又問：“伊川如何？”曰：“却不得比明道。”又問：“何以不得比？”曰：“爲有不通處。”又問：“侍郎先生言伊川不通處，必有言行可證，願聞之。”至完已動，徐曰：“有一二事，恐門人或失其傳。”後來在長沙再論河南二先生學術，至完却曰：“伊川見處極高。”因問：“何以言之？”曰：“昔鮮于侁曾問顔子在陋巷不改其樂，不知所樂者何事。伊川却問曰：‘尋常説顔子所樂者何？’侁曰：‘不過是説顔子所樂者道。’伊川曰：‘若説有道可樂，便不是顔子。’以此見伊川見處極高。”又《震澤語録》云：“伊川問學者：‘顔子所樂者何事？’或曰：‘樂道。’伊川曰：‘若説顔子樂道，孤負顔子。’鄒至完曰：‘吾雖未識伊川面，已識伊川心，何其所造之深也。’”

問：“程子謂‘使顔子以道爲樂，則非顔子’。《通書·顔子章》又却似言以道爲樂。”曰：“顔子之樂，非是自家有個道，至富至貴，祇管把來弄後樂。見得這道理後，自然樂，故曰見其大則心泰，心泰則無不足，無不足則富貴貧賤處之一也。”《語類》，下四條同。

劉黻問：“伊川以爲若以道爲樂，不足爲顔子，又却云顔子所樂者，仁而已，不知道與仁何辨？”曰：“非是樂仁，唯仁故能樂爾，是他有這仁，日用間無些私意，故能樂也。而今却不要如此論，須求他所以能不改其樂者，是如何？緣能非禮勿視，非禮勿聽，非禮勿言，非禮勿動，這四事做得實頭工夫透，自然至此。”

問：“伊川謂使顔子而樂道，不足爲顔子，如何？”曰：“樂道之言不失，祇是説得不精切，故如此告之。今便以爲無道可樂，走作了。”問：“鄒侍郎聞此，謂吾今始識伊川面，已入禪去。”曰：“大抵多被如此看。”因舉張思叔問“子在川上”，

①疑爲衍文，當删。

曰：“便是無窮？”伊川曰：“如何一個無窮便了得他？”曰：“無窮之言固是，但爲渠道出不親切，故以爲不可。”

問：“昔鄒道卿論伊川所見極高處，以謂鮮于侁問於伊川曰，顔子不改其樂，不知所樂者何事？”伊川曰：“尋常道顔子所樂者何事？”曰：“不過説顔子所樂者道。”伊川曰：“若有道可樂，便不是顔子，豈非顔子工夫至到，道體渾然，與之爲一。顔子之至樂自默存於心，人見顔子之不改其樂，而顔子不自知也？”曰：“正謂世之談經者，往往有前所説之病，本卑而抗之使高，本淺而鑿之使深，本近而推之使遠，本明而必使之至於晦。且如伊尹耕於有莘之野，由是以樂堯舜之道，未嘗以樂道爲淺也。直謂顔子爲樂道，有何不可？”

或問：“程先生不取樂道之説，恐是以道爲樂，猶與道爲二物否？”曰：“不消如此説，且説不是樂道，是樂個甚底？説他不是，又未可爲十分不是，但祇是他語拙，説得來頭撞，公更添説與道爲二物，愈不好了。而今且祇存得這意思，須是更子細看，自理會得，方得。”又云：“謂非以道爲樂，到底所樂祇是道，非道與我爲二物，但熟後便樂也。”

《文集·記疑》曰：“問：伊川先生答鮮于侁之問曰：‘若顔子而樂道，則不足爲顔子’，如何？”曰：“心上一毫不留，若有心樂道，即有著矣。”愚按，程子之言，但謂聖賢之心與道爲一，故無適而不樂，若以道爲一物而樂之，則心與道二，而非所以爲顔子耳。某子之云，乃老佛緒餘，非程子之本意也。

聖人之精，畫卦以示；聖人之藴，因卦以發。卦不畫，聖人之精不可得而見；微卦，聖人之藴殆不可悉得而聞。《易》，何止五經之源，其天地鬼神之奥乎！

問：“伏羲始畫，而其藴亦已發見於此否？”曰：“謂之已具於此則可，謂之已發見於此則不可，方其初畫也，未有乾四德意思，到孔子始推出來，然文王、孔子雖能推出意思，而其道理亦不出伏羲始畫之中，故謂之藴，藴如衣敝藴袍之藴，是包得在裏面。”《語類》，下同。

問：“《序卦》或以爲非聖人之書，信乎？”曰：“此沙隨程氏之説也。先儒以爲非聖人之藴，某以爲謂之非聖人之精則可，謂非《易》之藴則不可，周子分‘精’與‘藴’字甚分明。《序卦》却正是《易》之藴，事事夾雜，都有在裏面。”問：“如何謂《易》之精?”曰：“如易有太極，是生兩儀，兩儀生四象，四象生八卦，這是《易》之精。”問：“如《序卦》中亦見消長進退之義，唤作不是精不得。”曰：“此正是事事夾雜，有在裏，正是藴，須是自一個生出來以至於無窮，便是精。”

聖人之精，畫卦以示，聖人之藴，因卦以發，濂溪看《易》，却須看得活。

《春秋》正王道，明大法也。孔子爲後世王者而修也，亂臣賊子誅死者於前，所以懼生者於後也。宜乎萬世無窮，王祀夫子報德報功之無盡焉。

張孚敬曰：“王祀孔子，自唐宋未之有改也。惇頤之意，特主言孔子功德之隆，宜萬世報之無盡焉耳。夫豈既以孔子正王道、明大法也，而復以王祀爲宜乎？讀者不以辭害意可也。”

《題大顛壁》詩曰：退之自謂如夫子，《原道》深排佛老非。不識大顛何似者，數書珍重更留衣。度、謝、徐三氏編周氏之書，皆載之。

《韓文與孟簡尚書書考异》論之曰：“今按此書稱許大顛之語，多爲後人妄意隱避，删節太過，故多脱落，失其正意，如上兩條，猶無大利害，若此語中删去五字，則要自以爲難得一句，不復成文理矣。蓋韓公之學，見於《原道》者，雖有以識夫大用之流行，而於本然之全體，則疑其有所未睹，且於日用之間，亦未見其有以存養省察而體之於身也。是以雖其所以自任者，不爲不重，而其平生用力深處，終不離乎文字言語之工。至其好樂之私，則又未能卓然有以自拔於流俗。所與游者，不過一時之文士，其於僧道，則亦僅得毛干、暢觀、靈惠之流耳，是其身心内外，所立所資不越乎此，亦何所據以爲息邪距詖之本，而充其所以自任之心乎？是以一旦放逐，憔悴亡聊之中，無復平日飲博過從之樂，方且鬱鬱不能自遣，而卒然見夫瘴海之濱、异端之學，乃有能以義理自勝、不爲事物侵亂之人與之語，雖不盡解，亦豈不足以蕩滌情累，而暫空其滯碍之懷乎？然則凡此稱譽之言，自不必諱，而於公所謂不求其福，不畏其禍，不學其道者，初亦不相妨也。雖然，使公於此能因彼稊稗之有秋，而悟我黍稷之未熟，一旦翻然反求諸身，以盡聖賢之藴，則所謂以理自勝，不爲外物侵亂者，將無復羡於彼，而吾之所以自任者，益恢乎其有餘地矣，豈不偉哉！”嘉按，宋庭篁所抄《朱子文録》載此論。

《文集·考韓文公與大顛書》曰：“今按杭本，不知何人所注，疑袁自書也。更以跋尾參之，其記歐公之語不謬矣。而東坡《雜説》乃云：‘韓退之喜大顛，如喜澄觀、文暢意，非信佛法也。而或者妄撰退之《與大顛書》，其詞凡鄙，雖退之家奴僕，亦無此語。今一士人又於其末妄題云，歐陽永叔謂此文非退之不能作，又誣永叔矣。’蘇公此語，蓋但見集注之出於或人，而未見《跋尾》之爲歐公親筆也。二公皆號一代文宗，而其去取不同如此，覽者不能無惑。然方氏盡載歐語，而略不及蘇説，其意可見。至吕伯恭乃於《文鑒》特著蘇説，以備乙覽，則其同异之間，又益後人之惑矣。以余考之，所傳三書，最後一篇實有不成文理處，但深味其間語意一二，文勢抑揚，則恐歐、袁、方意誠不爲過。但意或是舊本亡逸，僧徒所記不真，致有脱誤，歐公特觀其大概，故但取其所可取，而未暇及其所可疑，然亦不能察其爲誤，而直斥以爲凡鄙，所以其論雖各有以，而皆未能無所未盡也。若乃後之君子，則又往往不能究其本根。其附歐説者，既未必深知其所以爲可信。其主蘇氏者，亦未必果以其説爲然也。徒幸其言可爲韓公解紛，若有補於世教，故特表而出之耳，皆非可與言事而求是者也。至如方氏雖附歐説，然亦未免曲爲韓諱，殊不知其言既曰‘久聞道德，側承道高’，又曰‘所示廣大深迴，非造次可諭’，又曰‘論甚宏博’，安得謂初無崇信其説之意耶？韓公之事，余於《答孟簡書》已論其詳矣，故不復論，特從方本，載此三書於《别集》，并録歐公二語，而附蘇説、方説於其後，且爲全載書文於此，而考其同异，訂其謬誤如左，方以爲讀者以此觀之，則其决爲韓公之文，而非它人之所能作，無疑矣。”

退之《與大顛書》，歐公云實退之語，東坡却罵以爲退之家奴隸亦不肯如此説，但是陋儒爲之，復假托歐公語以自蓋，然觀《集古録》，歐公自有一跋，説此書甚詳，東坡應是未見《集古録》耳。看得來祇是錯字多，歐公是見它好處，其中一兩段不可曉底都略過了。東坡是祇將他不好處來説。《語類》，下一條同。

先生《考訂韓文公與大顛書》，堯卿問曰：“觀其《與孟簡書》是當時已有議論，而與之分解，不審有崇信之意否？”曰：“真個是有崇信底意，他是貶從那潮州去，無聊後，被它説轉了。”義剛曰：“韓公雖有心學問，但於利禄之念甚重。”曰：“他也是不曾去做工夫，能於外面皮殼子上都見得，安排位次是恁地，於《原道》中所謂寒而後爲之衣，飢然後爲之食，爲宫室，爲城郭等，皆説得好，祇是不曾向裏面省察，不曾就身上細密做工夫，祇從粗處去，不見得原頭來處。如一港水，他祇見得是水，却不見那源頭來處是如何。把那道别做一件事，道是可以行於世，我今祇是恁地去行。故立朝議論風采，亦有可觀，却不是從裏面流出。平日祇以做文吟詩，飲酒博戲爲事。及貶潮州，寂寥，無人共吟詩，無人共飲酒，又無人共博戲，見一個僧説道理，便爲之動。如云‘所示廣大深迴，非造次可喻’，不知大顛與他説個什麽，得恁地傾心信向。韓公所説底，大顛未必曉得。大顛所説底，韓公亦見不破。但是它説得恁地好後，便被它動了。”安卿曰：“‘博愛之謂仁’等説，亦可見其無原頭處。”曰：“以博愛爲仁，則未有博愛以前，不成是無仁。”義剛曰：“他説明明德，却不及致知、格物。緣其不格物，所以恁地。”先生曰：“他也不曉那明明德，若能明明德，便是識原頭來處了。”

《文集·答廖子晦書》曰：“來喻又疑《考异》中説，韓公見道之用，而未得其體，以爲亦若自謂根原學問，各有一種功夫者，此亦不然，前日鄙意正爲韓公祇於治國平天下處得功，而未嘗就其身心上講究持守耳，非病其不曾捉得此物藏在懷袖間也。此是學問功夫，徹上徹下，細密緊切處，向使不因來喻之詳，終亦未覺其病之在是，今幸見得，不是小事，千萬詳看此説，子細尋繹，更推其類，盡將平生所認有相關處，一一勘驗，當自見得。如有未契，更宜反覆，不可容易放過也。安卿之病，正亦坐此，向來至此説得，既不相合，渠便藏了，更不説著，遂無由與之極論，至今以爲恨。或因與書，幸亦以此曉之，勿令久自拘縶也。大顛問答，初疑祇是其徒僞作，後細思之想，亦有些仿佛。計其爲人，山野質朴，雖不會説，而於修行地位做得功夫著實，故其言語有力，感動得人。又是韓公所未嘗聞，而亦切中其病，故公既聞其語，而不覺遂悦之也。然亦祇此便見得韓公本體功夫有欠闕處，如其不然，豈其自無主宰，祇被朝廷一貶，异教一言，而便如此，失其常度哉！此等處極不可草草看過，更宜深體之也。其餘已具，見於《考异外集》卷中者，今不復論，然若不得此碑，亦無由見得許多曲折也。”

《語類》曰：“唐僧多從士大夫之有名者討詩文以自華，如退之《送文暢序》中所説，又如劉禹錫自有一卷送僧詩，或云退之雖闢佛也，多要引接僧徒。”曰：“固是他所引者，又却都是那破賴底僧，如靈師、惠師之徒，及晚年見大顛於海上，説得來闊大勝妙，自然不得不服。人多要出脱退之，也不消得，恐亦有此理也。”

嘉按，大顛問答，見《編年通論・林間録》曰：“王文公見禪者，多問韓退之見大顛事，往往對公妄談者，公嗟惜禪者吐辭多臆説，不問義理，故要謗者多以此，有志於宗教者，當考證之，不可苟也。”

《周書抄略》下。終。《山崎闇齋全集》。

濂洛關閩・周子部 山崎闇齋

周圖五行包生運在其中，生自右而左，自上而下，運自下而上，自左而右，故圖説曰“陽變陰合，而生水、火、木、金、土”。此言生也。“五氣順布，四時行焉”。此言運也。朱解亦包二者，就生而言，則先盛者，次稚者。兄弟之義。就運而言，則自稚而盛也。生長之義。下文水、木陽，火、金陰，更是一説也，不可以雜乎此而論之，然黄勉齋致疑於此。見《性理大全・太極下》及《啓蒙部》。李退溪從勉齋見《啓蒙傳疑》。恐皆未見得周圖朱解之妙處，以水火虚而木金實觀之，則水火稚而木金盛也；以水寒、火熱、木温、金冷觀之，則水火盛而木金稚也。此陰陽五行錯綜，不失條緒處，須隨處活看始得。

林子玉問：“竊讀《太極圖》傳云‘陽之變也，陰之合也’，不知陽何以言變，陰何以言合？”曰：“陽動而陰隨之，故云變合。”曰：“又水陰盛故居右，火陽盛故居左，不知陰盛何以居右，陽盛何以居左？”曰：“左右但以陰陽之分耳。”曰：“又木陽稚故次火，金陰稚故次水，豈以水生木、土生金耶？”曰：“以四時之序推之可見。”曰：“又乾男坤女，以氣化者言，萬物化生，以形化者言，不知何以見得以氣化言，又何以見得以形化言？”曰：“天地生物，其序固如此，《遺書》中論氣化處全書二十四號，二十五號。可見。”嘉謂《程書抄略》載之。曰：“又分陰分陽，兩儀立焉。分之所以一定而不可移也，不知謂名分之分、性分之分？”曰：“分猶定位耳。”曰：“又以質而語其生之序，則曰水、火、木、金、土，而水、木陽也，火、金陰也，此豈就圖而指其序耶？而水、木何以謂之陽，火、金何以謂之陰？”曰：“天一生水，地二生火，天三生木，地四生金，一三陽也，二四陰也。”曰：“又以氣而語其生之序，則木、火、土、金、水，而木、火陽也，金、水陰也，此豈即其運用處而言之耶？

而木、火何以謂之陽，金、水何以謂之陰?”曰：“此以四時而言，春夏爲陽，秋冬爲陰。”《文集》。

《天源發微》曰：“勉齋疑議，有理而欠明備。愚因爲之説曰：以陽變陰合生五行而言，則天一生水爲陽稚，天三生木爲陽盛，地二生火爲陰稚，地四生金爲陰盛。以五氣順布，四時行而言，則木當春，爲陽稚。火當夏，爲陽盛。金當秋，爲陰稚。水當冬，爲陰盛。圖説序五行所生，以水居右，陰，火居左，陽，即所謂陰根陽，陽根陰，錯綜而生也。圖解謂木陽稚，火陽盛，金陰稚，水陰盛，即四時之春夏秋冬也。要當隨所指而觀之，庶無膠固之失。按朱子云這裏有兩項看，如作建寅看時，則木火是陽，金水是陰，此以行之序論。如作建子看時，則水木是陽，火金是陰，此以生之序論。大概冬春夏可以謂之陽，夏秋冬可以謂之陰也。竊謂其他議論雖多，大意不出乎此，學者詳之。”

《退溪集二十五·答鄭子中書》曰：“來喻疑五行有則一時俱有，非生水而後生火云云。此即《啓蒙·天一地二章》注。勉齋黄氏説之意，滉嘗深服其説，以爲確論，及考《性理大全》，載李氏希濂之説，乃指斥黄氏何耶?詳李氏所斥黄氏説，非專是見於《啓蒙》，□□别有其説，然其語意一見《啓蒙》□相同，故今并引爲言。其間火生金之説，黄氏果誤矣。其餘黄説之誤，果皆如李説也。”嘉謂此條殘缺雖多，頗可推其意，故載之。

《易蒙引》曰：“天一生水，地二生火，二者陰陽之大分也。其天三生木，衹是天一之餘氣，地四生金，亦衹是地二之收功，大段衹是陰陽兩片子，故天一與天三相連，自右而之左也，地二與地四相連，自左而之右也。此即是太極第二圖之陽動陰静而已，又即横圖之太陽少陰，少陽太陰之四象而已，無二天地，則亦無二理氣也。

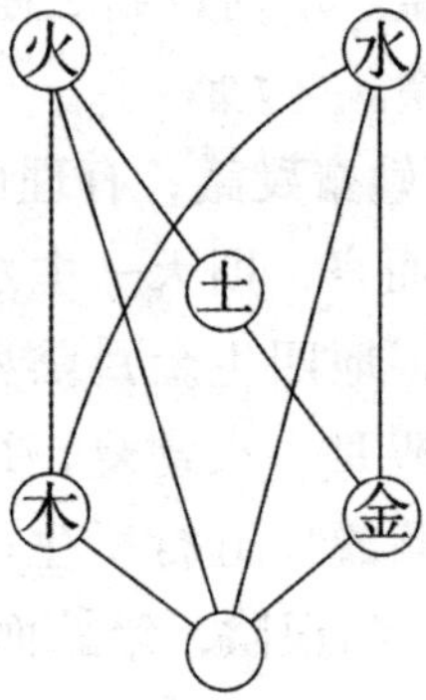

“右水、火、木、金之分左右，而土居中，所謂以質而語其生之序者也。蓋水陰盛故居右，火陽盛故居左，木陽稚故次火，金陰稚故次水，土冲氣故居中，其黑文之引自水而之木，自木而火，自火而土，自土而金，自金而復水，如環無端而不已者，所謂以氣而語其行之序者也。蓋有大動静焉，有小動静焉。小者之合，大者之分也，迎之不見其始，引之不見其終，此陰陽之所以無物不有，無時不然，而太極之所以一貫而無不在，不離乎陰陽，而亦不雜乎陰陽也。所謂‘大哉《易》也，斯其至矣’。”

又曰：“朱子曰《易》之爲書，廣大悉備，然語其至極，則此圖盡之，是《太極圖》所以明《易》也，故今學《易》者須證之周子之圖書。

序之質此

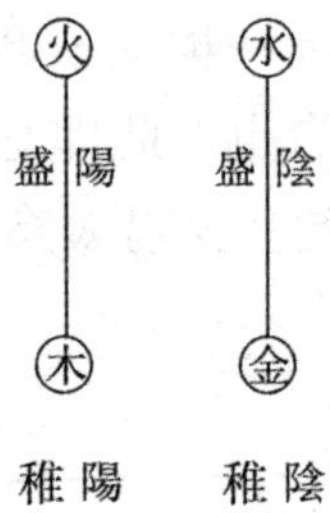

“右水居正北，故爲陰盛；火居正南，故爲陽盛；木，東方也，故爲陰稚；金，西方也，故爲金稚。如是則水爲太陰，火

爲太陽，金爲少陰，木爲少陽也，此一説也。

序 之 質 亦

“右圖解下句，所謂水木，陽也，火金，陰也，陽始生爲水尚柔弱，到生木已强盛，故水爲陽稚，木爲陽盛也。陰始生爲火尚微，到生金則已成質，故火爲陰稚，金爲陰盛也。蓋水生於天一，木生於天三，陽也。火生於地二，金生於地四，陰也。五行之生，以微著爲漸也，又一説也。如是則火當爲少陽，木爲太陽，火爲少陰，金爲太陰矣。

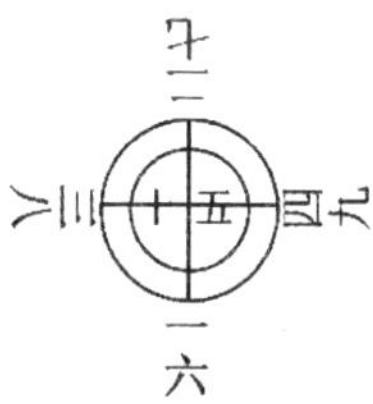

“右墨畫之，爲縱横文，見五行之以陰陽而對待，所謂以質而語其生之序也。其旋圈文者，見五行之以陰陽而流行，所謂以氣而語其行之序也。此章本旨是以質者言，而氣序之流行，亦因之以可見，蓋祇是這一個五行而已，如同一個四方也。曰東西南北，則對待之義。曰東南西北，則流行之義。

“何以證此章本意是以質言者？朱子曰，水陰根陽，火陽根陰。錯綜而生其端，是天一生水，地二生火，天三生木，地四生金，到得運行處便水生木，木生火，火生土，土生金，金又生水云云。以對待者而折言之，則一六水爲陽，二七火爲陰，三八木爲陽，四九金爲陰。合言之，則水火是氣之方行者，爲陽，木金是質之已成者，爲陰，皆對待者也。以流行者而折言之，則木傳於火，木陽而火陰，火傳於土，土傳於金，則上承陽之陰，而下啓陰之陽也。金傳於水，則金陽而水陰也。合而言之，則木火之位，春夏發生之陽也。金水之位，秋冬收藏之陰也，皆流行者也。水、火、木、金、土，以質而語其生之序者，方數也，對待之易也。以氣而語其行之序者，圓數也，流行之易也。方數如東西南北之相對，圓數如東南西北之相承，五行有横有直，横者衹是其質之對待，直者衹是其流行，横者即方數，直者則圓數。

“右五者須錯綜看之，蓋天一生水之時，連火、木、金、土俱有了，但彼時之火、木、金、土，亦衹是其水而已。夫水，元也，元統四德，資始之初，其於亨利貞，亦衹是亨之元、利之元、貞之元而已，猶未成也。待水之本體既成，乃以次成火、成木、成金、成土，土則分貼四德，不同其宫。蓋五行無爲渾淪一物，但須分段落與節候耳。故愚嘗竊謂五行有横有直者，水、火、木、金、土，本衹是一氣，分而爲二，曰陰陽，却以陽分太陽少陰而爲水火，以陰分少陽太陰而爲木金，土則於四行無不在，而成其終矣。五行衹是一二三四五，六七八九十者，乃一二三四五之配也，亦截取一二三四五之後一半節序，與之對而成配耳。

一水二火三木四金五土
六 七 八 九 十

“此所謂不過一陰一陽，一奇一耦，以兩其五行而已者。

“天地元初，衹是一氣，天氣之重濁者，分凝而爲地，即以陰陽相配耳，奇耦元衹是一象，陽奇之後，半節分出爲耦，即以配奇耳，故曰天對地。不過又曰：‘陽全陰半，陽得兼陰，陰不得兼陽。’又曰：‘天地之間，本一氣之流行而有動静耳，以其流行之統體而言，則但謂之乾而無所不包矣。以其動静分之，然後有陰陽剛柔之别。’天地河圖之數，本衹是一二三四五，而各截其下，一半爲六七八九十而已，非一二三四五之外，别有六七八九十也，故一與六共宗而居北，二與七爲朋而居南，三與八同道而居東，四與九爲友而居西，五與十相守而居中。然究其極，則又是一與二而已，非一二之外别有三四也，蓋一之下半即爲三，二之下半即爲四，故水木皆陽也。水爲陽之始，木爲陽之成。火金皆陰也，火爲陰之始，金爲陰之成。此理人多未會也。”

此以上引説解剥圖體，此以下據圖推盡説意，是先生之自注也。

《圖解》極分明，不待再釋之，《群書句解》甚陋矣。

《答楊子直書》曰：“承喻太極之説，足見用力之勤，深所嘆仰，然鄙意多所未安，今且略論其一二大者，而其曲折則托季通言之。蓋天地之間衹有動静兩端，循環不已，更無餘事，此之謂易。而其動其静，則必有所以動静之理焉，是則所謂太極者也。聖人既指其實而名之，周子又爲之圖以象之，其所以發明表著，可謂無餘藴矣。原極之所以得名，蓋取樞極之義，聖人謂之太極者，所以指夫天地萬物之根也。周子因之，而又謂之無極者，所以著夫無聲無臭之妙也。然曰無極而太極，太極本無極，則非無極之後别生太極，而太極之上先有無極也。又曰：五行陰陽，陰陽太極，則非太極之後别生二五，而二五之上先有太極也。以至於成男成女，化生萬物，而無極之妙蓋未始不在是焉。此一圖之綱領，大《易》之遺意，與老子所謂物生於有，有生於無，而以造化爲真，有始終者，正南北矣。來喻乃欲一之，所以於此圖之説，多所乖礙，而不得其理也。熹向以太極爲體，動静爲用，其言固有病，後已改之曰：太極者，本然之妙也；動静者，所乘之機也。此則庶幾近之。來喻疑於體用之云甚當，但所以疑之之説，則與熹之所以改之之意又若不相似。然，蓋謂太極含動静則可，以本體而言也，謂太極有動静則可。以流行而言也。若謂太極便是動静，則是形而上下者不可分，而'易有太極'之言，亦贅矣。其它則季通論之已極精詳，且當就此虚心求之，久當自明，不可别生疑慮，徒自繳繞也。"《文集》。

《答胡廣仲書》曰："《太極圖》舊本極荷垂示，然其意義終未能曉，如陰静在上，而陽動在下，黑中有白，而白中無黑，及五行相生，先後次序皆所未明，而來諭以爲太極之妙不可移易，是必知其説矣，更望子細指陳所以爲太極之妙，而不可移易處以見教，幸甚幸甚!"又曰："太極之旨，周子立象於前，爲説於後，互相發明，平正洞達，絶無毫髮可疑，而舊傳圖説皆有繆誤，幸其失於此者，猶或有存於彼，是以向來得以參互考證，改而正之，凡所更改，皆有據依，非出於己意之私也。舊本圖子既差，而説中静而生陰，静下多一"極"字，亦以圖及上下文意考正而削之矣。若如所論，必以舊圖爲據，而曲爲之説，意則巧矣，然既以第一圈爲陰静，第二圈爲陽動，則夫所謂太極者，果安在耶？又謂先有無陽之陰，後有兼陰之陽，則周子本説初無此意，而天地之化，似亦不然，且程子所謂無截然爲陰爲陽之理，即周子所謂互爲其根也。程子所謂升降生殺之大分不可無者，即周子所謂分陰分陽也。兩句相須，其義始備，故二夫子皆兩言之，未嘗偏有所廢也。今偏舉其一，而所施又不當其所，且所論先有專一之陰，後有兼體之陽，是乃截然之甚者。”《文集》。

《語類》。曰：“時紫芝亦曾見尹和靖來嘗注《太極圖》，不知何故渠當時所傳圖本，第一個圈子内誤有一點，紫芝於是從此起意，謂太極之妙皆在此一點，亦有《通書解》，無數凡百説話。”

《語類》三。曰：“一片底便是分做兩片底，兩片底便是分做五片底，做這萬物，四時五行衹是從那太極中來，太極衹是一個氣，迤邐分做兩個氣，裏面動底是陽，静底是陰，又分做五氣，又散爲萬物。”嘉謂，太極衹是一個氣者，陰陽一太極之謂也，不可做紫芝看。

程復心《大學章句圖》首畫《太極圖》，中間著一“氣”字，是以氣言太極。周子無極而太極，專以理言也。程説曰：“太極未有象數，惟一氣耳。”是即漢儒异端之説，又豈識所謂太極哉？《讀書録》十。程復心將《太極圖》中著一“氣”字，又從而釋之曰：“太極未有象數，惟一氣耳。乃漢儒函三爲一，老莊指太極爲氣之説，其失周子、朱子之旨遠矣。”《讀書録》八。

問：“犬牛之性與人之性不同，天下如何解有許多性？”曰：“人則有孝悌忠信，犬牛還能事親孝、事君忠也無？”問：“濂溪作《太極圖》，自太極以至萬物化生，衹是一個圈子，何嘗有异？”曰：“人物本同，氣禀有异，故不同。”又問：“是萬爲一，一實萬分，又如何説？”曰：“衹是一個，衹是氣質不同。”《語類》五十九。

《語類》。曰：“《太極圖》無極而太極，上一圈即是太極，但挑出在上。”

《語類》。曰：“《太極圖》衹是一個實理，一以貫之。”嘉謂，圖六段第一圈，此太極是實理，次陰陽，次五行，次妙合，次男女，次萬物，五段皆有圈，此一以貫之者也。

《語類》。曰：“自太極至萬物化生，衹是一個道理，包括非是先有此而後有彼，但都是一個大源，由體而達用，從微而至著耳。”

山陽度氏之説好。

薛文清《題太極圖》詩云："大小圈十個，都在一圈上。如是究竟言，一圈也無象。"薛集十八。《觀太極圖》詩云："斂襟坐久此心虚，静看濂溪太極圖。理在象中元不離，莫於象外用工夫。"又云："一理陰陽及五行，乾坤萬物各生成。莫言真宰元無迹，久向圖中露此情。"二首薛集二十一。

《天原發微》卷首《太極圖》與《易·繫辭》表裏相合之圖得之。

退溪《天命圖後》論甚詳。

《答劉叔文書》曰："所謂理與氣，此决是二物，但在物上看，則二物渾淪不可分開，各在一處，然不害二物之各爲一物也。若在理上看，則雖未有物，而已有物之理，然亦但有其理而已，未嘗實有是物也。大凡看此等處，須認得分明，又兼始終，方是不錯，衹看《太極圖》，熹所解第一段便見意思矣。若未會得，且虚心平看，未要硬便主張，久之自有見處，不費許多閑説話也。如此虚心理會，不得時却守取舊來所見，亦未爲晚耳。如或未然，且放下此一説，别看他處，道理尚多，或恐别因一事透著此理，亦不可知，不必守此膠漆之盆，枉費心力也。"《文集》。又曰："細詳來喻，依舊辨别'性''氣'兩字不出云云。但更看《太極圖解》第一段初兩三行，便見理之與氣各有去著，不待如此紛紜矣。"同上。嘉謂羅氏《困知記》理氣之議論，蹈襲朱子，而絮説之者也。

或問："理在先，氣在後?"曰："理與氣本無先後之可言，但推上去時，却如理在先，氣在後相似。"又問："理在氣中發見處如何?"曰："如陰陽五行錯綜，不失條緒，便是理，若氣不結聚時，理亦無所附著。故康節云'性者，道之形體；心者，性之郛郭；身者，心之區宇；物者，身之舟車'。"問："道之體用。"曰："假如耳便是體，聽便是用，目是體，見是用。"《語類》一。

問理與氣。曰："有是理，便有是氣。但理是本，而今且從理上説氣，如云太極動而生陽，動極而静，静而生陰，不成動已前便無静。”程子曰：“動静無端。蓋此亦是，且自那動處説起，若論著動以前又有静，静以前又有動，如云一陰一陽之謂道，繼之者善也。這‘繼’字便是動之端。若衹一開一闔而無繼，便是闔殺了。”又問：“繼是動静之間否?”曰：“是静之終，動之始也。且如四時，到得冬月，萬物都歸窠了，若不生來年，便都息了，蓋是貞復生元，無窮如此。”《語類》一。問：“《太極解》何以先動而後静，先用而後體，先感而後寂?”曰：“在陰陽言，則用在陽，而體在陰，然動静無端，陰陽無始，不可分先後。今衹就起處言之，畢竟動前又是静，用前又是體，感前又是寂，陽前又是陰，而寂前又是感，静前又是動，將何者爲先後。”同上。

《答王子合書》曰：“周子所謂無極而太極，非謂太極之上别有無極也。但言太極非有物耳，如云‘上天之載，無聲無臭’，故下文云‘無極之真，二五之精’，既言無極，則不復别舉太極也。若如今説，則此處豈不欠一‘太極’字耶?”《文集》《語類》亦載此説。

“無極而太極，衹是説無形而有理，所謂太極者，衹二氣五行之理，非别有物爲太極也。”又云：“以理言之，則不可謂之有，以物言之，則不可謂之無。”《語類》。嘉謂“之有”“之無”，此“有無”字考之黄勉齋極之得名云云可見。

《語類》：“無極而太極，不是太極之外别有無極，無中自有此理”云云，此謨録也。舜弼論太極云云，此可學録也。此兩條尤詳矣。謨録五峰所謂一氣太息之云，《知言・一氣》篇之語，《性理大全》歷代秦總論胡氏之説，即《一氣》篇一章之全文也。可學録無能生有也。此老子云爾，《文集・答陸子静》《楊子直書》辨之。此録者之誤耳。

《語類》百二十五曰：“易不言有無，老子言有生於無便不是。”

彭子壽問：“無極而太極。”曰：“此語衹作一句玩味，無極而太極存焉，太極本無極也，若曰自無生有，則是折爲二體矣。”《南軒集》三十一。

《語類》。問："南軒説無極而太極，言莫之爲而爲之，如何?"曰："他説差。"嘉按，先生《答子静書》甚稱南軒此説。

《語類》。曰："四方上下曰宇，古往今來曰宙。問：'此是誰語?'"曰："此是古人語。"嘉按，《淮南子·齊俗訓》曰："往古來今謂之宙，四方上下謂之宇。"尸子曰："天地四方曰宇，往古來今曰宙。"邵氏《擊壤集》云："上下四方謂之宇，古往今來謂之宙。"莊子《庚桑楚》篇云："有實而無乎處者，宇也，有長而無本剽者，宙也。"《文集·讀太紀》曰："宇宙之間，一理而已矣。"嘉謂，此太極也。《答子静書》曰："太極乃天地萬物本然之理，亘古亘今，攧撲不破者也。"

陳埴《近思雜問》曰："無之極乃有之極。"嘉謂此語非也。

"周子、康節説太極，和陰陽滚説，易中便擡起説，周子言太極動而生陽，静而生陰，如言太極動是陽，動極而静，静便是陰，動時便是陽之太極，静時便是陰之太極。蓋太極即在陰陽裏，如易有太極，是生兩儀，則先從實理處説，若論其生則俱生，太極依舊在陰陽裏，但言其次序，須有這實理，方始有陰陽也。其理則一，雖然自見在事物，而觀之則陰陽函太極，推其本，則太極生陰陽。"《語類》七十五。嘉按，《理學類編》載邵子以氣言太極之説，其次載先生此説，又次載真西山之説真説見下。而曰今按邵子之説，太極亦以氣言之，故備載西山之説於此，讀者當自擇焉，此張九韶失考者也。

西山真氏曰："自周子以前，凡論太極，皆以氣言，莊子以道在太極之先，所謂太極乃是指作天地人三者，氣形已具，而渾淪未判者之名，而道又别是一懸空底物，在太極之先，則道與太極爲二矣，不知道即太極，太極即道，以其理之通行者而言則曰道，以其理之極至者而言則曰太極，又何嘗有二耶?倘非周子啓其秘，而朱子闡而明之，孰知太極之爲理而非氣哉?"嘉謂此《理學類編》所載也。真氏云周子以前，凡論太極，皆以氣言，而獨引莊子之言，按漢《律曆志》，太極元氣函三爲一之説，《易·繫》韓康伯之注，孔氏之正義，皆老莊之意，此等其所指也。邵子或以理言，道爲太極是也。或以氣言，太極一氣是也。或合理氣而言之，心爲太極是也。豈其以有太極一氣之言，而與漢唐諸子概論之哉?《北史》所載李業興對梁武問太極語，徒言之耳。

孔子曰："易有太極。"又曰："一陰一陽之謂道。"又曰："形而上者之謂道，形而下者之謂器。"皆兼理氣而言。周子無極而太極，則純以理言，至動而生陽，静而生陰，則兼以氣言矣。《讀書録》一。易有太極，易即陰陽，太極即道也。《讀書録》十一。易有太極，言氣以原理，太極動而生陽，言理以及氣，《讀書録》四。薛氏此辨尤明。

蔡節齋曰："易有太極，易，變易也。夫子所謂無體之易也，太極，至極也，言變易無體，而有至極之理也。先儒皆以'太極'二字便爲萬化之原，而於'易'之一字，但目爲易書，故周子《太極圖説》特以無極而太極發明易有太極之旨，其所謂無極而太極者，蓋亦言其無體之易，而有至極之理也，是其無極之真實有得於夫子之一言，而或以爲周子妄加者，繆也。"嘉謂此説未當，夫子之無體言氣，周子之無極言理。朱子曰："'無極'二字不屬有無，不落方體。"又曰："太極無方所，無形體。故周子以無極言之，此藉《易》語云爾。"又曰："夫子言有者，主易而爲言也；周子言無者，主太極而爲言也。主易則易無體，故曰有主太極，則太極有眹，故曰無，曰有，曰無由，所主不同耳，然其理未嘗不同也。"或曰："夫子何爲主易，而周子何爲主太極?"曰："夫子贊易，則當主易，周子作《太極圖》，則當主太極，又何疑焉。"嘉謂有眹以極之得名者而言歟?語終不瑩，有無之説亦异乎朱説，朱子、周子各主之説得之。

北溪陳氏曰："無極之説，始於誰乎?柳子曰：'無極之極。'康節《先天説》亦曰：'無極之前，陰含陽也，有象之後，陽分陰也。'是周子以前已有無極之説矣。但其主意各不同，柳子、康節是以氣言，周子則專以理言之耳。"嘉按，無極之説，出於老子、莊子無極之極。柳子《天對》之語，乃老氏之意也。無極之前，邵子所以説先天，而非老氏之意，豈以以氣言之，而與柳子同言之乎?邵子曰："道爲太極。"又曰："心爲太極。"視之莊子"道在太極之先"之言，其如何哉?至于本易有太極是生兩儀之言，而爲一分爲二之説，則孔子以來人之所未言，有功於易道大矣。然則周、邵無極之言所指雖殊，而其致則一矣。周子、老氏同言异意，則《文集·答陸子静書》辨之明矣。老氏以氣而言無窮之謂，周子以理而言無形之謂。《商量集》載之。

太極動下李先生之説尤精。出《延平答問》。

誠者，命之道乎？《知言》之語也。

吕子約問："以未發爲太極。"曰："以未發爲太極，衹此句便不是，所以下文一向差却。未發者太極之静，已發者太極之動也。須如此看得，方無偏滯，而兩儀、四象、八卦、十二卦之説，皆不相礙矣。"又問："太極動而生陽，動則爲已發矣。"曰："以動而生陽爲已發是也，即不知静而生陰爲已發、爲未發耶？"又問："前日所禀，未嘗敢以已發爲無太極也，而又云已生兩儀、四象、八卦，難以爲未發。"曰："未嘗以已發爲無太極是也，而又云已生兩儀、四象、八卦，難以爲未發，何耶？"《文集》。嘉謂，子約未曾會延平之説，故朱子詰之云爾。

《語類》百二十一。或問太極。曰："看如今人與太極多少遠近。"或人自説所讀書。曰："徒然説得一片，恁地多不濟事"。

《語類》五。致道謂："心爲太極。"林正卿謂："心具太極。"致道舉以爲問。先生曰："這般處極細，難説看來心有動静，其體則謂之易，其理則謂之道，其用則謂之神。"直卿退而發明曰："先生道理精熟，容易説出來，須至極。"賀孫問："其體則謂之易，體是如何？"曰："體不是體用之體，恰似説體質之體，猶云其質，則謂之易，理即是性，這般所在當活看，如'心'字，各有地頭説，如孟子云'仁，人心也'，仁便是人心，這説'心'是合'理'説，如説顔子，其心三月不違仁，是心爲主，而不違乎理，就地頭看始得。"又云："先生《太極圖解》云'動静者，所乘之機也'。蔡季通聰明，看得這般處出，謂先生下此語最精。蓋太極是理，形而上者，陰陽是氣，形而下者，然理無形，而氣却有迹，氣既有動静，則所載之理亦安得謂之無動静。又舉《通書·動静》篇云：'動而無静，静而無動，物也。動而無動，静而無静，神也。動而無動，静而無静，非不動不静也。物則不通，神妙萬物，動静者，所乘之機也。'先生因云，某向來分别得這般所在。今心力短，便是這般所在都説不到，因云向要到雲谷，自下上山，半途大雨，通身皆濕，得到地頭，因思著天地之塞，吾其體，天地之帥，吾其性。時季通及某人同在那裏，某因各人解此兩句，自亦作兩句解後來看也。自説得著，所以迤邐便作《西銘》等解。”

《語類》國秀説太極云云，公道未動以前，如何曰祇是理？曰：“固是理，祇不當對動言，未動即是静，未静又即是動，未動又即是静。伊川云動静無端云云。”嘉謂，動静共是太極之理，國秀謂未動以前祇是理，則是對動而言，故以爲不當。

《語類》或問太極。曰：“未發便是理，已發便是情，如動而生陽便是情。”嘉謂理當作性，性情共是太極之理。

《讀書録》七曰：“《太極圖解》下《朱子語録·論道器》曰：‘如這人身是器，語言動作便是人之理。’竊謂此或記者之誤，蓋人身與語言動作皆是器也，人身語言動作之則乃理也。若指人之語言動作爲理，則是認氣爲道，昧于形而上、形而下之别矣。故疑此言，或記者之誤也。”嘉謂告子生之謂性，佛氏作用是性，龜山道不可離之説，先生索性議之，不暇枚舉焉。《語類》七十五曰：“形而上者是理，才有作用，便是形而下者。”此義言之亦詳。語言動作，人之理之云，則與告子等之説相同，故薛氏之疑未可遽爲不然，但以身對語言動作而言，則身屬陰，形而下者，語言動作屬陽，故謂之形而上之理云爾，因檢出朱説如左。

問立天之道。曰：“陰陽，道理也，陰陽，氣也，何故以陰陽爲道？”曰：“形而上者謂之道，形而下者謂之器，明道以爲須著如此説，然器亦道，道亦器也。道未嘗離乎器，道亦祇是器之理，如這交椅是器，可坐便是交椅之理，人身是器，語言動作便是人之理，理祇在器上，理與器未嘗相離，所以一陰一陽之謂道。”曰：“何謂一？”曰：“一如一闔一闢謂之變，祇是一陰了又一陽，此便是道寒了又暑，暑了又寒，這道理祇循環不已，維天之命，於穆不已，萬古祇如此。”《語類》七十七。

康節云：“一動一静者，天地之妙也。一動一静之間者，天地人之妙也。蓋天祇是動，地祇是静，到得人便兼動静，是妙於天地處，故曰‘人者，天地之心’。論人之形，雖祇是器，言其運用處，却是道理。”《語類》百。《樂記》云：“著不息者，天也，著不動者，地也，一動一静者，天地之間也。”《禮運》云：“人者，天地之心也。”又云：“人者，其天地之德，陰陽之交，鬼神之會，五行之秀氣也。”

《語類》八十七。問：“人者，天地之心。”曰：“謂如天道，福善禍淫，乃人所欲也。善者，人皆欲福之。淫者，人皆欲禍之。”又曰：“教化皆是人做此，所謂人者，天地之心也。”

《語類》。問：“動而無静，静而無動，物也。静而無静，動而無動，神也。所謂物者，不知人在其中否？”曰：“人在其中。”曰：“所謂神者，是天地之造化否？”曰：“神即此理也。”問：“物則拘於有形，人則動而有静，静而有動，如何却同萬物而言？”曰：“人固是静中動，動中静，亦謂之物。凡言物者，指形器有定體而言，然自有一個變通底在其中，須知器即道，道即器，莫離道而言器可也。凡物皆有此理，且如這竹椅，固是一器，到適用處，便有個道在其中。”又問神。曰：“神在天地中，所以妙萬物者，如水爲陰則根陽，火爲陽則根陰云云。”

《語類》。問：“一陰一陽之謂道，是太極否？”曰：“陰陽祇是陰陽，道是太極。程子説所以一陰一陽者，道也。”問：“《知言》云有一則有三，自三而無窮矣。”又云：“一陰一陽之謂道，謂太極也。陰陽剛柔，顯極之幾，至善以微，孟子所謂可欲者也，如何？”曰：“《知言》祇是説得一段文字好，皆不可曉。”問：“純粹至善者也，與繼之者善同否？”曰：“是繳上三句，却與繼之者善不同，繼之者善屬陽，成之者性屬陰。”問：“陽實陰虚。繼之者善是天命流行，成之者性是在人物，疑人物是實。”曰：“陽實陰虚，又不可執，祇是陽便實，陰便虚，各隨地步上説，如楊子説於仁也柔，於義也剛。今周子却以仁爲陽，義爲陰，要知二者説得都是，且如造化周流，未著形質，便是形而上者屬陽，才麗於形質，爲人物，爲金、木、水、火、土，便轉動不得，便是形而下者屬陰。若是陽時，自有多少流行變動在，及至成物，一成而不返，謂如人之初生屬陽，祇管有長，及至長成，便祇有衰，此氣逐旋衰減，至於衰盡則死矣。

周子所謂原始反終，衹於衰盡處可見反終之理。”又曰：“嘗見張垂崖云未押字時屬陽，已押字屬陰，此語疑有得於希夷，未可知。”

先生曰：“形而上，形而下，衹就形處離合分别，此正是界至處，若止説在上，在下便成兩截矣。”《語類》舜弼論太極條語。“一陰一陽之謂道，陰陽何以謂之道？”曰：“當離合看。《語類》七十四。一陰一陽之謂道，這便兼理與氣而言，陰陽，氣也。一陰一陽則是理矣，猶言一闔一闢謂之變，闔闢非變也，一闔一闢則是變也，蓋陰陽非道，所以陰陽者，道也。”同上。

《漢書》：“《易》本隱以之顯，《春秋》推見至隱。”嘉按，此《史記·司馬相如傳》太史公語，前漢相如傳贊引之，《史記》‘以之’作‘之以’。“《易》與《春秋》，天人之道也。《易》以形而上者，説出在那形而下者上；《春秋》以形而下者，説上那形而上者去。”《語類》六十七。

程子曰：“《繫辭》曰，‘形而上者謂之道，形而下者謂之器’。又曰：‘立天之道曰陰與陽，立地之道曰柔與剛，立人之道曰仁與義。’又曰：‘一陰一陽之謂道，陰陽亦形而下者也。’而曰道者惟此語，截得上下最分明，元來衹此是道，要在人默而識之也。”《遺書》。

《答王子合書》曰：“動静無端，陰陽無始，本不可以先後言，然就中間截斷言之，則亦不害其有先後也。觀周子所言太極動而生陽，則其未動之前固已嘗静矣。又言静極復動，則已静之後固必有動矣。如春秋冬夏，元亨利貞，固不能無先後，然不冬則何以爲春？而不貞又何以爲元？就此看之，又自有先後也。又如克己復禮，然後可以爲仁，固不可謂前此無仁，然必由静而後動也。惟精惟一，而後可以執中，固不可謂前此無中，然亦由静而後動也。舉此類而推之，反復循環，無非至理，但看從甚處説起，則當處便自有先後也。”《文集》。

勉齋太極不會動静之説，其以無情而言歟？終不是。

《北溪》第五條，“截然”字下得好。

節齋未生既生之説，近思葉解得之。

真氏曰："椅，卓器也，而其用理也。"此與朱子所謂"交椅是器，可坐是理"同意。

《讀書録》九曰："臨川吴氏曰'太極無動静'，故朱子釋《太極圖》曰'太極之有動静，是天命之流行也'。此是爲周子分解太極，不當言動静，以天命有流行，故衹得以動静言。竊謂天命即天道也，天道非太極乎？天命既有流行，太極豈無動静乎？朱子曰：'太極，本然之妙也，動静，所乘之機也。'是則動静雖屬陰陽，而所以能動静者，實太極爲之也。使太極無動静，則爲枯寂無用之物，又焉能爲造化之樞紐、品彙之根柢乎？以是而觀，則太極能爲動静也明矣。"嘉謂吴氏之説甚繆，敬軒議之是也，然太極專是理，天命則兼氣在了。

鄭子上問《太極圖》曰："無極而太極可學。竊謂無者，蓋無氣而有理，然理無形，故卓然而常存；氣有象，故闢闔斂散而不一。《圖》又曰：'太極動而生陽，動極而静，静而生陰。'太極，理也，理如何動静？有形則有動静，太極無形，恐不可以動静言。"南軒云："太極不能無動静，未達其意。"曰："理有動静，故氣有動静。若理無動静，則氣何自而有動静乎？且以目前論之，仁便是動，義便是静，此又何關於氣乎？"《文集》。嘉謂上天之載，無聲無臭，豈不信哉！

《答楊元範書》曰："太抵陰陽衹是一氣，陰氣流行即爲陽，陽氣凝聚即爲陰，非直有二物相對也。此理甚明，周先生於《太極圖》中已言之矣。"《文集》。

《語類》二十九曰："張乖崖云陽是人有罪而未書案，尚變得，陰是已書案，更變不得。此人曾見希夷來言，亦似《太極圖》。"

《語類》天地之初云云，楞當作華。

《語類》問："如何謂之性？"曰："天命之謂性。"又問："天之所命者，果何物也？"曰："仁、義、禮、智、信。"又問："《太極圖》何爲列五者於陰陽之下？"曰："五常是理，陰陽是氣，有理而無氣，則理無所立，有氣而後理，方有所立，故五行次陰陽。"又問："如此則是有七。"曰："義知屬陰，仁禮屬陽。”節按《太極圖》列金、木、水、火、土於陰陽之下，非列仁、義、禮、智、信於陰陽之下也。以氣言之，曰陰陽五行；以理言之，曰健順五行之性。此問似欠分别。嘉謂此第三問答不審，列五者於陰陽之下之問而答曰五常是理，則問者之意因前仁、義、禮、智、信發之乎？然則如節所云也，何不以此答之？而有理而無氣云云，且圖意亦不如此也。圖意衹是陰陽五行，漸次分開者也，在天以氣曰陰陽、五行，以理曰乾、坤、元、亨、利、貞，在人以氣曰魂魄、五臟，以理曰健、順、仁、義、禮、智，節言疏矣。

《南軒集·答吴晦叔書》曰："太極之説，某妄意以爲太極，所以形性之妙也。性不能不動，太極所以明動静之藴也。極乃樞極之義，聖人於《易》，特名'太極'二字，蓋示人以根柢，其義微矣。若衹曰性而不曰太極，則衹去未發上認之，不見功用，曰太極，則性之妙都見矣。體用一源，顯微無間，其太極之藴歟？"又曰："太極之説，某欲下語云易也者，生生之妙也。太極者，所以生生者也，曰'易有太極'，而體用一源可見矣。"朱子《答吴德夫書》可見。

《語類》一曰："土無定位，故今曆家以四季之月十八日爲土，分得七十二日，若説播五行於四時，以十干推之，亦得七十二日。"

南軒曰："新安朱熹云'太極立則'"云云。嘉謂"立"字不瑩，今解云有"太極則"云云。

勉齋六條，第一條末語"其然乎，豈其然乎"，是何謂耶？或文字有差誤歟？第二條圖解之疑非矣。嘉辨之於前。第三條無容議焉，第四、五條發揮得亦一義也，但以生數之序爲誤者，非也，生數之次如此，運數之序如彼，則是陰陽五行錯綜之理也。黄氏專欲爲一様之看，却不免三句之斷。第六條本體之二之四之謂，非知"理"字分明，不能發此説焉。朱子"理"字之説，《玉講附録》載之。

《語類》一問："前日先生答書云，陰陽五行之爲性，各是一氣所稟，而性則一也。兩性字同否？"曰："一般。"又曰："同者，理也。不同者，氣也。"又曰："他所以道五行之生，各一其性。”節復問：“這個莫是木自是木，火自是火，而其理則一。”先生應而曰：“且如這個光也，有在硯蓋上底也，有在墨上底，其光則一也。”

《語類》一曰：“五行相爲陰陽，又各自爲陰陽。”

《語類》一曰：“金、木、水、火、土，雖曰五行各一其性，然一物又各具五行之理，不可不知，康節却細推出來。”

嚴時亨問：“五行之性，各一其性。”曰：“氣質是陰陽，五行所爲性，即太極之全體，但論氣質之性，則此全體隨在氣質之中耳，非别有一性也。”《文集》。

《答嚴時亨書》曰：“陰陽五行之爲性，各是一氣所稟，而性則一也，故自陰陽五行而言之，則不能無偏，而人稟其全，所以得其秀而最靈也。”《文集》。

《答張敬夫書》曰：“各具一太極來喻固善，然一事一物上各自具足此理，著個‘一’字，方見得無欠剩處，似亦不妨不審，尊意以爲如何?”《文集》。

《語類》九曰：“凡看道理，要見得大頭腦處分明，下面節節衹是此理，散爲萬殊，如孔子教人，衹是逐件逐事説個道理，未嘗説出大頭腦處，然四面八方合聚湊來也。自見得个大頭腦，若孟子便已指出教人，周子説出太極已是太煞分明矣。且如惻隱之端，從此推上，則是此心之仁，仁即所謂天德之元，元即太極之陽動，如此節節推上，亦自見得大總腦處。若今看得太極處分明，則必能見得天下許多道理條件，皆自此出，事事物物上皆有个道理，元無虧欠也。”

妙合，《通書》第十六章，勉齋之説詳矣。

《答蔡季通書》曰：“太極説近看儘有未精密處，已略刊正，其大者如乾男坤女，當爲氣化之人物，不知曾有人如此説否。其下化生萬物，乃爲形化者耳。又，主義，是指正與義而言，蓋此是不易之定理，《大學》所謂至善是也。”續集，主義之義當作静。

《語類》三曰：“人生初間，是先有氣，既成形，是魄在先，形既生矣，神發知矣。既有形，後方有精神知覺。子産曰：‘人生始化曰魄，既生魄，陽曰魂。’數句説得好。”

《答黄道夫書》曰："五行謂水、火、木、金、土耳。各一其性，則爲仁、義、禮、智、信之理，而五行各專其一，人則兼備此性而無不善，及其感動，則中節者爲善，不中節者爲不善也。"《文集》。

《語類》五十三。問："四端不言信。周子謂五性動而善惡分，如信之未發時如何，已發時如何？"曰："如惻隱真個惻隱，羞惡真個羞惡，此便是信。"曰："此却是已發時，方有這信。"曰："其中真個有此理。"

《語類》百十六曰："聖人定之以中正仁義，便是主張這個物事，蓋聖人之動便是元亨，其静便是利貞，都不是閑底，動静所謂繼天地之志，述天地之事，便是如此，如知得恁地便生，知得恁地便死，知得恁地便消，知得恁地便長，此皆是繼天地之志，隨他恁地進退、消息、盈虚，與時偕行。小而言之，飢食渴飲，出作入息。大而言之，君臣便有義，父子便有仁，此都是述天地之事，衹是這個道理，所以君子修之便吉，小人悖之便凶。"嘉謂"定"字，自《左傳》劉公所謂定命來見。《讀書續録》八。

《答方伯謨書》曰："所論陰陽男女之説則未然，天地之間，陰陽而已，以人分之，則男女也。以事言之，則善惡也，何適而不得其類哉？中正仁義，如君子時中，順受其正，仁者愛人，義以爲質之類，皆周子之意，他處有不同者，各隨所主而言，初不相妨，如子貢以學不厭爲智，教不倦爲仁，而《中庸》則以成己爲仁，成物爲智，此類亦可推矣。"《文集》。

《語類》三十二。或問："知者動，仁者静。如《太極圖説》，則知爲静，而仁爲動，如何？"曰："且自體當到不相礙處，方是良久。"曰："這物事直看一樣，横看一樣。子貢説學不厭爲知，教不倦爲仁。子思却言成己爲仁，成物爲知，仁固有安静意思，然施行却有運用之意。"又云："知是伏藏淵深底道理，至發出，則有運用，然至於運用，各當其理，而不可易處，又不專于動。"

《語類》曰："克己復禮，義也。"嘉按，張子亦論浩氣曰義，克己也，見理屈。

《語類》問："聖人定之以中正仁義，何不曰仁義中正?"曰："此亦是，且恁地説當時某看時也。疑此祇要去强説，又説不得，後來子細看，乃知中正即是禮，知無可疑者。"嘉謂中正仁義，仁義中正皆周子之言，各有義焉見下。此問甚疏，而答亦不分曉，亦不對值，記者謬誤爾。

《語類》曰："中正仁義而已矣，言生之序，以配水火木金也。"又曰："仁義中正而已矣，以聖人之心言之，猶孟子言仁義禮智也。"

《語類》問："《太極圖》，何以不言禮智，而言中正，莫是此圖，本爲發明易道，故但言中正，是否?"曰："亦不知是如何，但'中正'二字較有力。"嘉謂《易》專言中正，而曰立人之道，曰仁與義，則此問尤有理。近思葉解如此。然朱子未敢道之，專説中正之爲真切，的實甚詳。

《書伊川先生易傳板本後》曰："秦漢以來，考象辭者，泥於術數，而不得其弘通簡易之法，談義理者，淪於空寂，而不適乎仁義中正之歸。"《文集》。

陳北溪曰："禮者，心之敬，而天理之節文也。仁中有個敬，油然自生便是理，見於應接，便自然有個節文，節則無太過，文則無不及。如作事太質無文采，是失之不及，末節繁文太盛，是流於太過。天理之節文，乃恰好處，恰好處便是合當，如此更無太過，更無不及，當然而然，便即是中。故《太極圖説》仁義中正，以'中'字代'禮'字，尤見親切。"又曰："圖説中正仁義，而注脚又言仁義中正，互而言之，以見此理之循環無端，不可執定，以孰爲先，孰爲後也，亦猶四時之春夏秋冬，或言秋冬春夏，以此見氣之動静無端，陰陽無始也。"

或問定之以中正仁義而主静。雙峰饒氏曰："中正仁義，性之四德，中即禮，正即智也。然不曰禮智，而曰中正者，蓋仁義禮智，專以性之未發者言，如孟子之所云，而中正仁義則以性之周流乎動静者言，若乾坤之元亨利貞也。以未發者言，則四者各專一德，而其發也爲四端。以周流動静者言，則名雖有四，而實則一，太極之流行也。故中者動，而無過不及之名，極之用也。正者静，而不偏不倚之謂，極之體也。中見於事，正主乎中，確乎其不可移易。若户之有樞，車之有管轄，天之有南北極也，定萬事以立人極，莫先乎此。仁者主於生育，所以流通乎物我，而發揮其功用，故由静而應於動，由體而達於用者，仁之事也。義者主於收斂，所以裁成夫事物，而斷割乎彼我，故動極而歸於静，用畢而反其體者，義之事也。二者中正之機，括而極之妙用也。四者之在吾心，動静周流，如環無端，亦猶天地之五氣順布而四時行也。然是極之理，根於所性，其體本真，而静苟有一毫之私欲雜乎其中，利害相攻，思慮錯擾，而本然之體已失其正，其何以能泛應曲當，而使用之各得其中哉！唯聖人之心，天理渾然，無少私欲，故能寂然不動，以爲感而遂通之本，此定之以中正仁義而主静之説也。學者不學聖人，則已欲學聖人，可不於此而用力哉！”

問：“周子不言禮智，而言中正，何也?”平嚴葉氏曰：“此圖辭義，悉出於《易》，《易》本陰陽，而推之人事，其德曰仁義，其用曰中正，要不越陰陽之兩端而已，仁義而不中正，則仁爲姑息，義爲忍刻之類，故《易》尤重中正。”

《困學紀聞》七：“仁者静。”孔安國云：“無欲故静。”與《太極圖説》同。

《語類》七十五曰：“退藏於密，密是主静處，萬化出焉者，動中之静，固是静，又有大静，萬化森然者。”嘉按，此語重出於百四十，“森”作“參”，“大静，萬化森然者”，即静中之動耳。

主静，静坐主敬，真氏條列，朱説備焉。《答南軒書》：“來教所謂要須察夫動，以見静之所存，静以涵動之所本，動静相須，體用不離，而後爲無滲漏也。此數句卓然，意語俱到，謹以書之座右，出入觀省，然上兩句次序似未甚安，意謂易而置之，乃有可行之實。”《文集》。晦庵易置之意，不可不知，故檢出之。

《語類・中庸・鬼神章》問：“此章以《太極圖》言，是所謂妙合而凝也。”曰：“立天之道曰陰與陽，立地之道曰柔與剛，立人之道曰仁與義，便是體物而不可遺。”

《答汪叔耕書》曰："所論周程傳授次第，恐亦有未易言者，而以《太極圖》爲有單傳密付之三昧，則又近世學者背形逐影，指妄爲真之弊也。夫道在目前，初無隱蔽，而衆人沈溺膠擾，不自知覺，是以聖人因其所見道體之實，發之言語文字之間，以開悟天下與來世，其言丁寧反復，明白切至，惟恐人之不解了也，豈有故爲不盡之言，以愚學者之耳目，必俟其單傳密付，而後可以得之哉！但患學者未嘗虚心静慮，優柔反覆，以味其立言之意，而妄以己意輕爲之説，是以不知其味，而妄意乎言外之别傳耳。"《文集》。

《語類》問："先生謂程子不以《太極圖》授門人，蓋以未有能受之者，然而孔門亦未嘗以此語顔、曾，是如何？"曰："焉知其不曾説？"曰："觀顔、曾做工夫處，衹是切己做將去。"曰："此亦何嘗不切己？皆非在外，乃我所固有也。"曰："然，此恐徒長人億度料想之見。"曰："理會不得者，固如此。若理會得者，莫非在我，便可受用，何億度之有？"

程允夫問解義。曰："程氏之言性與天道，多出此圖，然卒未嘗明以此圖示人者，疑當時未有能受之者也，是則然矣。然今乃遽爲之説以傳之，是豈先生之意耶？"曰："當時此書未行，故可隱，今日流布已廣，若不説破，却令學者枉生疑惑，故不得已而爲之説爾。"《文集》。

太極後云敬夫以書來云云。《南軒集》無此書，而《答伯恭書》言此意。既以復於敬夫。見《文集》。

"堯舜之利民也大，禹之慮民也深。"韓文《對禹問》之語，《考异》"利"一作"慮"，《語類·黎靖德序》引此語，大禹之間有"而"字。

太極朱子解論南軒、東萊，未曾釋然也。《南軒集》二十二《答朱元晦書》，二十五《寄吕伯恭書》，《東萊集》二十七《與朱侍講書》可見之。

《太極圖説》，程子之後，惟朱子知之，宜程子不以語人也。《讀書續録》五。《太極圖説》在當時，惟朱子盡得其妙，其次張南軒而已。《讀書續録》四。蓋敬軒所得，過於南軒遠矣，散見于《讀書録》《續録》，可考而見之。

朱門蔡九峰尤得太極之妙旨，敬軒不舉之，何耶？其未盡心於《皇極内篇》歟？

敬軒《答閻禹錫書》曰："夫以子貢之高識，猶僅克禮性天道於晚年，况他乎哉？程子終身不以《太極圖》示人者，正謂是耳，故教人之法最宜謹其先後深淺之序，若不量所至，驟語以高妙，不止不能入，彼將輕此理，爲不足信矣。"《文清全集》二十九。此書能得程朱之旨。

敬軒謂周子圖説朱子之解，數十年之功庶得之。嘉嘗編次周子書，意謂朱解於理則固可無不可，但不知周子本意果如此否？辛卯之夏四月二十二日，夢見周先生，乃問："太極朱解莫違尊意乎？"曰："不違。"曰："或點於第一圈中，失尊意者有焉？"先生頷之，又將正所編次，而人呼覺矣。顧自夢見殆三十年，頃爲《周書抄略》，又爲《筆録》，因憶往事，恐終乎無得云爾。

《答徐彦章書》曰："中者，無過不及之謂。"又曰："和者，中之异名，若就厭動而求静，有體而無用耳。至於分别體用，乃物理之固然，非彼之私言也。求之吾書，雖無體用之云，然其曰寂然而未發者，固體之謂也。其曰感通而方發者，固用之謂也。且今之所謂一者其間，固有動静之殊，則亦豈能無體用之分哉？"《文集》。

《答黄直卿書》曰："前書所論《先天》《太極》二圖，久無好况，不暇奉報，《先天》乃伏羲本圖，非康節所自作，雖無言語，而所該甚廣，凡今《易》中一字一義，無不自其中流出者。《太極》却是濂溪自作，發明《易》中大概綱領意思而已。故論其格局，則《太極》不如《先天》之大，而詳論其義理，則《先天》不如《太極》之精而約。蓋合下規模不同，而《太極》終在《先天》範圍之内，又不若彼之自然，不假思慮安排也。若以數言之，則先天之數，自一而二，自二而四，自四而八。以爲八卦太極之數，亦自一而二剛柔，自二而四剛善剛惡，柔善柔惡，遂加其一中，以爲五行，而遂下及於萬物，蓋物理本同，而象數亦無二致，但推得有大小詳略耳。"又曰："所論太極，散爲萬物，而萬物各具太極，見得道不可須臾離之意，而與一貫之指，川上之嘆，萬物皆備之説相合，學者當體此意，造次顛沛，不可間斷。此説大概得之，但周子之意，若衹如此，則當時衹説此一句足矣，何用更説許多陰陽、五行、中正、仁義及《通書》一部，種種諸説耶！《通書》中所謂誠無爲者，太極也。幾善惡者，陰陽也。德曰仁義禮智信者，五行也。皆就圖上説出，其餘如静虚動直、禮先樂後、淡且和、果而確之類，亦是圖中陰陽動静之意。蓋既曰各具太極，則此處便又有陰陽五行許多道理，須要隨處一一盡得，如先天之説，亦是太極散爲六十四卦，三百八十四爻，而一卦一爻，莫不具一太極，其各具一太極處，又便有許多道理，須要隨處盡得，皆不但爲塊然自守之計而已也。然此亦衹是大概法象，若論日用功夫，則所守須先有個自家親切要約處，不可必待見圖，而後逐旋安排，其隨處運用，亦須虚心平氣，徐觀事理，不可衹就圖上想像思惟也。既先有個立脚處，又能由此推考證驗，則其胸中萬理洞然，通透活絡，而其立處，自不費力，而愈堅牢開闊矣。若但寸寸銖銖比量，湊合逐旋，將來做工夫，則亦何由有進步處耶?”《文集》。

《答孫季和書》曰：“太極之説，與《繫辭》詳略不同，乃是互相發明，以盡精微之藴，最爲有功。若衹依本分模榻，則亦何用增此贅語？而學者又何由知得其中有許多曲折耶？大抵近日議論，喜合惡離，樂含胡而畏剖析，所以凡事都不曾理會到底，此一世之通患也。”《文集》。

《語類》問：“《太極圖》自一而二，自二而五，即推至於萬物。《易》則自一而二，自二而四，自四而八，自八而十六，自十六而三十二，自三十二而六十四，然後萬物之理備。《西銘》則止言陰陽，《洪範》則止言五行，或略或詳，皆不同，何也?”曰：“理一也。人所見有詳略耳，然道理亦未始不相值也。”《山崎闇齋全集》第一卷，《文會筆録》十之一。

《答張元德書》曰：“《通書》太極之旨，更宜虚心熟玩，乃見鄙説一字不可易處，政使濂溪復生，亦必莞爾而笑也。”《文集》。

《語類》曰："張乖崖説斷公事，以爲未判底事皆屬陽，已判之事皆屬陰，以爲不可改變，《通書》無非發明此二端之理。"《語類》。

《答廖子晦書》曰："繼善成性，分屬陰陽，乃《通書》首章之意，但熟讀之，自可見矣。蓋天地變化，不爲無陰，然物之未形，則屬乎陽，物正其性，不爲無陽，然形器已定，則屬乎陰。嘗讀張忠定公語云'公事未著字以前屬陽，著字以後屬陰'，似亦窺見此意。"《文集》。

《語類》七十四曰："一陰一陽之謂道，太極也。繼之者善，生生不已之意屬陽。成之者性，各正性命之意屬陰。《通書》第一章可見如説，純粹至善，却是統言道理。"

《語類》九十五曰："繼之者善也。周子是説生生之善，程子説作人性之善，用處各自不同。若以此觀彼，必有窒礙。"嘉謂周説即《易》之意，程説與《易》不同，朱子説此詳矣。

《語類》七十四問："繼之者善，成之者性，是道是器?"曰："繼之成之是器，善與性是道。"

《語類》七十四曰："繼之者善，成之者性，性便是善。"

《語類》七十四曰："繼之者善也，元亨是氣之方行，而未著於物也，是上一截事。成之者性也，利貞是氣之結成一物也，是下一截事。"

《答張元德書》曰："來書所論'通復'二字甚密，然亦有未切處，繼之者善云者，造化流行，萬物方資以始而未實也。成之者性云者，物生已實，造化與物各藏其用，而無所爲也。在人則感物而動者，通也。寂然不動者，復也。以此推之，圖象隱然，不待多言，而自可默喻矣。四德則陰陽各二，而誠無不貫，安得不謂五行之性乎?凡此更反復之，當自見也。"《文集》。

《答吴伯豐書》曰："《通書》純粹至善，猶曰純粹而至善云耳。至善與《大學》理無不同。"《文集》。

《語類》百十五。先生問："别看甚文字?"曰："祇看《近思録》，今日問個明日，將來温尋，子細熟看。"曰："如適間所説，元亨利貞是一個道理之大綱目，須當時復將來仔細研究，如濂溪《通書》，衹是反復説這一個道理，蓋那裏雖千變萬化，千條萬緒，衹是這一個做將去。”

《語類》六。問：“孟子説仁義禮智，義在第二。《太極圖》以義配利，則在第三。仁禮是陽，故曰亨，仁義禮智猶言東西南北，元亨利貞猶言東南西北，一個是對説，一個是從一邊説起。”嘉謂上“亨”字上下恐有缺文。

《語類》七十一曰：“伊川與濂溪説‘復’字亦差，不同用之云，濂溪説得‘復’字，就歸處説，伊川就動處説。”曰：“然，濂溪就坤上説，就回來處説，如云利貞者，誠之復，誠心復其不善之動而已矣，皆是就歸來處説。伊川却正就動處説，如元亨利貞，濂溪就利貞上説‘復’字，伊川就‘元’字頭説‘復’字。以《周易》卦爻之義推之，則伊川之説爲正，然濂溪、伊川之説，道理衹一般，非有所异，衹是所指地頭不同，以《復卦》言之，下面一畫便是動處。伊川云下面一爻正是動，如何説静？得雷在地中復云云。看來伊川説得較好，王弼之説與濂溪同。”嘉謂此末八字，記者之誤，或“同”下當有“而旨异”三字，朱子極譏王弼之説。見《文集》四十，《語類》七十一。

《通書》第一“元亨”小注，南軒張氏謂梁世榮曰：“看得此章如何？”世榮答以此又《太極圖解》之要旨也。曰：“元亨，誠之通，利貞，誠之復。‘通復’二字尤爲緊要，方其通也，是這個，及其復也，是這個。今之人，其動也，未嘗通，其静也，未嘗復，某衹説得如此，公自去推。”嘉謂“通復”二字本説天之誠，南軒拈來以戒人，其意切矣。朱子所謂利貞，誠之復，言學者用力處，亦此意。朱説見“大哉”小注。

第二“静無”小注，朱説第三條，此文集《與張欽夫書》也，先生云此書非是，則收入于此者，誤矣。

《答連嵩卿書》曰：“‘德輶如毛，民鮮克舉之’，孔子所謂爲仁由己也，仁以爲己任，不亦重乎？程子所謂克己最難也，周子亦曰‘至易而行難，果而確，無難焉’。蓋輕故易，重故難，知其易故行之必果，知其難則守之宜確，能果能確，則又何難之有乎?"《文集》。

趙致道問，周子曰："誠無爲，幾善惡。"此明人心未發之體，而指其已發之端，蓋欲學者致察於萌動之微，知所決擇而去取之，以不失乎本然之體而已，或疑之，以謂有類於胡子同體而异用之云者，遂妄以意揣量，爲圖如後：

此明周子之意

此證胡氏之説

善惡雖相對，當分賓主。天理人欲雖分泒，必省宗孽。自誠之動而之善，則如木之自本而幹，自幹而末，上下相達者，則道心之發見，天理之流行，此心之本主，而誠之正宗也。其或旁榮側秀，若寄生龐贅者，此雖亦誠之動，則人心之發見，而私欲之流行。所謂惡也，非心之固有，蓋客寓也，非誠之正宗，蓋庶孽也。苟辨之不早，擇之不精，則客或乘主，孽或代宗矣。學者能於萌動幾微之間，而察其所發之向背。凡其直出者爲天理，旁出者爲人欲。直出者爲善，旁出者爲惡。直出者固有，旁出者横生。直出者有本，旁出者無源。直出者順，旁出者逆。直出者正，旁出者邪。而吾於直出者利導之，旁出者遏絶之。功力既至，則此心之發，自然出於一途，而保有天命矣。於此可以見未發之前有善無惡，而程子所謂"不是性中元有此兩物相對而生”。又曰：“凡言善惡，皆先善而後惡。”蓋謂此也。若以善惡爲東西相對，彼此角立，則是天理人欲同出一源，未發之前已具此兩端，所謂天命之謂性，亦甚污雜矣，此胡氏同體异用之意也。”曰：“此説得之，而圖子有病，已略改定，更詳之。”《文集》。

嘉按，《性理大全》幾下自中而左右分之，系於善幾、惡幾爲三角，以明周意，自“幾”字左右系於善幾、惡幾，皆如曲尺，以明胡意，如下方：

此明周子之意

此明胡氏之意

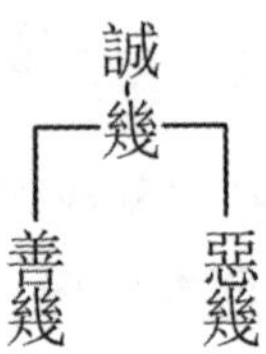

致道之所爲，蓋如此。《文集》“幾”字之圍、“惡幾”之旁出，則先生所削改爾。今當誠下中間書“善幾”，而自誠直繫之，右旁斜書“惡幾”，而亦系之，以明周意。“誠”下分左右，書“善幾” “惡幾”，而自“誠”皆斜繫之，以明胡意。如下方：

此明周子之意

此明胡氏之意

先生所定，蓋如此。先生有《性圖》，又論郭氏《性圖》足以證焉。見下。

《語類》五十五。《性圖》。

性善

性無不善

善 惡

惡不可謂從善中直下來，祇是不能善，則偏於一邊爲惡

發而中節無往不善

問郭氏《性圖》。曰："'性善'字且做在上，其下不當同以善惡對，出于下不得已時，善字下再寫一善，却傍出一'惡'字，倒著以見惡，祇是反於善，且如此，猶自可説，正淳謂自不當寫出來。"曰："然。"《語類》九十五。"論本然之性，祇一味是善，安得惡來？人自去壞了，便是惡。既有惡，便與善爲對。胡氏却説有不與惡對底善，又有與惡對底善，如近年郭子和九圖，便是如此，見識上面書一圈子寫'性善'字，從此牽下，兩邊有善有惡。"《語類》百一。

《答蔡季通書》曰："所喻以禮爲先之説，又似識造化之云，不免倚於一物，未是親切工夫耳，太抵濂溪先生説得的當，《通書》中數數拈出'幾'字，要當如此瞥地，即自然有個省力處，無規矩中却有規矩，未造化時已有造化，然後本隱之顯，推見至隱，無處不吻合也。"又曰："《通書》注修改甚精，元來誠幾德便是太極二五，此老些子活計盡在裏許也。前後知他讀了幾過，都不曾見此意思，於此益知讀書之難也。"《文集》。

天理人欲之分，祇争些子，故周先生祇管説"幾"字，然辨之又不可不早。故横渠每説"豫"字。《語類》十三。《學記》曰："禁於未發之謂豫。"天理人欲，幾微之間。同上。問："飲食之間，孰爲天理，孰爲人欲？"曰："飲食者，天理也，要求美人欲。"同上。

《讀書續録》二曰："《中庸》祇説未發已發。周子又指未發已發之間説'幾'字，乃發前聖所未發也。"

鄭子上問："誠與仁之名所以异者，誠自其渾然不動言之，而仁則已流出矣。故在濂溪圖，誠爲太極，而《通書》謂誠無爲，於圖陽動屬仁，於《易》兀屬仁。程先生亦謂生之理便是仁，推此可見。"曰："自性言之，仁字亦未流出，但是其生動之理包得四者，其實與'誠'字所指不同，須更辨得分明始得。"《文集》。

問："仁義禮智誠，《中庸》不知如何看？"曰："仁義禮智乃未發之性，所謂誠，《中庸》皆已發之理，人之性本實，而釋氏以性爲空也。"《語類》六。嘉謂誠貫乎未發已發者也，《中庸》

於《論語》，則專指已發，子思則兼乎未發已發而言矣。然曰“皆已發之理”，記者之誤也。

《語類》或舉季通語：“《通書》‘誠無爲，幾善惡’，與太極‘惟人也，得其秀而最靈，形既生矣，神發知矣，五性感動而善惡分’，二説似乎相背，既曰‘無爲’矣，如何又却有善惡之幾？恐是周子失照管處，如何？”曰：“當寂然不動時，便是誠無爲，有感而動，即有善惡。幾是動處，大凡人性不能不動，但要頓放得。於是其所動處，頓放得是時，便是德，愛曰仁，宜曰義，頓放得不是時，便一切反是。人性豈有不動？但須於中分得天理人欲方是。”嘉謂，德，愛曰仁，宜曰義，本説人心自然之德。先生曰：“頓放得是時，便是德，愛曰仁，宜曰義，頓放得不是時，便一切反是。”示人之意切矣。

《語類》二十問：“韓愈博愛之謂仁。”曰：“是指情爲性了。”問周子説愛。曰：“仁與博愛之説如何？”曰：“愛曰仁，猶曰惻隱之心，仁之端也。是就愛處指出仁，若博愛之謂仁之謂，便是把博愛做仁了，終不同。”

《語類·求放心章》曰：“這一章意思最好，須將來日用之間常常體認，看這個初無形影，忽然而存，忽然而亡，誠無爲，幾善惡。《通書》説此一段尤好，誠無爲，祇是常存得這個實理在這裏，惟是常存得實理在這裏，方始見得幾，方始識得善惡，若此心放而不存，一向反覆顛錯了，如何别認得善惡？以此知這道理，雖然説得有許多頭項，看得熟了，都自相貫通，聖賢當初也不是有意説許多頭項，祇因事而言。”

誠神幾，節齋之説支離。

吴伯豐問：“注云中即禮，正即智，圖解備矣。必大向者侍教時，雖已略聞大意。今按圖解有曰‘其行之也中。’又曰‘中者嘉之會也’。所謂中即禮者，固明白矣。至於正，則不過曰其處之也正。又曰‘正者貞之體也’，智之義固在其中，然恐初學者讀之，猶未能分明，欲乞更詳下一語，如何？”曰：“元亨利貞，分配仁義禮智，先儒已有定論矣，故祇如此説，意亦自見。”《文集》。

《語類》五十九曰："氣質之性，古人雖不曾説著，考之經典，却有此意，如《書》云'惟人萬物之靈，亶聰明，作元后'與'夫天乃錫王勇智'之説，皆此意也。孔子謂'性相近也，習相遠也'。孟子辨告子生之謂性，亦是説氣質之性。近世被濂溪拈掇出來，而横渠、二程始有氣質之性之説。"

《語類》九十五曰："濂溪説性者，剛柔善惡中而已矣。濂溪説性，衹是此五者，他又自有説仁義禮智底性時，若論氣稟之性，則不出此五者，然氣稟底性便是那四端底性，非别有一種性也。然所謂剛柔善惡中者，天下之性，固不出此五者，然細推之，極多般様，千般百種，不可窮究，但不離此五者爾。"

《語類》六十二曰："《通書》剛柔一段，亦須著，且先易其惡，既易其惡，則致其中在。"

《答陳器之書》曰："中之爲義，固非專爲剛柔相半之謂，然當剛則剛，當柔則柔，當剛柔相半則相半，亦皆自有中也。"《文集》。

《語類》六十二曰："《中庸》之中是兼已發，而中節無過不及者得名，故周子曰'惟中者和也，中節也，天下之達道也'。若不識得此理，則周子之言更解不得，所以伊川謂'中者，天下之正道'，《中庸章句》以《中庸》之中實兼中和之義，《論語集注》以中者不偏不倚，無過不及之名，皆此意也。"嘉謂今《集注》無"不偏不倚"四字。又曰："周子云'中也者，和也，天下之達道也'。别人也不敢恁地説，君子而時中，便是恁地看。"

《語類》七十八問："允執厥中。"曰："《書》《傳》所載，多是説無過不及之中，衹如《中庸》之中，亦衹説無過不及，但喜怒哀樂之未發謂之中，一處却説得重也。"嘉謂《中庸》之中，在《論語》則無過不及之名，在《中庸》則不偏不倚，無過不及之謂，記者欠詳耳，先生説之詳矣。

《自省録·答鄭子中書》曰："'有善不及'是設問，其下當有'如之何'等辭，而今無之。此濂溪立語太簡處，然此自吾東人以辭吐讀之，故爲難爾。若如漢人，既無辭吐之拘，則但曰有善不及，即係以曰以下之文，有何不可乎?”嘉謂移置“問”字於首章則可也。

《答胡廣仲書》曰：“來喻動静之外，别有不與動對之静，不與静對之動，此則尤所未諭，動静二字，相爲對待，不能相無，乃天理之自然，非人力之所能爲也。若不與動對，則不名爲静。不與静對，則亦不名爲静[①]矣。但衆人之動，則流於動而無静，衆人之静，則淪於静而無動，此周子所謂物則不通者也。惟聖人無人欲之私，而全乎天理，是以其動也，静之理未嘗亡，其静也，動之機未嘗息。此周子所謂神妙萬物者也。然而必曰主静云者，蓋以其相資之勢言之，則動有資於静，而静無資於動，如《乾》不專一則不能直遂，《坤》不翕聚則不能發散。龍蛇不蟄則無以奮，尺蠖不屈則無以伸，亦天理之必然也。”《文集》。

《語類》至之問：“‘水陰根陽，火陽根陰’與‘五行陰陽，陰陽太極’爲一截，‘四時運行，萬物終始’與‘混兮闢兮，其無窮兮’爲一截，混兮是‘利貞，誠之復’，闢兮是‘元亨，誠之通’，注下自五而一，自五而萬之説，則是太極常在貞上，恐未穩。”先生大以爲然，曰：“便是猶有此等硬説處。”直卿云：“自《易》説元亨利貞，直到濂溪、康節始發出來。”嘉謂，太極常在貞上，以水土合一之義言之歟？水土之義，《張書抄略》詳之。

《小注或問》：“周子之語，言合，胡不自萬而一，言開，胡不自一而萬?”勉齋黄氏曰：“周子之言造化，至五行處是一關隔，自五行而上屬乎造化，自五行而下屬乎人物，所以《太極圖》説到四時行焉，却説轉從五行説太極，又從五行之生説各一其性，説出至變化無窮。蓋天地造化，分陰分陽，至五行而止，五行既具，則由是而生人物也。有太極便有陰陽，有陰陽便有五行，三者初無斷際，至此若不説合，却恐將作二件物事認了。所以合而謂之妙合，非昔開而今合，莫之合而合也。至於五行既凝，而後有男女，男女既交，而後生萬物，此却是有

①“静”：疑爲“動”。

次第，故有五行，而下節節開説，然其理氣未嘗有异，則恐未嘗不合也。"

《答林充之書》曰："所論陰陽動静之説，衹以四方五行之位觀之，便可見矣。優柔平中，如充之所論，得之'中'字於動用上説亦然。明道云惟精惟一，所以至之，允執厥中所以行之，即此意也。然衹云於動用上説，却覺未盡，不若云於動用上該本體説，如何？"《文集》。

《語類》十二曰："今説此話，却似險難説，故周先生衹説'一者，無欲也'。然這話頭高，卒急難凑泊，尋常人如何便得無欲？故伊川衹説個敬字，教人衹就這敬字上崖去，庶幾執捉得定，有個下手處。縱不得，亦不至失。要之，皆衹要人于此心上見得分明，自然有得爾。然今之言敬者，乃皆裝點外事，不知直截于心上求功，遂覺累墜不快活，不若眼下于求放心處有功，則尤省力也。但此事甚易，衹如此提醒，莫令昏昧，一二日便可見效，且易而省力，衹在念不念之間耳，何難而不爲？"

明通公溥，四象之配。《語類》之説或如此，或如彼，皆非無其義，而竟不可定於一焉，故概而解之。

《語類》問："明通公溥於四象，何所配？"曰："衹是春夏秋冬模樣。"曰："明是配冬否？"曰："似是就動處説。"曰："便似是元否？"曰："是，然這處亦是偶然相合，不是正恁地説。"

《語類》四十四曰："周子曰明則不疑，凡事之多疑，皆生於不明，如以察爲明，皆至暗也。唐高宗之流是也。"

二十二章小注朱説，第八條更詳之。

問："濂溪教程子尋孔、顔樂處，蓋自有其樂，然求之亦甚難。"曰："先賢到樂處，已自成就向上去了，非初學所能求，况今之師非濂溪之師，所謂友者，非二程之友，所以説此事，却似莽廣，不如且就聖賢著實用工處求之，如克己復禮，致謹於視聽言動之間，久久自當純熟充達向上去。"《語類》三十一。問："伊川所謂其字當玩味，是如何？"曰："是元有此樂，又去見其大則心泰，周子何故就見上說？”曰：“見便是識此味。”同上。

《語類》三十四或問：“《德之不修》一章曰，遷善改過是修德中緊要事，蓋衹修德，而不遷善改過，亦不能得長進。”又曰：“遷善改過是兩項，不是説改其過而遷於善，遷善便是有六七分是，二三分不是，自家却見得那二三分是處，即遷而就之，要教十分是著，改過則是十分不好，全然要改。此遷善、改過之别，如《通書》中云君子乾乾不息於誠，便是修德底事，下面便是接説遷善改過底事，意正相類。”

石子重問：“《蒙》，學者之事，始之之事也。《艮》，成德之事，終之之事也。”曰：“周子之意，當是如此，然於此亦可見主静之意。”《文集》。

《語類》百二十曰：“人須是子細沈静，《大學》謂‘知止而後有定，定而後能静，静而後能安，安而後能慮，慮而後能得’。如一件物事，自家知得未曾到這裏，所見未曾定，以無定之見，遂要决斷，此事如何斷得盡。一件物事有長有短，自家須實見得他那處是長，那處是短，如今便一定把著他短處，便一齊没他長處。若衹如此少間，一齊不通，《禮記》云“疑事毋質，直而勿有”，看古人都是恁地不敢草草。周先生所以有主静之説，如《蒙》《艮》二卦，皆有静止之體。《洪範》五事：聽曰聰，聰作謀，謀屬金，金有静密意思。人之爲謀，亦欲静密。貌曰恭，恭作肅，肅屬水，水有細潤意思，人之舉動，亦欲細潤。聖人所以爲聖人，衹是動静不失其時，時止則止，時行則行，聖人這般所在直是則得好。自家先恁地浮躁，如何要發得中節做事，便事事做不成，説人則不曾説得著實。”

《答丘子服書》曰：“周子《通書》近時到處有本，此本頃自刊定，比它本爲完，可試讀之，此近世道學之源也。而其言簡質若此，與世之指天畫地，喝風罵雨者，氣象不侔矣。”續集。

《文集》。乾道己丑六月戊申，作《周子太極通書後序》。淳熙己亥正月朔旦，《書徽州婺源縣周子通書》板本。後五月戊子朔，作《再定太極通書後序》。丁未九月甲辰，作《周子通書後記》。《性理大全》以後記爲序，非也，周木《延平答問補録》

載後記之語，以爲《通書後語》文是也。

《文集》。淳熙己亥秋八月甲午，《書濂溪先生愛蓮説後》，辛丑，《書濂溪先生拙賦後》。

《文集·次吕季克東堂九詠其愛蓮詩》云："聞道移根玉井旁，開花十丈是尋常。月明露冷無人見，獨爲先生引興長。"

魏莊渠一韵《絶句》云："自疑自失自驚心，却笑斯人巧用心。惟有愛蓮堂上月，分明照破此人心。"見《堯山堂外紀》八十九。

《蔡虚齋集四·讀愛蓮説》云："菊曰隱逸，所謂隱者爲高也。牡丹曰富貴，所謂仕者爲通也。蓮曰君子，則所謂君子哉！蘧伯玉：'邦有道則仕，邦無道則可卷而懷之者也。'後賢注此，皆未有得周子命辭之意者，故特發之。"

嘉讀《拙賦》曰："拙者，曰默，曰逸，曰德，曰吉。蓋沁躬之不逮，故默。無僥幸之徼，故逸。自疆不息，故德而吉。此難與世之巧言令色，病于夏畦，自賊取禍者，并爲言矣。"

《南軒集三十四·跋濂溪先生帖》曰："右濂溪周先生二帖，某來桂林邇先生之鄉，因鄉之士何士先來訪，屬以考尋先生舊迹，已而胡良輔持此二帖及家譜石刻來，良輔實先生姻族也。按石刻，先生皇考諱輔成，任賀州桂嶺縣令，累贈諫議大夫，葬道州營道縣榮樂鄉鍾樂里。又載濂溪隱居在石塘橋西，先生之兄諱礪，其子仲章，即第二帖所寄者是也。濂溪在其鄉，右有是名，先生晚築廬山下有溪焉，因亦以名之，蓋示樂其所自生，不忘其本之意。良輔云鄉之父老相傳，能道先生此意也。某不佞，竊誦習先生之言行，蚤歲獲拜遺像，今又得心畫而藏之，慕仰涵泳，不勝拳拳，敢敬書於左方。"

《答汪尚書書》曰："受學之語見於吕與叔所記二先生語中，云昔受學於周茂叔，故據以爲説從游，蓋所尊敬而不爲師弟子之辭。"又曰："濂溪河南授受之際，非末學所敢議，然以其迹論之，則來教爲得其實矣，敢不承命而改焉。但《通書》《太極圖》之屬，更望暇日試一研味，恐或不能無補萬分，然後有以知二先生之於夫子，非若孔子之於老聃、郯子萇弘也。"《文集》。

《與汪尚書書》曰："蒙喻及二程之於濂溪，亦若横渠之於范文正耳。先覺相傳之秘，非後學所能窺測，誦其詩，讀其書，則周范之造詣固殊，而程、張之契悟亦异。如曰仲尼顔子所樂，吟風弄月以歸，皆是當時口傳心受的當親切處，後來二先生舉似後學，亦不將作第二義看，然則行狀所謂反求之六經，然後得之者，特語夫功用之大全耳。至其入處，則自濂溪不可誣也。若横渠之於文正則异於是，蓋當時粗發其端而已，受學乃先生自言，此豈自誣者耶？大抵近世諸公知濂溪甚淺，如吕氏《童蒙訓》記其嘗著《通書》，而曰用意高遠。夫《通書》《太極》之説，所以明天理之根源，究萬物之終始，豈用意而爲之，又何高下遠近之可道哉！"《文集》。

《文集》。淳熙四年二月丙子，作《江州重建濂溪先生書堂記》。五年十月辛卯，作《袁州州學三先生祠記》。六年十月辛亥，作《隆興府學濂溪先生祠記》。八年八月癸丑，作《徽州婺源縣學三先生祠記》。十年五月丁卯，作《韶州州學濂溪先生祠記》。紹熙癸丑十月庚申，作《邵州州學濂溪先生祠記》。可具考知之。

《答張敬夫書》曰："近作《濂溪書堂記》，曾見之否？謾内一本發明天命之意，粗爲有功，但恨未及所謂不謂命者，闕却下一截意思耳，此亦是玩理不熟，故臨時收拾不上。如此非小病，可懼也。"《文集》。

《語類》百二十曰："昔李初平欲讀書，濂溪曰：'公老，無及矣。衹待某説與公，二年方覺悟。'他既讀不得書，濂溪説與他，何故必待二年之久覺悟？二年中説多少事，想見事事説與他不解，今日一説，明日便悟，頓成個别一等人，無此理也。"

《語類》九十七曰："周茂叔納拜已受去，如何還？"

窗前草，《玉講附録》詳之。

《語類》百三十。或問："東坡若與明道同朝，能從順否？"曰："這也未見得，明道終是和粹，不甚嚴厲，東坡稱濂溪衹是在他前，不與同時同事。"

《答張敬夫書》曰："示喻黄公灑落之語，舊見李先生稱之，以爲不易窺測到此，今以爲《知言》語誠太重，但所改語又似太輕，袛云識者，亦有取焉，故備列之如何?”嘉按，今《事狀》曰：“知德者亦深，有取於其言，云《文集·事狀》作事實無‘於’字。”所謂灑落，袛是形容一個不疑所行、清明高遠之意，若有一豪私吝心，則何處更有此等氣象耶？袛如此看有道者，胸懷表裏亦自可見，若更討落著，則非言語所及，在人自見得如何?《文集》。

灑落之義，胡季隨《答學者問》而以質之。先生答書曰：此一條嘗以示諸朋友，有輔漢卿者下語云，灑然冰解凍釋，是功夫到後疑情剥落，知無不至處，知至則意誠，而自無私欲之萌，不但無形顯之過而已。若袛是用意持守，著力遏捺，苟免顯然悔尤，則隱微之中，何事不有，然亦豈能持久哉！意懈力弛，則横放四出矣。今曰學者須常令胸中通透灑落，恐非延平先生本意。此説甚善，大抵此個地位，乃是見識分明涵養純熟之效，須從真實積累功用中來，不是一旦牽强著力做得。今湖南學者所云，不可以急迫求之，袛得且持守優柔厭飫，而俟其自得，未爲不是，但欠窮理一節工夫耳。答者乃云學者須常令胸中通透灑落，却是不原其本，而强欲做此模樣，殊不知通透灑落如何令得。纔有一毫令之之心，則終身袛是作意助長，欺己欺人，永不能到得灑然地位矣。《文集》，下同。

又《答季隨書》曰：“所喻兩條，前書奉報，已極詳悉，若能平心定氣，熟復再三，必自曉然。今乃復有來書之喻，其言欲以灑落爲始學之事，而可以力致，皆不過如前書之説，至引延平先生之言，則又析爲兩段，而謂前段可以著力，令其如此，則似全不曾看，其所言之文理，所謂反覆推究，待其融釋者，待字之意如何，而自以己意横爲之説也。大率講論文字，須且屏去私心，然後可以詳考文義，以求其理之所在。若不如此，而袛欲以言語取勝，則雖累千萬言，終身競辨，亦無由有歸著矣。是乃徒爲多事，而重得罪於聖人，何名爲講學哉！故熹不敢復爲論説，以增前言之贅，但願且取前書，子細反復其間，所云才有令之之心，即便終身不能得灑落者，此尤切至之論。蓋纔有此意，便不自然，其自謂灑落者，乃是疏略放肆之异名耳。叠此兩三重病痛，如何能到真實灑落地位耶？古語云：‘反者道之動，謙者德之柄，濁者清之路，昏久則昭明。’願察此語，不要思想準擬融釋灑落底功效判著，且做三五年，辛苦不快活底功夫久遠，須自有得力處，所謂先難而後獲也。‘灑落’兩字，本是黄太史語，後來延平先生拈出，亦是且要學者識個深造自得底氣象，以自考其所得之淺深，不謂不一，再傳而其弊乃至於此，此古之聖賢所以衹教人於下學處用力，至於此等，則未之嘗言也。”顏、曾以上，都無此等語，子思、孟子以下，乃頗有之，亦有所不得已也。《朱書節要》注云：“反者道之動，止昏久則昭明，語出《參同契·中篇》，但‘動’作‘驗’，‘謙’作‘弱’。”

《讀書録》六曰：“程子所謂廓然大公，物來而順應，正周子胸中灑落，如光風霽月之氣象。”

《文集》。淳熙八年，歲在辛丑夏四月六日《書濂溪光風霽月亭》，《格古論要》曰“光風霽月”四大字，朱子書於江西白鹿洞，福州模刻。《古今碑帖考》曰宋“光風霽月”四大字，朱熹書在南康白鹿洞。

《文集·山北紀行詩》云：“以兹游覽富，翻令懷抱傷。誰哉可告語，舉俗昏且狂？乾坤有真心，日月垂休光。茫茫宇宙内，此柄孰主張。北度石塘橋，西訪濂溪宅。喬木無遺株，虚堂唯四壁。竦瞻德容睟，跪薦寒流碧。幸矣有斯人，渾淪再開闢。平生勞仰止，今日登此堂。願以圖象意，質之巾几傍。先生寂無言，賤子涕泗滂。神聽儻不遺，惠我思無疆。六日拜濂溪先生書堂遺像，子澄請爲諸生説《太極圖》義。先生之曾孫正卿、彦卿，玄孫濤爲設食於光風霽月之亭。”嘉謂《紀行》十二章，章八句，此其第九、十、十一章也。第五章《天池》院詩，《濂溪志》誤爲周子之詩。《文集·答劉子澄書》言天池光怪之事。

《鶴林玉露》曰：“荆公少年，不可一世，士獨懷刺候濂溪，三及門而三辭焉。荆公恚曰：‘吾獨不可自求之六经乎！’乃不復見。余謂濂溪知荆公自信太篤，自處太高，故欲少摧其鋭，而不料其不可回也。然再辭可矣，三則已甚，使荆公得從濂溪沐浴於光風霽月之中，以消釋其偏蔽，則他日得君行道，必無新法之煩苛，必不斥衆君子爲流俗，而社稷蒼生將有賴焉。嗚呼，豈非天哉？”嘉謂此事更可考之。

《文集》。淳熙乙巳孟夏既望，《跋周元翁帖》。

《答何叔京書》曰："潘君之論，則异乎所聞矣。其所誦説環溪之書，雖未之見，然以其言考之，豈其父嘗見環溪，而環溪者，即濂溪之子元翁兄弟也歟？元翁與蘇、黄游，學佛談禪，蓋失其家學之傳已久，其言固不足據。且潘君者，又豈非清逸家子弟耶？清逸之子亦參禪，雖或及識濂溪，然其學則异矣。今且據此書論之，祇文字語言便與《太極》《通書》等絶不相類。蓋《通書》文雖高簡，而體實淵懿，且其所論不出乎陰陽變化、修己治人之事，未嘗劇談無物之先，文字之外也。而此書乃謂中爲有物，而必求其所在於未生之前，則是禪家本來面目之緒餘耳，殊不知中者，特無偏倚過不及之名，以狀性之體段，而所謂性者，三才五行、萬物之理而已矣，非有一物先立乎未生之前，而獨存乎既没之後也。其曰執，曰用，曰建，亦體此理，以修己治人而已矣，非有一物可以握持運用，而建立之也。《通書》論中但云："中者，和也，中節也。"又曰："中焉，止矣。"周子之意，尤爲明白。其後所謂立象示人，以乾元爲主者，尤爲誑誕無稽，大概本不足辨，以來教未有定論，故略言之，因來誨諭，幸甚幸甚！"《文集·答吕季克書》，有環叟之事。《山崎闇齋全集》第二卷，《文會筆録》十之二。

日本濂溪志卷之三　太極圖志

濂溪圖贊[①]　林道春[②]

濂溪山水之美者也，山水有内外，而人游其中，人身亦有内外，而此心亘宇宙無所窮，誰其知之矣？珍重此中無極翁。

《林羅山文集》卷四十六。

吟風弄月論　林道春

聖人以孝弟忠信爲教，曾點所願，則學孔子也，而浴沂風雩，何也？考亭以格物窮理爲要，朱子所願，則慕周子也，而吟風弄月，何也？夫人欲净盡天理流行，曾氏之風月乎？若非孝弟忠信，其不可得也。心節清冽，胸宇灑落，茂叔之風月乎？若非格物窮理，亦其不可得而致也。若夫列子御風而行，冷然

---

①底本此處注云："元和七年作。"

②林道春（1583—1657），又名信勝、忠、道春、菊松麻呂，字子信，通稱又三郎、民部卿法印，號羅浮子、羅山、羅洞、浮山、蝴蝶洞、梅花村、林提學、思維山長、夕顔巷、顔巷、尊經堂、雲母溪、麝眠、文敏先生、白雲齋、江雲渭樹、二李。本姓藤原，因祖先居住在加賀林鄉，改稱姓林，日本京都人。著名儒者，出入儒、釋、道三家，私謚文敏，現存有《林羅山文集》《林羅山詩集》。

善也，而尚有數數之譏，况於知道乎？謫仙醉而捉月，稟乎其不可留也。而亦死而不吊者，三居一於此，况於見理乎？概諸曾、周，天淵不啻，人人浴沂風雩，然與曾氏如何？家家吟風弄月，然與茂叔亦如何哉？世人唯知天地之間有風月，而不知我心之中自有風月也。若知夫風與月乎！則無時無處不有風月之可吟可弄，何天地與我心之异之有。嗚呼！誠身之樂，萬物備於我，豈翅風月而已哉！然誠身之樂，豈在孝弟忠信之外乎哉？且其爲人也，孝弟忠信未之有，而後格物窮理者，亦未之有也，是所以聖人與曾氏之志，朱子得周子之統者也，然則所謂吟風弄月，非逸游也，亦非玩物喪志也，亦非若騷人墨客，然“雲淡風輕近午天，傍花隨柳過前川”，此非程明道之詩乎？“梧桐月向懷中照，楊柳風來面上吹”，亦此非邵康節之詩乎？嗚呼，二老風流之人，豪哉！《林羅山文集》卷二十四。

天命圖説跋　林道春

右《天命舊新圖説》者，朝鮮鄭秋巒、李退溪之所作也。其論性理氣質，皆雖爲中國儒先之餘言，然不戾於正，而有可觀者。余家藏此本久矣，一日視於惺齋，惺齋曰：“四端出於理，七情出於氣，此説是也。”比諸《困知記》所云，則爲此善於彼。昔趙松雪見新羅沙門金生書迹，題其後曰“何地不生才”，信哉！今余亦於此圖説云爾乎？頃者村上行信生就余乞謄之，於是書以與之。元和辛酉立夏日。《林羅山文集》卷五十。

天命圖説跋　林道春

右《天命圖説》者，龜三以我家藏之書所就寫焉。夫八卦九疇，所以天錫聖人而泄其秘隱者。布在方策，其後濂溪先生接千載不傳之緒，著《太極圓[1]說》，以授二程，於是我道之妙，有意者獲窺之，嗚呼，聖賢之誨人，不深切著明乎！今此《天命圖說》，雖成於朝鮮鄭、李之手，然皆中國先儒之意也，則有可觀矣。由是而窺《太極圖》，而後至於《河圖》《洛書》者，豈非舛高之爲階哉！龜三勉焉。龜三後改春江其氏瀏江。《林羅山文集》卷五十。

太極　林道春

《近思録》者，考亭、東萊二先生所精撰也。開卷而首載《太極圖説》，讀未已，或有疑之者有言，此周子所自悟而作歟？抑又有所受，而後授于二程歟？二程平生不有一語及此書，何哉？所謂無極而太極，或以無極爲太虚，寥廓以太極爲元氣，或以未有始，未有夫始者爲無極，以大初爲太極，或以“無極”二字爲出自老子，以太極爲大氣，獨考亭之所説，不然此一句，唯是謂無形而有理，庶乎欲聞其詳。《林羅山文集》卷三十四。

隨筆　林道春

劉因詩“瑞日祥雲程伯子，冰壺秋月李延乎[2]”，此句恰好相似，與夫黄太史贊周濂溪灑灑落落，光風霽月之句，殆庶幾乎！《林羅山文集》卷六十五。

道德之文章，周子《太極圖説》，明道《定性書》，張子

---

①“圓”：應爲“圖”。

②“乎”：應爲“平”。

《西銘》，程子《易傳序》《春秋傳序》，朱子《大學序》《中庸序》，七篇是耳。

周濂溪於理上看，邵康節於數上看，程子《易》專説理，朱子《易》專説數，伊川似周子，考亭似邵子，其所傳授者如此云。伊川謂堯夫曰："知易理爲知天，知易數爲知天。"堯夫云："還須知易理爲知天。"

周茂叔之吟風弄月，程明道之傍花隨柳，林子曰："二公之胸中看如何？"

《周易》稱乾元，《春秋》書元年，元者何？天也，道也，善之長也，故曰人心也。桓譚以爲宓羲謂之易，仲尼謂之元，其實一也。或曰："元，道心也，非人心也。"曰："人心之善，乃道心也。"故不言惡，而言善，此本于其本心而言也。

黄山谷於周茂叔有灑灑落落、光風霽月之評，於程伯淳有"西風壯夫泪，多爲程子滴"之句，蘇東坡於濂溪同之，愚溪又有"伏見程某之奸"之奏議，與山谷不同。

志伊尹之所志，樂顔子之所樂者，周茂叔也，故其《太極圖説》及《通書》得千歲不傳之妙。嗚呼！善哉！《林羅山文集》卷六十六。

周茂叔"窗前草不除去"，問之，云與自家意思一般，是與陶元亮"木欣欣以向榮"如何？

邵堯夫猶空中樓閣，四通八達。

程子曰："受學於周茂叔，每令尋顔子仲尼樂處，所樂何事。"《林羅山文集》卷六十七。

周元公之主静，程伯子之定性，叔子之持敬，晦翁之窮理，南軒之義利之辯，皆是其所體認也。學者若無體認之實，則所學何事哉？所謂書自書，我自我，果何益乎？故聖賢千言萬語，唯要其守約也。若夫饒舌如鸚猩，博覽如大軍游騎，則豈其守約之謂哉？庶乎學而思，思而學，不有罔殆之患，是所以望後學也，鄉曹努力。

夫視也，聽也，言也，嗅也，是竅孔之所爲也。然其明，其聰，其慎，其顫，得其理者罕矣，况於通諸方寸者乎？世人莫不有形質，則自莫不有九竅，何以失視聽之正歟？形之有聾盲雖可憐，而心之聾盲可憎不可憐也，誰提金篦刮爾眼乎！

一草一木，各具此理，格得窮得了畢，不外此心，天地亦然，人倫亦然，視聽言動亦然，所謂豁然貫通者歟？

性有天命，有氣質，天命之性本善無惡，孔子所云繼之者善也。子思所謂天命，孟子所謂性善，稱堯舜是也。氣質之性有善，又有惡。孔子所謂性相近是也。雖然，善學則變化氣質，可以爲善，故橫渠曰氣質之性，君子不性焉。

《小學題辭》曰："元享[①]利貞，天道之常。仁義禮智，人性之綱。"論德則曰元享[②]利貞，說氣則曰水火木金土，說時則曰春夏秋冬，說方則曰東西南北，說色則曰青黄赤白黑，說味則曰酸甘辛苦鹹，配臟則曰心肝肺脾腎，其外有五數者，咸莫不配合焉。然四德歸于乾元，五行出自一氣，五常在於一心，五臟具乎一身，四時備於一歲，其餘可類推焉，皆是一理也。

《詩》云："鳶飛戾天，魚躍于淵。"言上下察也，程伯子曰："子思爲人處，吃緊活潑潑地。"夫天地上下之間，鳶不躍于淵，魚不戾于天，君尊在上，臣卑在下，父有父道，子有子道，男治外，女治内，此道萬古如此，常常不變，故舉鳶魚以明道體之在面前者，與活物躍動相似，聖人逝川之嘆，亦如是乎？

朱文公云："太極，理也，陰陽，氣也。"按動生陽，静生陰，其理元來固有故也。凡有氣，則有理，其氣所以有動静，萬古如此。自然者，理也。太極者，其至極之實理也。有理而無形，故云無極而太極，先儒指氣爲太極，非是。

程子曰："論性不論氣，不備。論氣不論性，不明。"二之則不是，古今論理氣者多矣，未有過焉者，獨大明王守仁云："理者，氣之條理。氣，理之運用。"

周子之主静，明道之動亦定，静亦定，伊川之主 ·，朱子

①②"享"：應爲"亨"。

之窮理，各有所悟入處，其成功一也。至皇明一代之巨擘，如陳白沙之静坐，王陽明之良知，則雖似頓悟，雖有高明，然不平易歟？

李耳曰："道可道，非常道。"其所謂道者，言清净無爲也，言天地未分也。夫人生乎今之世，不可爲上古之無事，而况何以置此身于天地未判之先乎？若以天地爲譬喻，以渾沌未開爲不起一念，則一息未斷之間，何以不起一念乎？人本活物也，争與枯骸似歟？蒙叟之槁木死灰及柴立之説，亦如是，异端之言語也。聖人之道不然，其道不在君臣、父子、男女、兄弟、朋友之外，所以行之者，五常也。五常本在一心，此心所具之理即是性也。人人所共由者，道也，得道于心謂之德，故道、德、仁、義、禮、智，其名异，實一也，非李耳所云道也。若弃人倫，别謂有道，則非儒道也，非聖人之道也，非堯舜之道也。《林羅山文集》卷六十八。

無極而太極，蓋無極字雖出自老子，然其所指不同。彼指虚無而言之，此指冲漠無朕而言之，故無極而太極，謂無形而有理也，周子發先人所未發者也。

《復》，其見天地之心乎！王弼以至静爲天地之心，程伊川排之，以爲動處是天地之心，蓋《復卦》一陽生于下，則非静也。康節以爲一動一静之間，有生生不息之妙，乃天地之心也。

瑞日祥雲程伯子，冰壺秋月李延平。

江漢秋陽比曾子，光風霽月似濂溪。

元氣周流是仲尼，和風慶雲即顔子。

《學》《庸》《語》《孟》，朱子作章句集注，并或問行于世，號曰四書，後儒加小學以爲五書。《林羅山文集》卷六十九。

《太極圖説》者，周濂溪自得之道理，筆之于書，以授二程，二程亦不浪語人也。朱子爲之注，以示學者，而播于世。又先天之易者，邵康節自悟之妙也，嘗以其數告明道，明道即解之，不肯問之。後有人問之，明道答曰："已忘矣。"朱子論易，推邵者多，以其爲卜筮之書故也。佛者之説，古今不得不倚儒而托言，故云僧壽涯傳《易》于麽衣道者，麻衣傳之陳希夷，希夷之流爲康節，康節之《易》與《太極圖説》相爲表裏，其誣世欺民至此乎？

惺窩先生告余曰：“無極而太極，言無形而有理也。”又曰：“中者，個理之异名也。”余聞而喟然，其後讀儒者書，所到皆有破竹之勢。嗚呼，快哉！

朱文公與陸象山論無極太極并《洪範》《皇極》，未止，文公以極爲屋棟之義，象山以極爲中。文公反覆示喻，象山遂不服，故後儒有朱陸异同之辯。惺窩告余曰：“今見其書狀，互有忿怒之意歟？於朱陸頗爲不滿，君子之争不至于如是之甚。且朱子聞象山死，乃曰：‘倒了一告子’。‘倒了’之字亦甚，唯恐門人編語録者所筆乎？未知出自朱子口吻也。”自後，余未壯年時，有朝鮮聘使丁好寛來駿府，余微服行筆語而問：“朱陸孰賢？”好寛藉筆答：“朱文公集諸儒之大成爾，何比是于象山。”欲再言之，聘使無暇，蒼皇而去。余亦退，聘使有顧戀之意而屢盻睞余焉，知不如伯樂之顧冀馬哉！余想朝鮮人祇見《學蔀通辯》，而未見《象山全集》，見《宋史·陸九淵傳》，及《文公大全·語録》，而知其不同于文公歟？《林羅山文集》卷七十。

周子之主静，明道之定性，伊川之主一無適，朱子之格物窮理，皆是其所入异，而所致不异。若金溪之易簡，新建伯之良知，則自以爲儒，然世呼爲儒中禪，其門人末流之弊陷于狂禪。《林羅山文集》卷七十。

《大學》之明德，本于堯之後德。文王之敬止，本于堯之欽明。即是聖學之基本也。

《中庸》者，孔門傳授心法，故初學不容易，説其曰中曰誠，即是聖道之根源也。《學》《論》《孟》者，所以至于聖也，《中庸》者，聖人分上之事乎。

《近思録》，朱子與吕伯恭共輯周、程、張子格言，可謂四書、六經之羽翼。先哲有云，“朱子集諸儒之大成，有繼往開來之功”，誠哉是言也！余弱冠慕朱子久矣，不可念哉！《林羅山文集》卷七十三。

庭草交翠問答 林道春

問曰：周茂叔“窗前草不除”，曰與自家意思一般，與淵明所謂“木欣欣以向榮”，有异同乎？

答曰：天地生物之意，生生不息之妙，亦是仁也。茂叔體此，仁者也，故察萌動見青青，而造化之妙協我心，故庭草不掃，若夫淵明之見解，雖未浴光霽，殆仿佛乎至其工夫，蓋淵明之所不及乎！

問曰：庭草、欣木之异同，既聞命矣。大明儒者王守仁剗庭草，與茂叔窗前草不掃，其意旨不异，是彼門人等之所筆記也，未知异同。

答曰：若擴充守仁之心，則不除草與剗草其事异，而其理不异。故有同而意异者，有异而同理者，仁及鳥獸，而有釣弋者，伐一木不以時，雖爲不孝，而有斧斤入山林者。草不除者，彼一時也。剗草者，此一時也。茂叔、守仁，易地亦然乎？若今推周子之意言之，其生物之妙，自得之樂，見解工夫俱到者乎？譬如爲關，其事雖同，而禁暴爲暴，古今之异也。爲仁不富，爲富不仁，陽貨、孟子其取意固异，稱意而不除草亦宜，養苗而芟夷草亦宜焉。异不异，慮同不同，彼聞周子庭草交翠之爲美，而欲同己意，假托剗草，以誇説門人乎？彼性太聰明，動排宋儒，雖然其自樂不可及淵明也，工夫不可及周子也，然則其意可以類推。

問曰：伊川先生侍讀哲宗時，哲宗春秋富，將折樹枝。伊川進曰：“方長不折。”從之。蓋是傳周子之道故乎？乃是庭草不除之意思乎？

答曰：其理雖同，其處事不同。周子見萌芽蘇息而不除之，一氣之乾元，滿腔之春風，於一草一木見天地之心。伊川當一枝之將折，而無所用之，故教帝以惻隱之及草木，廣此心，推其恩，則四海之民皆蒙其惠澤，或善其身，或善其君。嗚呼，周程傳授之道，美哉，真君子之儒也！朱子曰：淵明亦是豪放，有庭草之仿佛乎如守仁，彼哉彼哉！若夫陳蕃庭草不掃者，异日之談也。慶安二年之春，作此問答二篇，以示恕靖。《林羅山文集》卷三十二。

太極圖述注　室鳩巢①

章按，朱子圖解自注曰："引説解剥圖體，據圖推説盡説意。"《近思録》引此説以稱圖説、自稱圖説者，不一而足，其獨稱圖者，或隨省語，或依文而然。今以圖爲定名者，非朱子之舊矣，且其稱圖説、稱圖者，雖係此書定名之大義，而於太極之所以太極，非大義之所得係者也。

朱子注此書謂之解，一時指之云爲此説，則其爲解自明矣，與圖説之説，自不相妨。

土在四行中而無專主，故太極係於四行，所以係於土也。今更係于土，則似土有專主，甚不可。

最上圈挑出太極之本體，以不雜乎陰陽耳。本體即太極之實，非太極上别有本體，如今所言，則似太極上又挑出其本體，而甚不可。此改舊圖者，甚支離，非晦庵之舊矣。《太極圖述》。

---

①室鳩巢（1658—1734），名直清，字師禮，又字汝玉，小字新助，號鳩巢，又號滄浪、英賀，通稱新助。著有《前編鳩巢先生文集》《後編鳩巢先生文集》《補遺鳩巢先生文集》《鳩巢逸稿》，現有合編的《鳩巢先生文集》。本篇爲室直清《太極圖述》卷首的頭注部分。

太極圖述序　室鳩巢

《太極圖述》者何？詳述朱子之解也。周子之圖，立象於前，爲説於後，以闡性命之微，而開道學之蘊，誠有前聖之所未發者。然考之當時，罕能知其意而傳之者。自朱子出於其後，始克尊信而表章之，乃爲之解，以發其義，然後此書盛行於天下。然周子之書，言簡指遠，固非淺見薄識所能窺測。而朱子之解，廣博精深，又有不易讀者。自夫親炙朱門者，若勉齋之黄、山陽之度，猶且不能沉潜反復，究其底蘊，有或自出臆見，恣爲横議，以倍先師而誤後學者。其餘諸儒之説，率皆疏鹵冗雜，莫能得朱子之意者，亦由徒務議論之末，而少尋思之功耳。余之愚，竊嘗病焉，僭不自揆，志欲推原朱子之意，明白此圖之指，使後學不惑於諸儒紛紛之説，乃取朱子圖解之書，論其言，述其義，章釋句解，頗爲明備，其旁旨餘意不可不盡，同异得失不可不辨者，别設問答，斷以己意而折衷之，以附其後，將使後之讀圖解者，詳考而廣議之。雖其精義微旨之所在，亦由是而求之，庶乎有得矣。太極圖述。

享保癸丑重陽日，英賀室直清識

刊太極圖述序　集堂元成①

宋濂溪周子，繼往聖，開來學，其妙道精義，具於太極一

①集堂元成（1700—1784），名元成，字慎甫，通稱安左衛門，號學山、迂亭，阿波德島藩士，師從室鳩巢，著有《學政五條》。

圖，朱文公表章之，而後天下學者，翕然宗之，後儒繹其意以爲之説者，頗亦多矣。然擇而不精，語焉而不詳，能融會貫通，以盡其藴者，蓋少矣。吾鳩巢先生常爲之病，及其晚年，爲著圖述一篇，剖析幽微，洞究始終，以極濂閩千歲之旨。義理之密，條理之明，其所以繼前修，誘後學，蓋可謂至矣。此書之成，在享保癸丑，未及繕寫，而先生弃世，遺命門人蘆茂仲校訂。既而茂仲歸藩廢謫，訂本不出。及於伊東知量之輯先生遺書，據大地奚疑本以訂，又纂修，方就緒，罹疾，及其屬纊，舉以屬元成，元成獨以蘆本不出爲憾。後聞其遇赦，馳書問之，未幾，茂仲亦即世，訂本竟不出。有多田氏本者，云出茂仲，取以校讎，彼此交益，遂并照諸本，頗成善本，兹以鋟梓。顧先生精力，全在此書，而湮晦者殆過四紀，元成等荒廢之罪，亦無所逃。元成質陋材駑，固不能奉教導之萬一，但舊友零落，昔日及門者無幾。今幸憖遺一老，使此書不朽，則上不墜先師之業，下不虚亡友之托，亦元成之事畢矣。若夫千歲之後，因此書以知先生所至，則在其人耳。太極圖述。

天明甲辰仲夏朔旦，門人阿波，集堂元成謹譔

太極圖述　室鳩巢

卷之上　太極圖

直清按，周子之書有二，曰《太極圖》，曰《通書》。朱子遇二書之言相發明者，必以是《圖》《書》分稱，又嘗論及此書，有曰潘清逸著先生墓志，叙先生所著書，以《太極圖》爲稱首。又有曰周子嘗手此圖，以授程子，又有曰先生之藴因圖以發，而其所謂無極而太極云者，又一圖之綱領也。是其通圖與説，而以《太極圖》稱之，亦已明矣，曷嘗獨圖象之謂乎？而先儒多以《太極圖説》爲此書之稱，豈不以重在説而輕在圖

哉？然稱爲《太極圖説》，則疑若别有圖而以是爲其説者。觀朱子跋其所著圖解之後曰，“某既爲此説”云云，是謂其所自爲之解爲説也，則此書在當時，但以《太極圖》稱之，亦可見矣。今輒以《太極圖説》稱本文，又何以别之於解乎？竊意周子著此書時，特立象以爲主，而係其説于下，則其以《太極圖》命之無疑也。但據後人舉此書而論之，多在文而不在圖，故謂無極而太極以下爲圖説，而别之於圖，固其宜也。至於成書之通名，則當定以《太極圖》稱之爲是。今通圖與説，題爲《太極圖》，庶幾不失故名，而有以復朱氏之舊云。

又按，周子此書，先圖後説，其意互相發明，而朱子先於圖下逐圖引説而解之，則前圖已包括後説之意，一辭無漏，然後分後説爲十節，每節下繫以所解之言。而今之述又分朱子之解爲若干節，繫區區之説於其下，因冠以“述”字而識别之。凡述中稱朱子之解曰“大注”，是其例也，讀者詳之。

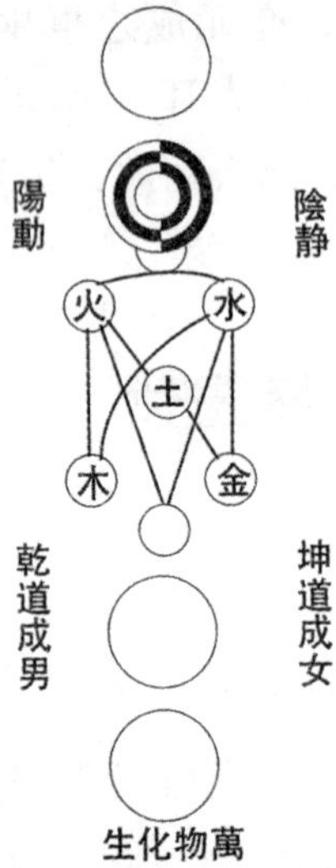

此所謂無極而太極也，所以動而陽，静而陰之本體也。

述：○此最上之圈，所謂無極而太極之象也，太極不過爲所以動而陽、静而陰之理，而今復添“本體”二字者，此○居最上，實爲無極而太極之象，則又太極之所以爲太極者，是挑出太極之本體在上也。

然非有以離乎陰陽也，即陰陽而指其本體不雜乎陰陽而爲言爾。

述：○太極即當動而動，當靜而靜者是也，則其不離乎陰陽亦已明矣。然以其當靜而靜，則其動也不墮於陽。以其當動而動，則其靜也不墮於陰。《通書》所謂動而無動，靜而無靜者也，以是觀，則其不雜乎陰陽之實可見矣。蓋動而陽、靜而陰者，氣也。其所以動而陽、靜而陰者，理也。即陰陽而推原其所以動靜之理，則其本體有不雜乎陰陽者存焉。猶曰“舜有天下不與焉”云爾，所謂無極而太極者，亦指其不雜乎陰陽者以爲言爾。

◎此○之動而陽，靜而陰也。中○者，其體也。☾者，陽之動也，○之用所以行也。☽者，陰之靜也，○之體所以立也。☽者，☾之根也，☾者，☽之根也。

述：◎者，○之動而爲陽，靜而爲陰也。中○則其本體之渾然在中，而無以動靜間焉者也。☾，此◎之左片判白者也，☽此◎之右片判黑者也，大注先據本圖全體，而以太極之總陰陽者解之，則但曰動而陽，靜而陰，未遽言生陽生陰也，及其就本圖分陰陽而解之，然後☾爲陽之動，則是既生陽，而太極之用以陽之動行也。☽此陰之靜，則是既生陰，而太極之體以陰之靜立也。☽此☽中之白，所以爲☾之根也。☾此☾中之黑，所以爲☽之根也，亦可以見一動一靜互爲其根之意矣。舊本陽動陰根皆作☾，陰靜陽根皆作☽，不復别异，今改之，説見《通論》。

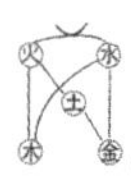

此陽變陰合，而生水、火、木、金、土也，ㄣ者，陽之變也，┙者，陰之合也。水陰盛故居右，火陽盛故居左。木陽稚，故次火。金陰稚，故次水。土冲氣，故居中。而水火之╳交系乎上，陰根陽，陽根陰也。水而木，木而火，火而土，土而金，金而復水，如環無端，五氣布而四時行也。

述：ㄣ自左而系屬於右，陽變而之陰也；┙自右而系屬於左，陰合而之陽也，陽變而之陰，則爲水爲金，水以陰盛居右，金以陰稚次之，陰之方也。此下疑脱“陰合而之陽，則爲火爲木”十字。火以陽盛居左，木以陽稚次之，陽之方也。至於土，則獨爲陰陽之冲氣，四行無不資於此以生者，而土亦取成於四行焉，此土之所以位乎中，而生於四行之後也。若夫水火居變合之始，而交系乎上，則水自☾來，火自☽來，是陰根陽、陽根陰也。水陰根陽，火陽根陰，《通書》之言，水而木，水生木也。在時爲春，木而火，木生火也；在時爲夏，火而土，火生土也；在時爲季夏，土而金，土生金也；在時爲秋，金而復水，金生水也；在時爲冬，金而復水，則又相生無窮如環之周，無復端倪，所謂五氣順布，而四時行也。

五行一陰陽，五殊二實，無餘欠也。陰陽一太極，精粗本末無彼此也。太極本無極，上天之載，無聲臭也。五行之生，各一其性，氣殊質异，各一其○，無假借也。

述：大注既逐圖而解之，至此更復列舉三圖者，自下推而上之，以終圖説五行一陰陽以下之言也。五行一陰陽，自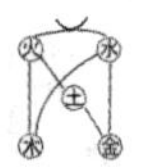以上◎也。五殊二實無餘欠也，此一句解上“五行一陰陽”之言，下皆放此。五殊二實，亦取《通書》之言，陰陽分而殊之則五，五行約而實之則二，故曰五殊二實。五行之實，不出二氣，則五之而無餘，二之而無欠也。陰陽一太極，自◎以上○也。太極，形而上之理爲精，陰陽，形而下之氣爲粗。太極動而生陽，静而生陰，太極爲本，陰陽爲末，精粗本末，固無二致，則無復彼此之間也。太極本無極，即○而論其本體，則初無聲臭之可言也。無假借，因上無餘欠、無彼此而言，五行氣殊質异，各一其○，則是所禀分定，所在渾完，而無相假借也。

**此無極二五所以妙合而無間也。**

述：五行統合於○，是無極二五，所以混融無間，而有以化生人物者也。故下乾男坤女之○，萬物化生之○，皆因此○而

重之，舊本誤減土一畫，今補之，説見《通論》。

○乾男坤女，以氣化者言也，各一其性，而男女一太極也。○萬物化生，以形化者言也，各一其性，而萬物一太極也。 **此以上引説解剥圖體，此以下據圖推盡説意。**

述：○此圖下乾男坤女之圈也，氣化，太初未有人物之先，陰陽氣聚，直以氣化而生者也。○此最下萬物化生之圈也，形化，人物既生之後，男女形交，遂以形化而生者也。凡有氣質以下，可以言性，故圖説始於五行言性，而男女萬物皆其屬也。大注因言男女萬物，各一其性，莫非太極之全體。以氣化言，則男女共一太極也。以形化言，則萬物共一太極也。大注引説解剥圖體者止此，此以下據圖推盡説意而終之。

惟人也，得其秀而最靈，則所謂人○者，於是乎在矣。然形☽之爲也，神☾之發也，五性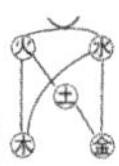**德也。善惡男女之分也，萬事萬物之象也，此天下之動所以紛綸交錯，而吉凶悔吝所由以生也。**

述：人○即太極之在人者也，人物之生莫不有性，而人以是心之靈，故其性獨有以全太極之道，所謂人○也。然圖説言人極在後，而大注此舉之者，蓋以形神、陰陽、五性、五行、善惡、男女、萬事、萬物，是二氣五行以下在人者，又如此，故先以人○冠之，亦依本圖以○先◉之意也。形☽之爲，形質成就，陰之造爲也。神☾之發，精神運用，陽之發動也。五性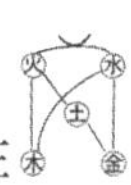之德，如德愛曰仁，宜曰義，理曰禮，通曰智，守曰信，人得五行之性以爲德也。陽類爲善，陰類爲惡，猶乾男坤女有陰陽之分也。萬事萬物之象，善惡交而萬事出，即男女交而萬物生之象也。紛綸，比并而雜糅也。交錯，交互而錯綜也。動而之善爲吉，動而之惡爲凶，此二字有紛綸之意，悔自凶而趨吉，吝自吉而趨凶，此二字有交錯之意。

惟聖人者，又得夫秀之精一，而有以全乎○之體用者也，是以一動一静，各臻其極，而天下之故常，感通乎寂然不動之中。

蓋中也，仁也，感也，所謂☾也，○之用所以行也。正也，義也，寂也，所謂☽也，○之體所以立也。中正仁義，渾然全體，而静者常爲主焉，則人○於是乎立，而**天地日月四時鬼神，有所不能違矣。**

述：精者氣之無疵，一者氣之不雜，二者秀之又秀者也。此二字蓋本於《舜典》“精一執中”之語，但彼以理言，此以氣言，亦自不同也。極，即太極之道也，言一動一静，各盡其道也。竊詳大注之意，在以一動一静與心之感寂，分説中正仁義之言，而以寂然不動，發明主静立極之意，其言前後相應，讀者當交錯其文而觀之。言聖人一動一静，無所不用其極。故其動也，中以行之，仁以發之。其静也，正以處之，義以裁之。然此兩端者，不外乎心之感寂，則中與仁者，心之感也，所謂☾也，○之用所以行也。正與義者，心之寂也，所謂☽也，○之體所以立也。由是觀之，中正仁義，相爲動静，以爲渾然太極之全體，而天下之故，常感通乎寂然不動之中，則其静者常爲之主，而有以應萬感，一群動，亦可知矣。人極於是乎立，應上文人極於是乎在之言，人極之在天下者，聖人有以立之也。

此爲其下言天地日月以下不違聖人，故先冠此於上，而以圖明之，天地之德，即○也。日月之明，即◐也。四時之序，即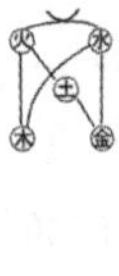也，鬼神之吉凶，則其屈伸往來者也。蓋言聖人立人○，則其一動一静是◐也。其中正仁義是也。此其所以與天地合其德，而日月以下莫之能違也。

君子之戒謹恐懼，所以修此而吉也。小人之放僻邪侈，所

以悖此而凶也。

述：二“此”字，皆指人極而言。戒慎恐懼而修省之，君子之所以吉也。放僻邪侈而悖亂之，小人之所以凶也。

天地人之道，各一○也，陽也，剛也，仁也，所謂☾也，物之始也。陰也，柔也，義也，所謂☽也，物之終也。此所謂易也，而三極之道立焉，實則一○也。故曰易有太極，◎之謂也。

述：立天之道，曰陰與陽，陰陽一太極也。立地之道，曰柔與剛，剛柔一太極也。立人之道，曰仁與義，仁義一太極也。然三極之道，皆以兩立焉，則曰陽、曰剛、曰仁，☾也，物之始也。曰陰、曰柔、曰義，☽也，物之終也。大注於此既解圖説引《易》之意，而又曰“此所謂易也”者，係本文“大哉《易》也”之言，言陰陽兩化者，所謂易也，而三極之道，由是立焉，所以爲大也。又以三極爲一太極，而引“易有太極”之言者，係本文“斯其至矣”之言，蓋專言太極，則天地人無不統也，豈有三哉！然則所謂三極云者，其實則一太極也，故曰易有太極，明易之極至，不過乎太極也。然太極而曰“易有”，則是就陰陽兩化者，而指其本體爲是爾。其在圖則○之在☾☽中者當之，此◎之謂也。其左☾右☽者，兩儀之象也。☽在☽中，☽在☾中者，四象之象也。所謂太極生兩儀，兩儀生四象者，亦觀之於此足矣。至於最上之○，則又因揭其本體而出之，然後列◎於其下，以明夫太極之無聲臭者，常立乎陰陽之先，而行乎陰陽之中，則太極爲易之極至，亦可見矣。

無極而太極。

上天之載，無聲無臭，而實造化之樞紐，品彙之根柢也，故曰無極而太極，非太極之外復有無極也。

述：上天之載，即天之至誠無息者也。無聲無臭，形容之辭，蓋聲臭有氣無形，在物最爲微妙，而猶曰無之，則其絶無影響可知，此《詩·大雅·文王》篇之言，用解“無極”二字之義，則詞不迫而意已至矣。始生曰造，因造而化曰化，四時之所行，萬有之所出也。樞，門㮼。紐，結會。管攝總會之義也。柢亦根也，但植木之本爲柢，所以爲底也。根柢分而言之，則發生所由爲根，枝幹所植爲柢，本領統體之義也。此二句解“太極”二字之義，最爲詳密，亦可以見命辭之精矣。周子恐人不知太極爲極至之理，乃淆雜於形氣之粗以爲說，故加“無極”二字而首舉之，以爲天命流行之本源，則其意極爲高妙者也。然其所謂無極云者，豈虛無之謂哉？亦不過爲實理之極爾。蓋以無極言太極，則太極不墮於形象，以太極言無極，則無極不淪於空寂。是其有無虛實，相須一體者，即本文之言而觀之，自可見矣。故朱子於“而”字下添一“實”字而解之，以爲道體無聲無臭，固無極至之可名，而實則萬化之樞，萬物之根，乃極至之甚也。其發明周子之意，殆無餘藴，而又結之曰“非太極之外復有無極也”。可謂明且盡矣。

太極動而生陽，動極而静。静而生陰，静極復動。一動一静，互爲其根。分陰分陽，兩儀立焉。

太極之有動静，是天命之流行也。所謂一陰一陽之謂道，誠者，聖人之本，物之終始，而命之道也。

述：此合動静而言之，以明陰陽一貫之理也。天命即天道流行，而賦予萬物者也。天命流行，不外乎陰陽，而其實則太極之動静也。故大注因本文以太極統陰陽之意，先以天命之流行，提本文始終之要，而後援經傳之言以明之，言流行則賦予在其中矣。一陰一陽之謂道，《易》文。陰陽迭運者，氣也，而其通貫陰陽者，道也。誠者，聖人之本，《通書》文。雖以聖人起言，然其下繼以“元亨，誠之通。利貞，誠之復”，則是終以天道論之也。而大注爲引其誠通誠復之言在後，亦依《通書》首以此一句發之。本，本領也，言聖人所以聖者，其本領則誠也，所以爲太極之實理也。誠者，物之終始，《中庸》文。誠者，命之道，胡氏《知言》文。此因其引《通書》之言，而又以類集合二書之言以成文也。物之終始，言陽爲物之始，實理之至而向於有也。陰爲物之終，實理之盡而向於無也。胡氏曰：“誠者命之道乎，中者性之道乎，仁者心之道乎？”此下草本有“道猶法也”四字。言命以誠爲法，猶性之言中，心之言仁，乃理之極，言之當也。此引《易》以下，不拘書之先後，但取於言備而意完耳，下放此。

其動也，誠之通也，繼之者善，萬物之所資以始也。其静也，誠之復也，成之者性，萬物各正其性命也。

述：此分動静而言之，以明太極兩在之妙也。元亨，誠之通。利貞，誠之復。亦《通書》文。通者，流行之始，實理有所發達。復者，賦予之後，實理有所歸藏。繼之者善，成之者性，亦《易》文。繼者發始之意，成者成就之義，兩“之”字指一陰一陽之道而言。善者實理之發見，性者實理之具體。萬物資始，各正性命，亦《易》文。人物所受爲性，天所賦爲命，言性命者，人物所受，即天之所賦也。蓋一陰一陽之道，天命之全體也。在陽，則有以繼之，而至善之理行焉，故曰繼之者善，萬物之所資以始也。在陰，則有以成之，而人物之性具焉，故曰成之者性，萬物各正性命也。

直清按，大注自上文引“一陰一陽之謂道”以下，雜采經傳之文，忽見如無倫次，然細觀之，則前後照應，辭理條達，而言各有次第不可易也。今通前後之文而論之，其曰一陰一陽之謂道者，以道統陰陽也。其曰誠者，物之終始者，以誠統終始也，是則太極之通貫乎動静者也。其曰道曰誠，皆太極之异名也。其一陽者，太極之動而生陽也，是乃元亨，誠之通，所謂繼之者也。其一陰者，太極之静而生陰也，是乃利貞，誠之復，所謂成之者也。其繼之者善，萬物之所資以始，所以爲物之始也。其成之者性，萬物各正其性命，所以爲物之終也。由是觀之，則信乎誠之爲物終始也，而其所以爲命之道也，亦可見矣。

動極而静，静極復動，一動一静，互爲其根，命之所以流行而不已也。動而生陽，静而生陰，分陰分陽，兩儀立焉，分之所以一定而不移也。

述：大注前既以天命之流行，統論太極動静之理，至此又以動静與陰陽，分析本文之言而解之。自太極動静以下，至一動一静互爲其根，是一元之氣，所以流行而不已也。觀之於四時相推，日月相生，亘古今不止息焉，則可見矣。自生陽生陰以下，至分陰分陽兩儀立焉，是陰陽之分，所以一定而不移也。觀之於晝夜寒暑，升降生殺，有大分不移易焉，則可見矣。

蓋太極者，本然之妙也，動静者，所乘之機也。太極，形而上之道也，陰陽，形而下之器也。是以自其著者而觀之，則動静不同時，陰陽不同位，而太極無不在焉。自其微者而觀之，則冲漠無朕，而動静陰陽之理，已悉具於其中矣。

述：此以下以理氣對舉而互言之，本文之餘意也。太極者，本然之妙，因動静而指其本然之妙也。動静者，所乘之機，因太極而指其所乘之機也。太極，謂之本然之妙者，太極涵動静之理，所謂動而無動，動中有静，静而無静，静中有動，所以爲本然之妙也。乘猶駕也，機謂起發處，所謂發動所由是也。動静，謂之所乘之機者，動極而静，動極之後，静機所在，静極而動，静極之後，動機所在，所以爲所乘之機也。蓋太極一動一静，皆乘氣者也。在理則謂之妙，無形之機也。在氣則謂之機，有形之妙也。非是理之妙，則無以生其所乘之機。非是氣之機，則無以運其本然之妙。故本然之妙，必因機而見。所乘之機，必因妙而發。此二句可以見理氣之不相離矣。形而上者謂之道，形而下者謂之器，《易》文。形而上者，即其然而上推其所以然之理也。形而下者，即其然而下指其已然之迹也。理以無形無所不通，故曰道。氣以有形滯於一隅，故曰器。然不曰無形有形，而言形而上下，則道器之不相離，又可見矣。動静不同時，所謂動而生陽，静而生陰是也，陰陽不同位，所謂分陰分陽，兩儀立焉是也。冲漠，無形迹也，無朕，無幾兆也。太極動静，生陽生陰，而所謂無極而太極者，固不外焉。故大注就而論之，以明夫太極陰陽固不相離，而又有不相離者也。夫至著者氣也，至微者理也。自其至著者而觀之，則太極本然之妙，未嘗不流行於動静陰陽之間。自其至微者觀之，則動静陰陽之理，照然已悉具於冲漠無朕之中。然理之與氣，未嘗相離，即其至著至微者在，即其至微至著者在，但其離合，顧其所主而觀者何如爾，此大注之精意所在也，讀者詳之。

雖然，推之於前，而不見其始之合，引之於後，而不見其

終之離也。故程子曰："動静無端，陰陽無始，非知道者，孰能識之?"

述："推之於前"而上之，動前爲静，静前又爲動，則不見其始有理合於氣之時。"引之於後"而下之，静後爲動，動後又爲静，則不見其終有氣離於理之間，此其所以爲道體之妙也。故又引程子之言以明之，動静無端，陰陽無始，是全體常在，萬古常新，而無間斷、無先後者也，但知道者默而識之爾。

陽變陰合，而生水、火、木、金、土。五氣順布，四時行焉。

有太極，則一動一静而兩儀分。有陰陽，則一變一合而五行具。

述：此言有太極則有陰陽，有陰陽則有五行，非有先後次第於其間也。二"則"字當味，陽交於陰曰變，以動而有變於静也。陰交於陽曰合，以静而有合於動也。陽因陰合而以之變，陰因陽變而與之合，不變無以合，不合無以變，未必陽變在先，陰合在後。而先言陽變者，亦太極先動後静之意也。

然五行者，質具於地而氣行於天者也。以質而語其生之序，則曰水、火、木、金、土，而水、木，陽也，火、金，陰也。以氣而語其行之序，則曰木、火、土、金、水，而木，火，陽也，金、水，陰也。又統而言之，則氣陽而質陰也。又錯而言之，則動陽而静陰也。

述：水、火、木、金、土，五行初生之序也。天一生水，地二生火，天三生木，地四生金，天五生土，是水木天數，所生爲陽，火金地數，所生爲陰也。木、火、土、金、水，五行運行之序也，木爲春，木生火，火爲夏，火生土，土爲季夏，土生金，金爲秋，金生水，水爲冬，是木火行於春夏，爲陽，金水行於秋冬，爲陰也。若夫土則生於天五，位於季夏，亦以爲陽可也，而獨不言者，蓋以水、火、木、金，無不待土以生者，其氣又寄王四季，無專主乎一時，是土不可定以爲陽，又不可定以爲陰也。氣行於天，質具於地，其在氣者，舉皆爲陽，其在質者，舉皆爲陰，是合五行而以陰陽分統者言之也。五行各有動有静，其於動也，可以爲陽，其於静也，可以爲陰，是就一行而以陰陽交錯者言之也。蓋反復衍説，以見五行之變，不外乎陰陽之兩端爾。

蓋五行之變，至於不可窮，然無適而非陰陽之道，至其所以爲陰陽者，則又無適而非太極之本然也。夫豈有所虧欠間隔哉！

述：凡天地之間，有氣有質，有動有静，無一物一事而非五行之變者，此其所以至於不可窮也。陰陽兩化而行，所以爲陰陽之道也。太極之本然，即太極動而生陽，静而生陰是也。蓋五行萬變，莫非陰陽兩化之所爲，陰陽兩化，又莫非太極一理之使然，此大注因五行之變而言。五行陰陽，同條其貫，所以五氣順布而四時行也，而下文五行一陰陽，陰陽一太極之意，亦在其中矣。"虧欠間隔"四字，亦不苟出，惟其陰陽兩化，故五行之變，雖不可窮，而無所虧欠也。惟其一理貫通，故陰陽之道，雖出兩端，而無所間隔也。

直清又按，大注於此極論五行，而結之曰"夫豈有所虧欠間隔哉！"則後節所謂造化發育之具，無所不備，而渾然一體之妙者，隱然已在言外矣。然則此句不啻結前言之意，又所以起後節之義也。大抵大注之言，脉理接續多如此，讀者詳之。

五行一陰陽也，陰陽一太極也，太極本無極也。五行之生也，各一其性。五行具，則造化發育之具無不備矣。故又即此而推本之，以明其渾然一體，莫非無極之妙，而無極之妙，亦未嘗不各具於一物之中也。

述：造化發育之具無不備焉，則萬物各有以成其氣質而正性命矣。然自其五行陰陽一太極者而言之，陰陽五行渾然一體，未嘗以氣質有間焉。是則無極之妙者也，則五行之與萬物，豈有别乎？故五行之生，無不各具太極以爲其性，而萬物之各正性命者，亦從可知矣。此所謂無極之妙，無不各具於一物之中也。蓋非五行之有氣質，則無極之妙，無以具於一物之中。而非太極之無聲臭，則五行之性，無以全其渾然之體。然則無極之妙，與五行合，而後可以言性矣。所謂合虚與氣，有性之名是也。周子即五行而推本之，以至無極，又繼之以五行各一其性之言，文若不相屬，而意實相須。故大注先舉本文之大意而言之如此，然後詳其義於下，可謂至矣。

直清按，無極之妙，各具於一物之中，所謂性也。大注因太極本無極也之言，并及五行各一其性之意，雖不言性，亦已解性字在此。故下文以無極爲性之本體，而曰天下無性外之物，皆因此而申明之也。不然其所謂“性之本體然也”一句，得無似突然而發歟？讀者能考前後之文而察之，則庶得大注之意矣。

蓋五行异質，四時异氣，而皆不能外乎陰陽。陰陽异位，動静异時，而皆不能離乎太極。至於所以爲太極者，又初無聲臭之可言，是性之本體然也。

述：五行，質也，而其行於四時者，實爲陰陽之氣。陰陽，氣也，而其分於動静者，實爲太極之道。故大注論五行一陰陽，則先言五行，後言四時，以五行進於陰陽也。其論陰陽一太極，則先言陰陽，後言動静，以陰陽進於太極也。“皆”字當味，蓋五行陰陽，一本同出。故五行在質在氣，皆不能外乎陰陽。陰陽在位在時，皆不能離乎太極。亦所謂理一分殊之意也。然五行與陰陽，實一氣也，五行外無陰陽，陰陽外無五行，若夫陰陽與太極，則不能無形而上下之分，但不相離爾。太極本無聲臭之可言，則其各具於一物之中以爲性者，不爲氣質之所囿，亦已明矣。但言性則不能離乎氣質焉，猶有未可遽以爲無聲臭之可言者，故曰性之本體然也。然則所謂性者，蓋亦即氣質而指其本體不雜乎氣質者，乃爲是爾。

天下豈有性外之物哉？然五行之生，隨其氣質，而所禀不同，所謂各一其性也。各一其性，則渾然太極之全體，無不各具於一物之中，而性之無所不在，又可見矣。

述：天下無性外之物，本程子之語，猶言無理外之事。蓋性者，萬物之一原，故凡有生於天地之間，未有一物不待於性而生者，有此物，即此物而有此性，無此物，則無此性矣。信乎天下無性外之物也，然天下之物，萬有不同，而此性無不在焉，則又以五行各一其性而明之，一猶專也，性即所謂渾然一體者也。言其爲性，固無非全體，而五行各以氣質之所禀而專一之。如水潤下，禀其全體在潤下。如火炎上，禀其全體在炎上。餘放此，蓋太極之渾然者，各具於氣質之内，即此一偏而全體在焉，豈復有内外彼此之間乎？以爲全體，則無所虧欠。以爲各具，則無所間隔。所以爲無極之妙也。以此觀，則性之隨物隨處無所不在，又可見矣。

直清按，大注於此揭性之一言，以明本文之要指，而其意三轉矣。先以無極爲性之本體，明夫性之爲太極之全體也，然後又言天下無性外之物，以明性之無所不該。又以五行各一其性論之，以明性之無所不在。夫性，一而已矣，外之無所不該，内之無所不在。今乃合而觀之，亦起下文無極二五、妙合無間之意躍如也，故大注於下文亦據此而解之。

無極之真，二五之精，妙合而凝。乾道成男，坤道成女，二氣交感，化生萬物，萬物生生，而變化無窮焉。

夫天下無性外之物，而性無不在，此無極二五所以混融而無間者也，所謂妙合者也。

述：天地間惟有陰陽五行之氣，天下無性外之物，則陰陽五行，外爲無極之妙所涵，性無不在，則無極之妙，内爲陰陽五行之氣所浸，此其精粗内外，渾然一體，所以混融而無間也。

真以理言，無妄之謂也。精以氣言，不二之名也。

述：無極之理，天下莫實焉，故曰無妄。二五之氣，天下莫一焉，故曰不二。無極之真，體於不二，二五之精，根於無妄，是因妙合而見之者也。故大注先解妙合，而後及二字之義，意可見矣。

凝者聚也，氣聚而成形也。

述：無極之理，與二五之氣合，而其聚者氣也，非理也。然理不合則氣不聚，故曰妙合而凝。

蓋性爲之主，而陰陽五行爲之經緯錯綜，又各以類凝聚而成形焉。

陽而健者成男，則父之道也。陰而順者成女，則母之道也。是人物之始，以氣化而生者也，氣聚成形，則形交氣感。遂以

形化，而人物生生，變化無窮矣。

述：性即無極之真也，大注先以此一句居上，而後及陰陽五行經緯錯綜之説，此承本文以無極先二五之意，又以起其下男女萬物、各一其性之言也。性爲之主，言妙合而凝之時，二五之氣，依太極之理以爲主，乃男女萬物，所以各正性命也。經緯如布帛之織，條貫相該。錯綜如五色之采，同异互出。今以其大凡言之，其理具於中者，有仁義禮智，其氣環乎外者，有血脉臟腑，莫不各有條理，皆爲陰陽五行之爲經緯錯綜者，此妙合而凝之事也。類氣類也，比物而同曰類，陰陽五行，雖紛紜不齊，然要其大分，不過陰陽兩端而已。陽而健者，乾道也，陰而順者，坤道也，故其氣化而生物也，各以類凝聚而成形焉。則乾道之所化者成男，在人則父之道也。坤道之所化者成女，在人則母之道也。形交牝牡之形交也，氣感男女之氣感也，是解二氣交感之言也。下“形”字，蓋指男女之在胎者而言，精血已結，而成男女之形，遂乃即胎而化，故曰遂以形化。所謂形化者也，大注以乾男坤女爲氣化，是未有人物之初，以天地之氣爲種而生者也。以二氣交感爲形化，是人物既生之後，以男女之精爲種而生者也，二者通凡動植之屬，皆以男女該之，則禽獸之牝牡，草木之雌雄在其中，蓋舉重以例輕也。自此而後，人物生生，充牣乎天下古今，而氣質形貌無如一者，又可以驗其變化愈出而愈無窮矣。

自男女而觀之，則男女各一其性，而男女一太極也。自萬物而觀之，則萬物各一其性，而萬物一太極也。蓋合而言之，萬物統體一太極也。分而言之，一物各具一太極也。所謂天下無性外之物，而性無不在者，於此尤可以見其全矣。子思子曰：“君子語大天下莫能載焉，語小天下莫能破焉。”此之謂也。

述：此因上文五行各一其性之言而推廣之也，周子於此説乾男坤女，與萬物化生之事，而考之於圖，則二者各專一圈，以爲一太極。蓋陰陽五行，雖萬變不同，然其始終本末，同條共貫乎一太極而已，故大注據周子之意而論之，言自男女各一其性者觀之，則男女兩兩貫於一理，是男女一太極也。自萬物各一其性者觀之，則萬物種種貫於一理，是萬物一太極也。然萬物實盡天下之男女者也，言萬物則男女在其中矣，故又以萬物而總之，以爲統體一太極，又以一物而别之，以爲各具一太極。夫性一也，合萬物而言之，則渾然一體，無所不統，所謂天下無性外之物也，分一物而言之，則一理萬殊，無所不在。所謂性無不在也，天下無性外之物者。自五行一太極而推之，以至萬物統體，則是其極也，性無不在者。自五行各一其性而推之，以至一物各具，則又盡之矣。此嚮之所論者，於此尤可以見其指意之全也。天下無性外之物，是其大無外也。性無不在，是其小無内也。故末又引子思之言以結之，蓋五行之變，極乎無際而不可窮，故曰："語大天下莫能載焉。"無極之妙，入於無倫而不可遺，故曰："語小天下莫能破焉。"嗚呼，亦妙矣哉！

惟人也得其秀而最靈，形既生矣，神發知矣，五性感動，而善惡分，萬事出矣。

此言衆人具動静之理，而常失之於動也。

述：動静之理，即太極之道，而性之全也，言具其理於静，而動則失之，衆人之常也。此亦先舉本文之要，而後逐句而解之於下，下文放此。

蓋人物之生，莫不有太極之道焉。然陰陽五行氣質交運，而人之所稟，獨得其秀，故其心爲最靈，而有以不失其性之全，所謂天地之心，而人之極也。

述：陰陽主氣，五行主質，氣質相交而運化，故血氣魂魄以之湊合於内，五臟百骸以之固結於外。凡有生之物所同也，此言氣質具而稟賦定，人物之生皆爲然，而人之所稟，獨得其氣之秀也。天地之心，取於《禮運》之言曰："人者，天地之心也。"人之極，是太極之在人者也，然人極之言，出於下文，而大注先取之於此者，爲形生神發以下，爲二氣五行萬物之在人者，故首言心之爲人極，以明天道在人之重在此爾。

然形生於陰，神發於陽，五常之性，感物而動，而陽善陰惡，又以類分，而五性之殊，散爲萬事，蓋二氣五行，化生萬

物。其在人者又如此，自非聖人全體太極，有以定之，則欲動情勝，利害相攻。人極不立，而違禽獸不遠矣。

述：形生於陰，陰主成就也。神發於陽，陽主發揚也。神不發無以知，但發者神也，而知者心也。神之所發，心從而知，是五性所以感物而動也。陰陽以理言，則皆善也。以氣言，則其正者皆善也，其沴者皆惡也。何必陽獨善，而陰獨惡哉！然陽清而陰濁，陽明而陰暗，故推其類而充之，天下之善，皆陽之屬，天下之惡，皆陰之屬也。五性感動，宜其無惡，而曰善惡分、萬事出者，其感動而正者，天下之善所由出也，其感動而反者，天下之惡所由出也。以此觀，則天下無性外之物，亦已明矣。蓋陰陽五行，化生萬物者，天之所以爲造化也。今以其在人者言之。形神，二氣之化也。五常，五行之性也。善惡分者，乾男坤女之分也。萬事出者，萬物化生之象也。其在天者如此，其在人者又如此，則天之未必不爲人，而人之未必不爲天，亦可見矣。聖人全體太極，言聖人以身體太極而無所虧也。欲動情勝，利害相攻，《通書》之言，所謂失之於動者也。此言陰陽五行，化生萬物，而天地之化不亂者，太極爲之樞紐根柢也。其在人者，亦賴有聖人者，全體太極，而有以定天下之動爾，不然情欲利害，内外交攻，而嚮之所謂天地之心者，幾乎亡矣。所謂人極不立，而違禽獸不遠者也，安在其爲萬物之靈哉？

聖人定之以中正仁義聖人之道，仁義中正而已矣**而主静**無欲故静，**立人極焉。故聖人與天地合其德，日月合其明，四時合其序，鬼神合其吉凶。**

此言聖人全動静之德，而常本之於静也。

述：動静之德，即中正仁義之謂也，此與其解上文者互相發明，蓋具動静之理者，衆人之所以异於禽獸也，全動静之德者，聖人之所以异於衆人也。然動静之理具於静，而常失之於動者，衆人之所以流於惡也，動静之德行於動，而常本之於静者，聖人之所以純於善也。夫聖愚一性，所殊者氣質也，但當其静而未動之際，思慮未（萠）〔萌〕，事物未接，而無以見氣質之害，故雖衆人，亦具動静之理在焉。一動則失之矣，惟聖人渾然天理，動静如一，而有以全其所具之理，所謂動静之德也。然曰主静，則其本之於静也，亦可知矣。

蓋人禀陰陽五行之秀氣以生，而聖人之生，又得其秀之秀者，是以其行之也中，其處之也正，其發之也仁，其裁之也義。蓋一動一静，莫不有以全夫太極之道，而無所虧焉。則向之所謂欲動情勝、利害相攻者，於此乎定矣。

述：秀之秀者，所謂秀之精一者，粹然無毫髮之疵也，其行之也中，所謂無過不及也。其處之也正，所謂中立不倚也。其發之也仁，言惻然而發乎中，所以爲愛之理也。其裁之也義，言斷然而裁於外，所以爲心之制也。行之之中，發之之仁，二者動也，天理之所以流行不滯，而人心之所以感而遂通也。處之之正，裁之之義，二者静也。天理之所以一定不移，而人心之所以寂然不動也。太極之道，即一陰一陽之道也，聖人一動一静，無適而非太極之道，所謂人極者也，然既曰全，又曰無所虧，是體全而用無虧也。若夫欲動情勝者，中正之反也，利害相攻者，仁義之反也。聖人以中正仁義爲標的於天下，是則所謂立人極者也，而使天下之人相率而趣之，則彼之利欲肆行而無紀極焉者，於此乎定矣。

然静者誠之復，而性之真也。苟非此心寂然無欲而静，則又何以酬酢事物之變，而一天下之動哉！故聖人中正仁義，動静周流，而其動也必主乎静，此其所以成位乎中，而天地日月，四時鬼神，有所不能違也。

述：利貞，誠之復，見《通書》。利貞，性情也，見《易·乾卦·文言》，大注合采二書之言，又兼取程子好學論之意。所謂其本也，真而静是也，蓋所謂正者，四德之貞，而義者，四德之利也。故大注以《通書》論利貞者解之，又以爲性之真，明正義之爲静也。言人生而静，天之性也，故其感於物而動也。惟無欲而静者，常爲之主，則情欲不動，利害不擾，而誠之無爲，性之本真常在焉，所謂寂然不動者也。“酬酢”見《易·繫辭傳》，應對之謂也。“一天下之動”，亦《繫辭傳》所謂“天下之動，貞夫一者也”。“動静周流”，言自中而正，自仁而義，動極而静也。自正而仁，自義而中，静極而動也。蓋中之無過不及也，其誠之復而無偏倚者，常有以中立而應事物之變，所謂正以處之也，仁之博施濟衆也。其性之真而有定理者，常有以裁宜而一天下之動，所謂義以裁之也。以此觀，則可以見其一動一静，周流不滯，而其動常主乎静矣。夫當動而動，當静而静，是本然之理也，其不可偏也，亦已明矣。但此心寂然不動，以爲酬酢之主，則未應物之時，固静矣。至於既動之後，亦其發而中節者，未嘗不資於静焉。周子既以中正仁義，分動静之德，而又曰主静者，亦見其所賴而爲重者，在正與義爾。蓋人心有欲則動，故無欲而静者，正義之所存，而中之體，仁之質也。若謂正義之外，有所謂主静者，以爲立極之本，則不可也。“成位乎中”，又見《繫辭傳》，言人與天地并爲三才而位乎中，然不盡人之道，不足以成人之位，是成位乎中者，聖人之事也。聖人成位乎中，以立人極，則天地亦由是位焉。以至日月軌道，四時順行，鬼神禍福，皆不能違乎聖人也。大注“有所”二字當味，人與天地，本無二理，惟聖人全體太極之道，則至静之中，渾然天理，自有天地、日月、四時，鬼神不能違焉者，不待其驗於事爲而後知之，是則人極之所屹立也。故周子取《易》之言，以證其説，而大注亦因此以解之，則所謂立人極者，不復解可也。

蓋必體立，而後用有以行，若程子論乾坤動静，而曰不專一則不能直遂，不翕聚則不能發散，亦此意爾。

述：中正仁義，以一動一静論之，理同勢均，有未可爲輕重於其間者。以一體一用論之，動有資於静，而静無資於動，此周子所以有主静之説也，故大注又以體用論而决之。程子之論，本於《繫辭傳》。《繫辭傳》云：“夫乾，其静也專，其動也直。夫坤，其静也翕，其動也闢。”此孔子於乾坤動静，各對舉而并言之。是猶所謂中正仁義之説，而程子論之，乃主張乎静，則周子主静之意也。“專一”，一實而渾完。“直遂”，直往而必遂。是乾之動静，皆主乎一而言者也。“翕聚”，兩合而密聚。

"發散"，開發而分散。是坤之動静，皆主乎一而言者也。蓋天地造化，常發生於春夏，而斂藏於秋冬。當其斂藏之時，天氣之中實者專一，地氣之内虚者翕聚，故其發生之間，陽氣無不直遂，陰氣無不發散。若無秋冬之斂藏，則春夏無所根基，而何由成發育之功乎？人心動静亦如此，苟能使其心平居寂然不動，而專一翕聚如秋冬之斂藏，則日用之間，所以應事接物者，皆有所依賴，而無復發不中節之患矣。若有私欲紛擾乎中，則其本先已亡矣，安得發而中節乎？故大注引程子之言以明之，又可以見天人之無二致矣。

君子修之吉，小人悖之凶。

聖人太極之全體，一動一静，無適而非中正仁義之極，蓋不假修爲而自然也。未至此而修之，君子之所以吉也。不知此而悖之，小人之所以凶也。修之悖之，亦在乎敬肆之間而已矣。敬則欲寡而理明，寡之又寡，以至於無，則静虚動直，而聖可學矣。

述："全體"，合體用而言，包中正仁義在其中也。聖人中正仁義，無非其極者，動静皆全體也。自非聖人以下，有氣質物欲之蔽，故皆不能具動静之理而全之，然未至此而修之者，是其蔽淺，故能自治而循理也。不知此而悖之者，是其蔽深，故遂自肆而陷惡也。循理則安裕而無悔，所謂吉也。陷惡則險危而有禍，所謂凶也。大注於此又表"敬"字而出之，以明君子自修之要，蓋言人一日纔敬，則其德日修而不自知。一日纔肆，則其行日敗而又不自知。然人心不敬則肆，不肆則敬，其幾常在乎毫髮之間，而君子小人之分，於是乎決矣。"寡之又寡，以至於無"，本周子《養心亭説》。"静虚動直"見《通書》，静虚動直，則中正仁義周流不息，而聖人之全體可庶幾矣。

直清按，周子既言聖人主静立人極，又以静爲無欲，明聖人之道，以無欲爲極至，而君子之自修，亦以此爲準則也。然聖人自然而無欲者也，若夫後之學聖人者，未必不勉强而求至於此，故朱子因揭敬之一言，使學者知養心寡欲之法。而後又取周子之言，以爲寡之又寡，以至無欲，則人極乃立於我，而聖可學矣。其示人親切之旨，亦本文言外之意也，學者其致思焉。

故曰：立天之道，曰陰與陽。立地之道，曰柔與剛。立人之道，曰仁與義。又曰：原始反終，故知死生之説。

陰陽成象，天道之所以立也。剛柔成質，地道之所以立也。仁義成德，人道之所以立也。道一而已，隨事著見，故有三才之别，而於其中又各有體用之分焉，其實則一太極也。

述："陰陽成象"，如日月星辰之屬，陰陽有以成其象，而天道立矣。"剛柔成質"，如山川動植之屬，剛柔有以成其質，而地道立矣。"仁義成德"，如孝悌忠信之屬，仁義有以成其德，而人道立矣。天地人之道，不過陰陽兩化而已，是道一者也。能事謂之才。陰陽成象，天之能事也。剛柔成質，地之能事也。仁義成德，人之能事也。陰也，柔也，義也，皆體也。陽也，剛也，仁也，皆用也。是三才之道，又各有體用之分焉。而其實則太極之體立而用行也。

直清按，大注既云"道一而已"，所以明夫剛柔仁義，不外乎陰陽也。又總而結之曰"其實則一太極也"，所以明夫陰陽兩端，一本於太極也。至其解本文原始反終之意，遂并剛柔仁義而歸之於陰陽兩端，以爲萬物之始終。則三極之道，果無二致，而實爲一太極之妙，亦已明矣。然概以太極而論之，則意味索然，一言而盡，故不敢顯言太極，但於此先以一太極而斷之，然後及始終死生之説，以爲即此而觀，則太極之妙可知矣。此朱子精意之所在，惟善讀者，當默而識之爾。

陽也，剛也，仁也，物之始也。陰也，柔也，義也，物之終也。能原其始，而知所以生，則反其終，而知所以死矣。

述：陰陽也，剛柔也，仁義也，名异而實同者也。今且以其在天者言之，萬物資始，陽之爲始也。各正性命，陰之爲終也。則凡在氣運之始終者，皆是也。又以其在地者言之，春夏萬物發舒，剛之爲始也。秋冬萬物凋落，柔之爲終也。則凡在形質之始終者，皆是也。又以其在人者言之，此心發動而施爲於先，仁之爲始也。此心裁制而成就於後，義之爲終也，則凡在德行之始終者，皆是也。“知所以生”，“知所以死”，“所以”二字當深玩，一生一死，氣類不同，而渾然太極之一理，初無生死始終之可言。故原其始，而知所以生，即其所以死也，則反其終而知所以死矣。蓋太極動而生陽，静而生陰，是至理之源，萬化之關鍵也。故凡物在天地之間，陽以始之，陰以終之，陽以生之，陰以殺之，無有一事一物能違於此焉。此兩化而一原，所謂體物而不可遺者也。

此天地之間，綱紀造化，流行古今，不言之妙，聖人作《易》，其大意蓋不出此，故引之以證其説。

述：綱，張綱大繩。紀，附綱小繩。言巨細大小，無不提舉，猶綱之有綱紀而萬目張也。“綱紀造化”，係前所引“立天之道”以下之意。“流行古今”，係後所引“原始反終”以下之意。此結本文之意而言。陰陽兩立，相爲體用，而造化之道不紊，所謂綱紀造化者也。陰陽兩化，相爲始終，而萬物之變無窮，所謂流行古今者也。然其綱紀流行，自然之妙，莫之爲而爲，固有不容於言議者。孔子曰：“吾無行而不與二三子。”又曰：“天何言哉？四時行焉，百物生焉。”亦此意也。聖人作《易》以極天地萬物之理，而其大意不過以道陰陽，則此圖之不外乎《易》也，亦已明矣。故周子引《易》以證其説，而下文又以“大哉《易》也”結之。

直清按，陰陽有對待，有流行，雖其變化無窮，要之不過二端而已。夫陰陽剛柔，以對待言者也，原始反終，以流行言者也，聖人作《易》，大意之所係，不出此兩端焉，而此圖説陰陽五行，説乾男坤女，凡此類皆對待也。説天命流行，説萬物化生，凡此類皆流行也，故周子於一圖之終，特取《易》之二言以證之。蓋此圖自太極動静以下，及夫萬物化生，與聖人立極之事，無適而非陰陽之道，故此先引《説卦》之言，以該凡圖中所言陰陽之説，而後引《繫辭》原始反終之言，則其意在舉萬化之始終，而歸之於一理乃已。猶《中庸》始言一理，中散爲萬事，而末復合爲一理，亦周子之精意也。而朱子知之，其曰“綱紀造化”，則是無極而太極，所以爲造化之樞紐，品彙之根柢也。其曰“流行古今”，則是太極之動静，所以爲天命之流行也。夫以綱紀造化，流行古今，其明顯昭著，有不假於言爲者，故曰“不言之妙”。所謂太極本無極者也，此三言者，合而觀之，則其渾然一體，無極之妙，有以爲三極之大本，萬物之始終，亦已明矣。此大注之言，最爲精深。而得周子之意於言外者歟？惟善讀者，默而識之爲要爾。

大哉《易》也，斯其至矣。

《易》之爲書，廣大悉備，然語其至極，則此圖盡之，其指豈不深哉！

述：周子既詳太極陰陽之説，而言《易》於斯爲至焉，則所謂斯者，蓋泛指太極陰陽之妙而言，不必指此圖也。然此圖論太極陰陽之理，無復餘藴，故朱子因著其實，以爲此圖，雖未必如《易》之廣大悉備，然語其極至，由此圖盡之矣。夫以《易》之廣大悉備，而此圖爲其極至，則其指意之深也，不亦宜乎？

抑嘗聞之，程子昆弟之學於周子也，周子手是圖以授之。程子之言，性與天道，多出於此，然卒未嘗明以此圖示人，是則必有微意焉，學者亦不可以不知也。

述：程子未嘗輒以此圖示人，非秘之也。彼之造詣未深，我乃驟而語之，恐視爲淺易，不敢致意。又恐或徒馳意玄妙，入耳出口，其貽害學者不少，不若藏而不出之爲愈，所謂微意者，蓋指是也。至朱子，又恐學者不明此圖之指，而或妄生議論。當時已見其弊矣，乃不得已而爲之解説，以授學者，故此引程子之事而曰“必有微意”。又未敢遽言微意之所在，蓋欲使學者深察其故，而自得之也。然又思學者求其説不得，更生他慮，乃於卷後載其《答張敬夫書》，遂發微意之所在以示人，又不得已也。

論曰：愚既爲此説，讀者病其分裂已甚，辯詰紛然，苦於酬應之不給也，故總而論之。

聖賢之言，率皆渾完，多含蓄，然其中有本末離合，故爲之説者，不得不分裂而解之，所以致支離之疑也。此言圖解既成，讀者病其分裂已甚，疑於支離，以故衆難紛然，詰問不一，欲隨而對之，苦於酬應不給，故此總其凡而論之。

大抵難者或謂，不當以繼善成性分陰陽。

述：此爲第一難，所難出本文第二節下。

或謂，不當以太極陰陰①陽分道器。

述：此爲第二難，所難又出第二節下。

或謂，不當以仁義中正分體用。

述：此爲第三難，所難出第七節下。

或謂，不當言一物各具一太極。

述：此爲第四難，所難出第五節下。此難以本文之序言之，當置於前難之上，但其曰分陰陽，曰分道器，曰分體用，爲一例之語，故通三難，聯屬於上，而此難與下難，又以類相并於下，蓋便文也。

又有謂體用一源，不可言體立而後用行者。

述：此爲第五難，所難出第七節下。自此以下三難，皆出第七節下，通爲一事，又語長意多，不比前四難之言，故列爲一處。

又有謂仁爲統體，不可偏指爲陽動者。

述：此爲第六難，朱子解中正仁義，以中正爲動，以正義爲静而已，不必言陰陽。而此曰陽動者，未解立天之道曰陰與陽，立人之道曰仁與義，又以仁爲陽類，與其解中正仁義，以仁爲動者一意，亦不與統體之説合，故此以“陽動”二字兼之。

又有謂仁義中正之分，不當反其類者。

述：此爲第七難，難者蓋謂，仁義相爲體用，而仁居先，爲重爲大，中正相爲體用，而中居先，爲重爲大，是四者等差不同，而各有類也。夫必以仁爲體，而義爲用，中爲體，而正爲用，乃各從其類爲順，而今之説反之，是於輕重大小之類相

---

①“陰”：應爲“陽”。

背也。

是數者之説，亦皆有理，然惜其於聖賢之意，皆得其一而遺其二也。

述：二者一之對也，或論其本而遺其末，或論其體而遺其用，皆知其一矣，而不知其有二也。

夫道體之全，渾然一致，而精粗本末，内外賓主之分，粲然於其中，有不可以毫厘差者，此聖賢之言，所以或離或合，或异或同，而乃所以爲道體之全也。今徒知所謂渾然者之爲大，而樂言之，而不知夫所謂粲然者之未始相離也。是以信同疑异，喜合惡離，其論每陷於一偏，卒爲無星之稱、無寸之尺而已，豈不誤哉？

述：凡難者之言，雖其所指不同，然徒有以見於渾然之體，而無以察於分殊之理，則一也。故朱子先通而論之，以正其本也。精粗本末，以道之源委言，精者本而粗者末也。内外賓主，以心之體用言，内者主，而外者賓也。此言道體之全，無所不統，故雖曰渾然初無二致，然精粗本末，内外賓主之分，未嘗不粲然於渾然之中，亦有不可以毫厘差焉者。故聖賢之論，或因其渾然者離而异之，或因其粲然者合而同之，此其體用本末，一以貫之，乃所以爲道體之全也。今乃樂言道體之大，以其喜同惡异之心，概以渾然者爲斷，而不知夫粲然者之不相離焉，則其渾然者，亦不過爲無星之稱，無寸之尺爾。

夫善之與性，不可謂有二物，明矣。然繼之者善，自其陰陽變化而言也，成之者性，自夫人物稟受而言也。陰陽變化流行，而未始有窮，陽之動也。人物稟受，一定而不可復易，陰之静也。以此辨之，則亦安得無二者之分哉？然性善，形而上者也，陰陽，形而下者也，周子之意，亦豈直指善爲陽，而性爲陰哉！但語其分，則以爲當屬之耳。

述：此應第一之難。言道，一而已。所謂善之與性者，豈謂有二物乎？然道在陽動，則流行而無窮已，是陰陽之所以變化，所謂繼之者善也。道在陰静，則一定而不可易，是人物之所以稟受，所謂成之者性也。今所引《通書》之言，以元亨爲繼之之善，利貞爲成之之性，是形而上者也。若夫陰陽，形而下者也，周子之意，不直指性善爲陰陽，固已明矣。但據其言而語二者之分，則其以善屬陽，而性屬陰，乃爲當爾。

陰陽太極，不可謂有二理必矣，然太極無象，而陰陽有氣，則亦安得而無上下之殊哉？此其所以爲道器之别也。故程子曰："形而上爲道，形而下爲器。須著如此説，然器亦道也，道亦器也。"得此意而推之，則庶乎其不偏矣。

述：此應第二之難。言太極，道也，謂之道則無形者也。陰陽，器也，謂之器則有形者也。夫既有道器之别，則不得不以形而上下説。然器外無道，故器謂之道亦可也。道外無器，故道謂之器亦可也。蓋道器相須，實爲一體，無彼此先後可言，而曰形而上下者，但有其然與所以然，精粗之分爾，知此則其於一而二、二而一者，庶乎兩得而不滯於一偏矣。

仁義中正，同乎一理者也。而析爲體用，誠若有未安者。然仁者善之長也，中者嘉之會也，義者利之宜也，正者貞之體也。而元亨者，誠之道也。利貞者，誠之復也。是則安得爲無體用之分哉！

述：此應第三之難。仁在四德爲元，元者善之長也。中即禮也，在四德爲亨，亨者嘉之會也。義在四德爲利，利者義之和也。今此爲"義"字之説，不應復言義之和，故曰利之宜。義之和，即利之宜也。正即智也，在四德爲貞，貞者事之幹也，事之幹，即貞之體，故此乃云貞之體，以與上利之宜相對，爲一例之語。朱子此辨，先以四德説仁義中正，而後以《通書》之言斷之。元亨，誠之通，可以見仁與中之爲用也。利貞，誠之復，可以見義與正之爲體也。

萬物之生，同一太極者也。而謂其各具，則亦有可疑者。然一物之中，天理完具，不相假借，不相陵奪，此統之所以有宗，會之所以有元也。是則安得不曰各具一理哉？

述：此應第四之難。一物之中，天理完具，所謂渾然太極之全體，各具於一物之中者也。不相假借，言萬物各一其性，不相取足也。不相陵奪，言萬物各得其所，不相奪倫也。"統宗會元”四字，古人每常道之，王弼《易略例》云：“統之有宗，會之有元，繁而不亂，衆而不惑。”蓋此語之本據也。宗，宗主也。元，本始也。言衆有宗主以統之，故雖繁不亂。事有本始以會之，故雖衆不惑。今以此論之，萬物之統會於太極，猶如兄弟親属之統於太宗，各尊其宗，以立家門，何相假借名字之有。又如日月星辰之會於一元，各資其元，以成行度，何相陵奪倫序之有，此萬物之各具太極，則統之所以有宗，會之所以有元也，豈無所當而徒言之哉？

若夫所謂體用一源者，程子之言，蓋已密矣。其曰“體用一源”者，以至微之理言之，則冲漠無朕，而萬象昭然已具也。其曰“顯微無間”者，以至著之象言之，則即事即物，而此理無乎不在也。言理則先體而後用，蓋舉體而用之理已具，是所以爲一源也。言事則先顯而後微，蓋即事而理之體可見，是所以爲無間也。然則所謂一源者，是豈漫無精粗先後之可言哉？况既曰體立而後用行，則亦不嫌於先有此而後有彼矣。

述：此應第五之難。程子言體用一源，必以顯微無間爲對，而其意有若後之所論者，所以爲密也。程子言至微之理，則先體後用，而曰體用一源，言舉體而用之理已具也。言至著之象，則先顯後微，而曰顯微無間，言即事而理之體可見也。是其言一精一粗，一先一後，意各有所属，非偶然也。嫌者物相誤而生疑忌之意，大抵難者惡於言體用之先後者，病其疑於有二，而害夫一源之理也。故大注言：“程子之言，不爲漫無精粗先後之可言者，况吾既曰體立而後用行，則其相須而不相離也，亦已明矣。”此固非謂先有彼而後有此也，其於一源之理，何所害乎？

所謂仁爲統體者，則程子所謂專言之而包四者是也。然其言蓋曰四德之元，猶五常之仁，偏言則一事，專言則包四者，則是仁之所以包夫四者，固未嘗離夫偏言之一事，亦未有不識夫偏言之一事，而可以驟語夫專言之統體者也。况此圖以仁配義，而復以中正參焉。又與陰陽剛柔爲類，則亦不得爲專言之矣，安得遽以夫統體者言之，而昧夫陰陽動静之别哉？

述：此應第六之難。專言之者，意無所分而統言之也。偏言之者，義有所對而析言之也。蓋字有推原之意，是因程子專言包四者之言，遂舉其言意之全也。此言四德之元，五常之仁，皆偏言之者也。然偏言則一事，專言則包四者，是專言之統體者，固未嘗離夫偏言之一事，故能識夫偏言之者之爲仁，則其專言之者，亦不外焉。未有捨夫偏言之一事，而可驟語夫專言之統體者，况此圖以前後之言考之，其語聖人之道，則必以仁義與中正爲對，其語天地人之道，則必以仁義與陰陽剛柔爲類。夫既以義配仁矣，而又有以參而列之，類而比之，則其言自有陰陽動静之别，而所謂仁者，亦不得爲專言之矣，安得遽以夫統體者言之，而使夫周子屬辭之指，爲之暗昧不明，乃爲快哉？

直清按，朱子嘗以仁爲愛之理、心之德，夫愛之理則偏言之者也，心之德則專言之者也。蓋天地以生物爲心，而人得天地之心以爲心，所謂仁也。學者於此體驗而真識之，則一事所以爲統體，統體所以爲一事。故或偏言之，或專言之，惟其所當，無不可者。難者未識乎此，則有未可與語夫仁者，况此理最爲精微，而其説又不可遽而盡之。故大注但言仁之包四者，不離夫偏言之一事，而其所以然之説，則寂無聞焉，豈亦引而不發者歟？讀者宜致思焉。

至於中之爲用，則以無過不及者言之，而非指所謂未發之中也。仁不爲體，則亦以偏言一事者言之，而非指所謂專言之仁也。對此而言，則正者所以爲中之幹，而義者所以爲仁之質，又可知矣。其爲體用，亦豈爲無説哉？

述：此應第七之難。難者之意，在以仁與中爲體，而仁之爲用，則前已論之，故此獨以中之爲用發之。此言仁既非指專言之仁，以偏言一事者言之，則中亦非指未發之中，而以無過不及者言之，其爲用也，又何疑乎？對中之無過不及，則正爲貞固之體，是中之幹也，所謂貞固足以幹事也。對仁之偏言一事，則義爲制事之本，是仁之質也，所謂君子義以爲質也。夫既曰幹，又曰質，其爲體也亦已明矣，此乃四者體用之説也。

大抵周子之爲是書，語意峻潔而混成，條理精密而疏暢，

讀者誠能虚心一意，反復潛玩，而毋以先入之説亂焉。則庶幾其有得乎周子之心，而無疑於紛紛之説矣。

述：大抵立言峻潔者，難於混成，析理精密者，難於疏暢。若此書者，可謂兼之矣。虚心謂不逆以己見，一意謂不妄生他慮。苟能如此，而加之反復潛玩之久，又毋以先入之説亂焉，則庶乎得周子之心，而於紛紛异同之説，自無疑矣。不曰周子之意者，蓋謂其獨詣在心，而有以出於言意之表者爾。

熹既爲此説，嘗録以寄廣漢張敬夫，敬夫以書來曰："二先生所與門人講論問答之言，見於書者詳矣。其於《西銘》，蓋屢言之，至此圖則未嘗一言及也。謂其必有微意，是則固然，然所謂微意者，果何謂耶?"

述：此以上舉敬夫書中之語，必有微意，朱子於圖説之終言之，敬夫乃舉其言而然之，因以微意所在爲問也。

熹竊謂以爲此圖立象盡意，剖析幽微，周子蓋不得已而作也。觀其手授之意，蓋以爲惟程子爲能當之。至程子而不言，則疑其未有能受之者爾。夫既未能默識於言意之表，則馳心空妙，入耳出口，其弊必有不勝言者。近年已覺頗有此弊矣。**觀其《答張閎中》，論《易傳》成書，深患無受之者，及《東見録》中論横渠"清虚一大"之説，使人向别處走，不若且衹道敬，則其意亦可見矣。**

述：此以下舉答敬夫之説。此圖立象而爲之説，必使其意反復交盡乃已，所以爲盡意也，夫天道性命之説，固有未易言者，此夫子之言性與天道，所以不可得而聞也。然遂不言，則又恐世莫能識者，而道學之指，殆乎無傳焉。所謂不得已而作者，爲此也。惟善讀者，爲能默識於言意之表，則當有以知此圖雖窮乎性命之奥，皆不外乎在己之實理爾。不然，馳心空妙，無得於己，徒取於口耳之間以爲快焉，則未必不尚虚夸、遺實用，以至害正道之甚，所謂其弊有不勝言者，然也。朱子於此自注云："近年已覺頗有此弊。"考之當時與諸子問答之書，粗可見矣。張閎中，程子門人，以書問伊川先生《易傳》不傳，先生答書，深以無受之者爲患。《東見録》，吕與叔所集録，與叔初游於横渠先生之門，先生卒，乃東見二程先生，録其所聞之言以爲書。“清虚一大”之説，見《正蒙》。蓋横渠先生病世學膠固，自致私意勞擾，以此四者爲萬物之原。教學者以此致工夫，程子非之，以爲此説恐有使人向别處之弊，不若以敬教人爲不失也。此言程子不以此圖示人者，觀之《易傳》難於授人，及恐清虚一大使人向别處之言，則其微意之所在，亦可見矣。

若《西銘》，則推人以之天，即近以明遠，於學者日用，最爲親切。非若此書詳於性命之原，而略於進爲之目，有不可以驟而語者也。孔子雅言《詩》《書》執禮，而於《易》則鮮及焉，其意亦猶此耳。韓子曰：“堯舜之利民也大，禹之慮民也深。”熹於周子、程子亦云。既以復於敬夫，因記其説於此。

述：《西銘》前半篇之言，莫非以父母視天地，以兄弟視海内，所謂推人以之天也。後半篇之言，莫非以事親之事爲事天之道，所謂即近以明遠也。韓子之言，見本集《對禹問》之篇。堯舜以天下與賢，是讓德以致治也，故曰利民也大。禹以天下與子，是居正以防亂也，故曰慮民也深。今朱子引之，以爲周子著此書以明道，其利學者莫大焉。程子不敢出以示人，其慮學者莫深焉，亦猶韓子之論堯舜與禹也。

乾道癸巳四月既望，熹謹書。

述：乾道，宋孝宗年號，癸巳其九年也。

卷之下　圖説通論[①]

或問：朱子於圖下解太極。曰：“所以動而陽，静而陰之本體也。”嘗觀其解易，有曰陰陽迭運者氣也，其理則所謂道也，夫道，非太極乎？今云動而陽，静而陰，是陰陽迭運者也，而曰所以動而陽，静而陰，則是所謂其理也。其餘説陰陽太極，

---

①底本此處注云：“本文下逐節釋朱子之言已詳，但其待於辨論者，此通而論之，以爲後卷。”

亦皆以動静爲陰陽，以所以動静爲太極，如是而已，未聞有以爲所以動静之本體者。今乃曰所以動静之本體，則疑若所以動静之外，復有上一等可以爲本體者，豈有不得不如此説焉者歟？

曰：古之聖人言太極，始於孔子。而曰易有太極，是生兩儀，則所謂太極者，所以爲陰陽之理也。至於周子曰“無極而太極”，則是專指理之本體而言之。以爲其所以爲太極者，初無聲臭之可言爾，故朱子於此不特曰所以動而陽，静而陰，而曰所以動而陽，静而陰之本體，亦周子添“無極”二字之意也。蓋太極以爲所以爲陰陽，則太極實陰陽之本體也。無極以爲所以爲太極，則無極又太極之本體也。夫太極之外無復無極，則朱子既已於本文之下言之矣。然則其所以爲本體者，豈有二哉？

曰：“圖解又云，太極非有以離乎陰陽也，即陰陽而指其本體不雜乎陰陽而爲言爾。朱子他日論之，以爲此有三節意思在焉，何也？”曰：“太極，動則全在陽動之中，静則全在陰静之中，此所謂太極不離乎陰陽者，是一説也。然陽能動不能静，陰能静不能動，而太極能動能静，此太極實爲其所以動静之理，乃所謂陰陽之本體者，是又一説也。至於太極之所以爲太極，則無聲無臭，而有所謂不雜乎陰陽者存焉，豈有動静可得而言哉？是又一説也。故朱子使學者合《通書》所謂動而無動、静而無静者考之，此其立言之精，最爲意深理到。而所謂三節意思者，亦以此觀則得之矣。”

曰：“朱子此語據吾子之説，誠爲精微之言，而山陽度氏乃改‘不雜’二字爲‘不離’，其意以爲太極雖不離乎陰陽，亦爲陰陽之本體。雖爲陰陽之本體，亦未嘗離乎陰陽，此其説於所謂三節意思者，亦似可通，如何？”曰：“若度氏之説，則實二意也，何以爲三節乎？夫既曰太極非有以離乎陰陽，則其意已明矣，又何必煩再言之？其爲無，謂朱子解書語極精約，决不如是之辭冗而意複也。且此‘本體’二字，承上文本體之言，下接不雜乎陰陽爲一句，而其中自有兩節之意爾。今若以不雜爲不離，則是太極之本體，不離乎陰陽也。夫謂太極不離乎陰陽，則固然也。而曰太極之本體，不離乎陰陽，則其命辭也失當，而昧夫理氣之别矣。請試取朱子論太極之言而見之，亦有言太極之本體，不離乎陰陽者耶？此一語之差，一字之訛，雖若未足深論者，其累前修、惑後學，亦已多矣。余不得不爲之辨也。夫所謂無極而太極云者，朱子以爲一圖之綱領，而最上一圈爲是，則所謂合天地萬物之理而一名之者也，故朱子解之，最致意焉。其於理氣離合之際，可謂明且盡矣。學者於此尚未通焉，豈可遽與語太極之妙哉？度氏斷‘指其本體’四字，與上爲一句，而又以‘離’字换‘雜’字，從而解之，何不思之甚也！朱子之解，於太極陰陽，一而二，二而一者，反復分析，絲毫不失，實以不離不雜二字之异爲緊要。而度氏忽見不經思，乃取於《易通》，妄改舊文指要之語，使朱子精意爲之隱晦不見，不亦膚淺之甚乎！而《性理大全》乃采之，以爲善推朱子之意，豈不誤哉？然度氏當時親炙朱門，於此圖亦聞其説爲熟，而疏鹵如此，又可怪矣。”

曰：“朱子裂◉爲兩片，左片爲陽，右片爲陰，皆如本圖而判之。今吾子改◖作☾，改◗作)，豈有説乎？”曰：“此非有异義也，但以便觀覽爾。蓋本圖左方半圈，雖中含黑，其實渾白，以爲陽動之象。右方半圈，雖中含白，其實渾黑，以爲陰静之象。渾黑中含白，以爲陽根陰之象。渾白中含黑，以爲陰根陽之象。是本圖總合全體，以爲一處，宜如此也。今朱子既分裂全圖，以爲陰陽兩片，而又再出之，以爲☾之根，)之根，是解剥圖體而分釋之也。然左◖右◗前後兩出，而無所别焉。則其前出者◗爲其在中之(所塞。◗爲其在中之☽所塞，而無以見其全陽、全陰之象，其後出者◗爲其在外之)所蔽，◖爲其在外之☾所蔽，而無以見其專指在中之意，徒見其同物冗冗復出而已。恐使觀者忽視不察，厭其煩瀆，安在其解剥而分釋之乎？况其後出者，◗以陰居先，◖以陽居後，又未必不病其陰陽失次，與前出者不合也。今其前出者，改◖作☾，改◗作)。其後出者，差小其畫，作◗作(，以列☾)之下，則上下四片，兩兩相對。朱子解剥之意，一覽可以辨之，而陽先陰後之位，亦不失也，豈非改作之善者乎？縱考亭原本不如此，其於朱子之意，何叛之有？亦不害於改作也。”

曰：“五行一陰陽也，陰陽一太極也。度氏以爲五行之運，本一陰陽之理，陰陽之運，本一太極之理。今以此論其推本之意足矣。朱子更以無餘欠、無彼此爲説，何也?”曰：“周子既曰太極生陰陽，陰陽生五行，則五行之本於陰陽，陰陽之本於太極，亦已明矣。至此又反復而推本之，是其意乃即五行而推究之，以見其不外乎陰陽，即陰陽而推究之，以見其不離乎太極也。故朱子解五行一陰陽，則曰五殊二實無餘欠，以其二氣而無餘欠者言之也。其解陰陽一太極，則曰精粗本末無彼此，以其一理而無彼此者言之也。朱子之言，各有所當矣。又觀其解圖説之言，於五行，則曰五行异質，四時异氣，於陰陽，則曰陰陽异位，動静异時。言异氣、异質，而不外乎陰陽，則無餘欠可知也。异時、异位，而不離乎太極，則無彼此可知也。夫五行、陰陽，本一理也，豈五行之理，异於陰陽，而陰陽之理，异於太極乎？今度氏於五行陰陽，曾不知各推究其异，而見一本之意。乃概以一理遞而上之，以爲五行一陰陽之理，陰陽一太極之理，苟如此，唯曰五行陰陽一太極而已可也。奚必歷舉而推本之爲，度氏豈未之察乎？其解朱子精粗本末之言，又有曰太極爲精，陰陽爲粗，太極爲本，五行爲末。其曰太極爲精，陰陽爲粗可也，其曰太極爲本，五行爲末不可也。朱子精粗本末無彼此也一句，係本文陰陽一太極之言，則精粗本末，皆因太極與陰陽而言。蓋自其微著而言之，太極爲精，陰陽爲粗。精者本，而粗者末也。今乃捨陰陽而取於五行，以爲本末，於義何所當乎？不然，上文既以五殊二實論五行一陰陽之言，盡之矣，至於論陰陽一太極之言，又復以五行夾雜而爲之説，不亦言無倫次而失文理乎？朱子解書，不如是之迂且疏也。”

曰：“五行之生，各一其性。度氏以爲水濕火燥之類，未聞朱子有以此説五行之性者。吾子以爲如何?”曰：“此又淺易之説也。今詳朱子之意，以氣殊質异，解上四字，以各具一其○，解下四字，是以其各具太極者爲性也。又於圖説下解五行各一其性，以無極爲性之本體，亦可見矣。夫氣殊質异，謂之生可也，而其氣質中所禀之理，即性也。今直指夫水濕火燥之類以爲性，亦殆告子'生之謂性'之説也。然氣質之於性，固不相離也。且如水之濕，火之燥，是氣也。其所以濕與所以燥，是性也。豈可得而二之乎！但其所指爲性者在理，而不在氣爾。若《洪範》叙《五行》云：'水曰潤下，火曰炎上，木曰曲直，金曰從革，土爰稼穡。'是各有所能，各有自成，而見其根於至理之意，則又與夫指水濕火燥，單氣之類爲性者，自不同焉。朱子所謂太極之全體，墮在氣質之中者是也。故余之説曰：潤下，氣也，水而潤下，水之理也，即水之性也。炎上，氣也，火而炎上，火之理也，即火之性也。夫水而潤下，火而炎上，木而曲直，金而從革，莫非渾然一理之妙，是氣質之性，即太極之全體也，若夫所謂性，則本其全體而爲言者也。今乃無一語以辨明之，而直以氣爲性焉，則已率易矣。但此理最爲精微，學者當審思而默識之可也。"

曰："舊本五行之系止四畫，無中一畫，土獨不屬於〇。度氏以爲五行會於一圈，而不及土者，土行四氣，故舉四行以該之，兩儀生四象之義也。據此五行之系，欠中一畫，自度氏之時已然，而其説亦不爲無理焉。今吾子乃改舊本添中一畫，必使土與四行同屬於〇，意必有所考據，而度氏之説，果有不可信者耶？不然，忽出獨見，輕改舊規，得無率意妄爲之譏乎？"曰："此不待余之辨論也。惟虚心平氣，而考之於圖，則自知舊本之誤而無疑矣。水、火、木、金、土，各專一〇，而朱子解之曰：'五行各一其〇，無假借也。蓋天一生水，地二生火，以至天五生土，各一其性，不相假借，所謂各具一太極者也。'今輒曰土爲四行之所該，則可謂假借之甚者，安有五行各一其〇，而土獨不能以其〇自别哉！然爲是説者，蓋視夫土之無專氣而寄旺四時，以爲四行可以該土無疑也。殊不知五行之流行四時，與夫所謂各一其性者，自不同也。蓋自四時之行而言之，則四行各有所旺，而土獨爲冲氣，故不得以專氣别焉。自五行之性而言之，則五行各有所禀，而土自專一行，故不得以四行該焉，亦各有所當也，豈可合而論之哉？至於《易》舉四象，而止於水火木金，則又有不可與圖同論者，《易》主卜筮，其意在以陰陽老少，極卦爻之變。圖主造化，其意在以陰陽五行，明造化之理。故《易》言四象，不言五行。圖言五行，不言四象。今乃欲以兩儀生四象者，例而同之，則誤矣。又朱子以五行會於一〇，爲無極二五妙合之象。今乃見四行係屬於〇，而土獨見遺，疑若不與四行同妙合者，且其不屬土於〇者，不過以見土行四氣之意而已。其於妙合之義，何所益乎？而屬土於〇，又何所損乎？徒乃故生同异，使人疑惑，曷若一切係屬於〇之明白爲愈乎？濂溪，考亭初本，决不然也。朱子解剥圖體而爲之説，若斯其詳密而無遺也。若周子之圖，使土一行不屬於〇，而以四行該焉，豈有不解其義者乎？今考之圖解及門人問答之語，寂無聞焉，何哉？意者當時刊本，誤失一畫，而度氏不察，乃就生義理而助成之歟？遂以誤傳誤，而後人莫之克正，是可嘆也！今改之，庶乎復濂溪之舊，而得朱子之意矣。"

曰："朱子以乾男坤女，爲男女一太極，以萬物化生，爲萬物一太極。度氏解之曰：'男女各具一性，是爲男女各具一太極也。萬物各具一性，是爲萬物各具一太極也。'然朱子於此不言各具，而唯曰男女一太極，萬物一太極，是合男女爲一太極，又合萬物爲一太極也。而吾子之述，亦不及各具之説，然則度氏之説，果非歟？"曰："周子之圖，以乾男坤女爲一〇，是男女同一太極也。萬物化生爲一〇，是萬物同一太極也。故朱子於此解之曰：'男女各一其性，而男女一太極也。'又曰：'萬物各一其性，而萬物一太極也。'蓋以男女各一其性，雖兩有不同，萬物各一其性，雖萬有不同，然其所以爲性之本體，則無適而非渾然太極之全體，故即男女而言之。舉天下之男女，爲男女一太極，即萬物而言之。舉天下之萬物，爲萬物一太極，是乃周子之意也。度氏於此不深考文義，遂以上句解下句，而以各具一太極爲説，則失之矣。蓋上句云男女萬物各一其性者，主氣質之性而言之，其所謂一者，個個分布之義也。下句云男女萬物一太極者，主性之本體而言之，其所謂一者，到底無二之辭也。然既言性，則無非太極之全體，而各一其性，則太極之全體，無不各具於一物之中，故朱子於圖説下，又必推其意而極論之，然後分一理爲萬殊，而曰一物各具一太極，合萬殊爲一理，而曰萬物統體一太極，則朱子之解，各有理致而不相紊如此。惟患學者以易心讀之爾。”以上并係圖象。

或問：“所謂無極而太極者，亦可得而聞其説之詳乎？”曰：“學者欲知周子所以立言之意，當先講太極之名義，乃可也。極，如屋脊謂之屋極，是爲衆木之所會，又如北辰爲天之樞紐，衆星所拱，亦謂之北極，皆統會之義也。至如皇極、三極之云，則始指夫形而上之理而言之，以明此理常爲事物之極，亦有取於統會之義也。然皇極不過以爲人君之極，三極不過以爲三才之極，及其餘曰爾極，曰民極，亦皆不過即一事一物而指其理焉，則是未見其所以爲極至之甚也。自孔子贊《易》，始合天地萬物之理，而一名之曰易有太極，則其言無所配，而包皇極、三極之類在其中矣。謂之太極者，極至之甚，無以加也。至於周子著《太極圖説》，又因孔子之言而申明之，乃首以無極而太極一言發之。言無形象可指以爲極，而實爲極至之甚，其語意猶曰莫之爲而爲，莫之致而至也，亦曰至無之中，有以爲萬有之根，無形之中，有以爲萬形之體耳。今且以其大端而言之。文王演《易》以明天道，則曰元亨利貞。後聖因之以明人道，則曰仁義禮智。夫元亨利貞足以盡天道，仁義禮智足以盡人道，此固無餘藴者也。然即是生長、收藏之後，而指其所以然之理，曰元亨利貞。即是惻隱羞惡、辭讓是非之後，而指其所以然之理，曰仁義禮智。是各爲一時一事之理，而無以相貫也，然則道之爲道，果有四耶？此未足以見夫道之本體也，由是諸子之言性、言太極，率皆往往不免有雜以形氣之粗而論之。老子曰：‘有物混成，先天地生。’《漢志》謂太極函三爲一，皆以太極爲渾沌未判，太初之氣，而荀、楊、韓子之言性，或曰性惡，或曰善惡混，或曰有三品，皆從氣質之迹以爲説耳。夫生長、收藏，氣也。惻隱、羞惡、辭讓、是非，情也。而其所以然之理，則不涉形迹，不落方體，初有不由氣與情而立者。故其在天者，在春爲所以生，在夏爲所以長，在秋爲所以收，在冬爲所以藏，而其本體固自若也。其在人者，在惻隱爲所以惻隱，在羞惡爲所以羞惡，在辭讓爲所以辭讓，在是非爲所以是非，而其本體固自若也，未嘗以彼此先後有間焉。此其所以爲天地萬物之根，而天地萬物莫之能違也。周子於此灼見道體卓不可易，乃拔之於陰陽五行之中，而揭之於陰陽五行之上，曰無極而太極，其言簡旨遠，又可謂真能發明道體，錙銖不漏，而孔子之旨益以明矣。朱子所謂真得千聖以來不傳之秘者，豈虚語哉！”

曰：“無極而太極。上無一語，而遽然以此發之，周子之意，豈有所據乎？不然，首發此無頭緒之語，何也？”曰：“以太極爲道體之名，自孔子始，周子之作此圖，其本於《易》乎？蓋孔子易有太極之言，有以誘其衷焉，故於此創爲圖象，以太極命之，而繫説於其下，至其終而結之曰：‘大哉《易》也，斯其至矣。’此作圖之本意也。夫既有圖在其前，以爲之端，則所謂無極而太極者，據依乎圖而發之，又何無頭緒之爲病乎？”

曰：“易者，陰陽變易之名也。孔子於易曰易有太極，則是先言陰陽，而後及太極也。今周子先言太極，而後陰陽次之，其所以爲言之先後，又可得而聞乎？”曰：“天地間，陰陽兩端，一闔一闢，循環不已。此之謂易，而曰易有太極，則是即陰陽闔闢，而先指其所以然之理，以爲陰陽之本體爾。至於周子，又因加‘無極’二字於其上，而冠之陰陽之首，以見其無聲無臭，所以爲萬化之本原，則孔子所未發也。雖然，謂之無乎，即其至無而至有在焉。謂之有乎，即其至有而至無在焉。自其有而言之，則曰易有太極，所謂不離乎陰陽者也。自其無而言之，則曰無極而太極，所謂不雜乎陰陽者也。由是觀之，易之與圖，豈有异指哉？故朱子曰：‘以爲在無物之前，而未嘗不立於有物之後，以爲在陰陽之外，而未嘗不行於陰陽之中，以爲通貫全體，無乎不在，則又初無聲臭形響之可言也。’嗚呼，至乎言也！”

曰：“‘冲漠無朕，而萬象森然已具。’此程先生論道體之言也。朱子嘗與門人論太極，又以此爲言，而先儒亦多合而論之，然則二先生之言，果無异同耶？其於吾子之意如何？”曰：“二先生之言，誠有足相發明者，然周子之言主太極，而指名道體，則語極高而峻絶者也。程子之言主人心，而形容道體，則意甚微而淵宏者也。其爲言之不同，學者不可不知，夫道體一也。周子以無極言太極，則無極與太極爲一焉，言無形而有理也。程子以冲漠無朕對萬象森列，則冲漠無朕與萬象森列爲二焉。言即體而用該也，然周子據陰陽未生之先，而指其理之已定，以爲萬化之所出。程子從形象已具之後，而論其理之無朕，以爲一源之所該，蓋以無形之極，至理之原，有未可以萬象已具而爲言者。若據以程子之言合而論之，則所謂無極而太極者，未必見其所以爲萬化之本原，而周子之意，殆乎晦矣。故朱子於此以‘上天之載，無聲無臭’解‘無極’二字，以‘造化樞紐，品彙根柢’解‘太極’二字，而於後節太極動而生陽云云下，乃始有冲漠無朕，其理已具之説，其於本文之意，毫髮不失如此，讀者詳之。”

曰：“無極而太極。朱子以爲無形而有理，則但以形象之有無而言之可也。今乃據詩以無聲無臭之言解之，何也？蓋所謂無聲無臭云者，詩人形容之辭爾，非有所指也。不然，上天之載，豈可以聲與臭之有無議焉者耶？故北溪陳氏以爲，太極之無方體無形狀，正猶言無聲無臭之類，亦姑假此語，以形容夫無形之理云爾。吾子以爲如何？”曰：“無極之説，自周子以前有之，皆指夫氣之混沌而先天地者，以爲無極也。今徒以無形象言無極，則猶疑於有氣矣。夫聲臭，有氣無形者也，而猶曰無之，則其無形象不言可知。故朱子乃取諸詩，以解無極之義，亦言之當、義之精也。然易以形而上下分道器，則凡纔有聲臭以下，皆形也。而無聲無臭，亦所以爲無形之極也。今以無聲無臭論太極，固非有取於聲臭之有無矣。陳氏之説，未爲失也，然朱子之意，蓋欲以此言無形之極，而别於有氣無形之物，則又不可徒視以爲泛然形容而已。且如鬼神，視之不見，聽之不聞，非無形乎？則其至微至妙，亦殆乎形而上者矣。然洋洋乎流動上下，聲響之屬也。昭明、焄蒿、淒愴，氣臭之屬也。至於語太極之妙，則無復此等之朕兆與消息爾。此詩人所以贊上天之載，而子思引之以論不顯之德，朱子取之以解無極之義，又捨此語而何以哉!”以上係本文第一節。

或問：“天地間唯有陰陽二氣而已，故陽動陰静，而其理則太極也。朱子所謂太極涵動静之理者，豈非謂是歟？今圖説云太極動而生陽，静而生陰，則是其所以動静者在太極，而不在陰陽也。周子既以無極言太極，而朱子又以無聲無臭者解之，不知何自而動静也。若謂太極能動而能静乎？則其涉於氣之有爲，又甚於有聲臭矣。學者於此不能無惑焉，敢問所以辨之?”曰：“太極固有不可以動静言者，然其渾然之體，包括陰陽動静之理，常已見成在焉。則其動也，太極之動也。其静也，太極之静也。何以言之？陽動陰静，必先有是理，而後有是氣，故氣之動而爲陽，則是因陽動之理先在乃生也。氣之静而爲陰，則是因陰静之理先在乃生也。此朱子所謂此理便會動而生陽、静而生陰者是也。由是言之，其爲動静者，雖在陰陽，然其所以動静者，有太極爲之主宰也。不謂太極生陽生陰而謂之何哉?”

曰：“然則太極之動爲陽，太極之静爲陰，而今乃曰動而生陽，則是疑若陽生於動後也。又曰静而生陰，則是疑若陰生於静後也，故勉齋黄氏嫌其似有間次，乃爲之説曰：‘生陽生陰，陽生陰生也。’其説爲有理矣，吾子亦有取於此乎?”曰：“是不然也。盍觀陰陽之生於二至乎？自冬至以後，太極之動而生陽也。自夏至以後，太極之静而生陰也。且如冬至陽生，必有漸次，源源而來，以至夏至陽極陰生乃止。夏至陰生亦然，是由太極有以主宰而生之也，故曰‘太極動而生陽，静而生陰’，豈特當初忽焉一生之謂哉？故朱子曰‘周子説一生字，見陰陽自太極來爲分明’，即謂此也。今乃謂太極動而陽輒生，太極静而陰輒生，則太極動静之迹，自爲陽爲陰而已。至其一生之後，太極不與焉。是徒見陰陽之本據於太極，不見太極之主宰乎陰陽也，豈周子之意哉?”

曰：“朱子論太極之體用，以陰之静爲體，以陽之動爲用。

今周子當先言體，而後言用可也，乃有何不可而必以動而生陽爲始，亦有説乎？”曰：“陰陽動静，循環無窮，何端倪之有？且如動而生陽，陽動之先，未嘗不静，陰静之先，又未嘗不動。周子姑以動處紀運行之始爾，然其所以陽動爲天命流行之始者，其亦有説焉。《易》論一陰一陽之道，以繼之者善爲先，是静之終，動之始，而天地生生無窮之門也。所謂復見天地之心者，不在斯乎？然則周子托始之意，亦可見矣。至於朱子體用之説，有未易遽合而論者。今周子以太極之動静，爲天命之流行，則一動一静，生陽生陰，莫非太極之大用，而其理之渾然者，通貫動静，無時不然。又莫非太極之全體，豈可分析陰陽，以爲體用兩端之事哉！但即陰陽而言之，静者爲體，以其氣收藏於中也，太極之體斯立焉。動者爲用，以其氣發散於外也。太極之用斯行焉，亦有與前之所謂全體大用者，并行而不相悖焉，顧學者不執一而論爲是爾。”

曰：“周子於下文始言五行初生，四時運行，則太極動而生陽，静而生陰，有未可遽以四時運行而言者，然大注以元亨利貞分解之，是因四時而見者也。今本文未及五行，而大注先以此爲説，何也？”曰：“自天地肇判之時，陰陽五行有則俱有，合爲陰陽，分爲五行，非今日生陰陽，而後明日又生五行也。但自其本於太極者言之，太極動静，而陰陽分，陰陽變合，而五行具，是其理已定於冲漠無朕之中，則周子之言天道，不得不因其所素定之理而論次之，亦其宜也。其所謂五氣順布、四時行焉者，亦因其陰陽運行者，而申言之爾。故凡論天命之流行，必以陰陽言之，足矣。若夫五行則生於陰陽相交之間者也，言陰陽則五行在其中矣。”

曰：“然則太極之有動静，見之於四時而已耶？”曰：“陰陽五行流行四時，天命之全體，造化之大綱，太極之動静，莫著於此焉。然此理固無精粗遠近，無輕重小大，則自寒暑之運，日月之行，以至吉凶消長，進退存亡之類。其動静相因，陰陽迭變者，遍塞上下，往來須臾，無時不然，無所不在，又安往而非夫動而生陽，静而生陰者哉？學者在此等之類，當通觀而無滯焉可也。”

曰：“大注云，太極之有動静，是天命之流行也。草廬吴氏以爲，太極不當言動静，動静者，陰陽也。故朱子以天命之流行，爲周子分解之。若從吴氏之説，則動静果在陰陽，而不在太極耶？意者吴氏必有所據矣，吾子亦嘗有論其是非而决之乎？”曰：“此蓋本於勉齋也。按吴氏之説曰：‘太極無動静，動静者，氣機也。氣機一動，則太極亦動，氣機一静，則太極亦静。故太極之有動静，必以天命之流行言之，乃得。’此吴氏以天命流行，爲氣機之闔闢，而謂氣機有動有静，而太極隨之也。然則所謂太極者，徒爲塊然無用之一物，而虚寓陰陽之中而已耶？所謂天命之流行者，其果氣機之所爲耶？而陽動陰静，不由太極耶？此欲深言太極之絶無聲臭，而不知言偏意滯，而反害於理也。蓋太極雖無聲臭之可言，實爲動静之理，則安得謂太極無動静哉？嘗譬之法與吏，太極猶法也，陰陽猶吏也，法生而吏生之，法殺而吏殺之，其實則非吏生殺人，而法生殺之也。謂法無生殺，可乎？然生之殺之者，吏也。法固爲無形之物，故人知吏之生殺人而已。不知生殺皆出於法，而吏奉而行之，吏之生殺，即法之生殺也。若謂法無生殺，隨吏所爲，是縱吏生殺而無紀極也，奚以法爲？今謂太極無動静，隨氣動静，亦何以异此乎？苟使天命之流行如此，則陰陽乖戾，不由其道，而無以爲造化之功矣。若余所聞，則不然，天命之流行，即所謂一陰一陽之謂道者也，蓋語道體之至極，則謂之太極，語太極之流行，則謂之道，二名而一體者也。周子先舉其本體而曰無極而太極，朱子又解之以爲造化樞紐，品彙根柢，則天命之流行，常由是立焉。其一動一静，則是一陰一陽之道，而天命之流行也。藉令太極無動無静，天命何所由而流行乎？但其本體，則自有不雜乎陰陽者存焉。故周子於《通書》有曰：‘動而無動，静而無静，神也。’其曰動而無動，則非不動也，曰静而無静，則非不静也。但能動能静，而其無動無静者，自不相妨，是無極之妙也，要之在人默而識之爾。若輒以無動無静而論之，以爲太極無動静，則大失周子之意矣。”

又考之《朱子語類》，或問："太極，理也，恐爲不可以動静言者，如何？"曰："惟其理有動静，故氣有動静。若理無動静，則氣何自而有動静乎？"又曰："此理便會動而生陽，静而生陰。"又曰："'動亦太極之動，静亦太極之静，但動静者非太極耳。'一'者'字，頗有意思，言太極有動有静，而其爲動静者，陰陽也，非太極也。蓋太極本無形象，不涉有爲，故謂動静非太極，則可也，謂太極無動静，則不可也。朱子每常於此致意焉，其雜出《語類》者，不一而足，其旨極爲明白，而勉齋親炙朱門，乃倍其師旨而曰'太極非能會動静之物'，亦猶草廬之説也。蓋此説，勉齋唱之於前，而草廬和之於後，曾不能以朱子之語考其得失，而自持一偏之見，以爲得焉，是可嘆也！《詩》曰：'誨爾諄諄，聽我藐藐。'二子之謂矣。然二子號稱一代大儒，而其説如此，將使夫晚進之徒，未精於理者，取信於二子以爲是，則其誤後學也亦多矣，此余之所以極論而不敢讓也。"

曰："太極者，本然之妙。動静者，所乘之機。朱子嘗以人之乘馬爲喻，而勉齋因又以爲，太極之乘陰陽，譬如蟻在磨上，磨動蟻亦動，磨静蟻亦静，亦朱子乘馬之喻也。蓋人乘馬，馬出入而人不出入，蟻在磨上，磨動静而蟻不動静。今以此觀，則太極無動静之説，亦殆不非歟？"曰："是又不然。聞之勉齋之言，蔡季通對朱先生云：'所乘之機，如何下得恁地好？'先生微笑，朱子亦自言，動静者，所乘之機，識者以爲此語最精，識者蓋指季通也。朱子此語之精，唯季通知之，勉齋在當時聞季通之言，亦不能通其微旨，乃爲蟻在磨上之説，况如草廬出乎其後者乎！今據二子之説，皆謂此朱子言動静之在氣機，而太極本然之妙無動静也，苟但使朱子之意如其説，又安在此語之爲精乎？朱子始以太極爲體，動静爲用，後已覺其言有病，乃改之如此。夫動静，固氣機也，而曰太極所乘之機者，蓋太極則涵動静之理在此者也。然無無理之氣，無無氣之理，則纔有動之理，氣觸輒動，纔有静之理，氣觸輒静，其神速亦有間不容髮者，是則理氣關係之所，陰陽機發之端，所謂所乘之機者也，此其利用出入，斡運無滯，又安往而非太極所乘本然之妙乎？今以此體驗而默識之，則此語之精可知矣。至於朱子人乘馬之譬，則與勉齋蟻磨之譬相似，而大不同也。朱子曰：‘馬之一出一入，人亦與之一出一入，猶氣一動一静，而太極之妙無不在也。’朱子之説自明矣。以人譬之太極，以馬譬之陰陽，以太極無形，必因氣而見理之動静，故先言馬之出入，而後言人之出入，曾謂馬出入而人不出入乎？其下乃曰一動一静，太極無不有焉。則其所以動静者，實太極之妙也。今就其譬而論之，人固不出入，而馬之出入，人隨之，然其所以一出一入者，豈不由人有以控制而御之乎？設使木偶人跨而乘之，馬亦能一出一入否？吾將見其行止自縱，不由其道，不風牝奔騰，則必走水草乃止。由是觀之，馬之一出一入，必與人相須，而人有以管馬之出入，亦已明矣。故且以出入之形言之，馬一出一入，而人隨之，若言其所以出入，則謂人一出一入，而馬隨之可也。今以此論太極之乘氣而動静，其理亦無不合矣。若夫蟻在磨上，則蟻未嘗管磨之動静，唯偶然在磨上而已，磨一動一静，蟻亦不得已而隨其動静也，亦异乎朱子人乘馬之喻矣，豈可以此言太極之動静乎？苟以此譬爲是，蟻如在磨上左旋，而磨右轉，則蟻磨相背而行且止，亦不可知，然則太極之與陰陽，亦安能保其不相背而動且静哉？勉齋欲主張太極不會動静之説，故致此誤而不自知爾。”

曰：“太極無動静之説，失朱子之意則聞命矣。但此一節大注之文，交互錯綜，未易驟通，而吾子之述，稍爲詳明。然其始終大意之所在，又可得而聞乎？”曰：“自古聖賢語天道，未有如此一節之簡易明白者。而朱子又解之，命辭屬意，大出人意之表，亦非宋元以來諸儒，可得而窺其閫域焉。雖其言備義精，厥旨深遠，有不易驟語者，至於文理相接，條貫相該，其指嚮之所在，又有不可不先知於始者，請爲讀者略論之。周子首言無極而太極，以明道體之妙，是所謂一圖之綱領也。至此繼言太極之動静，所以推本陰陽之化也。朱子以爲天命之流行，可謂最得其要領者，然太極動静，則陰陽已生矣。今就動静之後而言天命之流行，則晚矣。故不曰太極之動静，而曰太極之有動静，是據陰陽方生之初，主夫有動静者而言之，天命之不停機者，實在乎此也。大注先以此一言舉本文之要，而後引《易》以下以明之，太極之有動而之陽，有静而之陰，是則所謂一陰一陽之謂道者，亦曰天之至誠無息云爾。則《通書》以誠統天之四德，《中庸》以誠統物之始終，而《知言》以誠爲命之道，皆是也。先生親書正本止於此，實享保甲寅八月五日也，後七日而没，自此以下，乃據草本寫之。此數者先合動静而言之，以明動静一貫之意，而後分動静而論之。其言誠之通，言誠之復，又據《通書》之文，因上所引'誠者，聖人之本'而言之也。其言繼之者善，成之者性，又據《易》之文，因上所引'一陰一陽之謂道'而言之也。然繼之者善，爲萬物所以資始，則其爲物之始可知。成之者性，爲萬物各正性命，則其爲物之終可知。又因上引《中庸》'誠者，物之終始'而言之也。夫以誠之通復，物之終始，實爲太極之動静，則其爲命之道，亦已明矣。故又引《知言》之言而終之，以明夫太極之有動静者，天命之流行也。然一陰一陽之道，在陽爲元亨，在陰爲利貞。在陽則有以繼之而善行焉，在陰則有以成之而性具焉。故先以元亨利貞，言誠之通復，而後以繼善成性，言物之終始，不必拘上先《易》後《通書》之序，乃爲文順言當，亦其理也。大注既論動静陰陽之理，其詳且盡也如此，然後以動静與陰陽，分本文之言，一以動静互根，見命之流行不已，一以陰陽迭生，見分之一定不移，則本文之義，至此竭盡而無餘藴矣。於是遂乃推廣本文之意而通論之，夫太極，一也，即其流行不已者，而以動静對之，則太極者，本然之妙也，動静者，乃所乘之機也。其曰妙、曰機，流行之稱也。即其一定不移者，而以陰陽對之，則太極，形而上之道也，陰陽，乃形而下之器也，其曰道、曰器，分定之名也。然本文唯論動静陰陽而已，則是其著者也，而所謂無極而太極者，隱然於其中，是其微者也。故大注因本文之言，先即其著者而論之曰：'動静不同時，陰陽不同位，而太極無不在焉。'然後又因其微者而論之曰：'冲漠無朕，而動静陰陽之理，已悉具於其中矣。’此二者合而見之，信乎動静陰陽之與太極相合，而又有别也。然天命流行，陰陽循環，無有一息之間斷，故自動而生陽以上，推之於前而不見其始之合。自静而生陰以下，引之於後而不見其終之離。此其所以爲道體自然之妙也，故末又引程子之言以結之，學者尚知朱子用意之精哉！”

曰：“動静無端，陰陽無始，固爲道體之自然，又有何深意，而程子以爲非知道者不能知之哉！”曰：“此有未易驟語者。學者當先尋思其所以無端無始者如何，乃知程子之言不虚發矣。蓋動静固有端矣，陰陽固有始矣，至其一誠渾然，貫徹古今，其何始終之有，又何端倪之有？明道先生論道器有曰：‘器亦道，道亦器。’但得道在，不繫今與後、己與人，此所謂動静無端，陰陽無始之説也。君子以自强不息，是其道也。伊川論天德又有曰：‘其要祇在慎獨。’嗚呼至矣！至其體用一源，内外一誠，自然而不息，則與夫無端無始者，同一塗轍。未應於物，不是先也。已應於物，不是後也。此在學者默識而自得之爾，豈徒事空言、遺實行，而馳心虚遠者所能知也哉！”以上係本文第二節。

或問：“陽變陰合而生水、火、木、金、土，陽曰變，陰曰合，何也？”曰：“陽奇，陰偶，陽動，陰静，奇而動者主變，偶而静者主合，故凡五行之生，禀氣於陽，陽之所變，而陰與之合，有此五者之异耳。此其所謂陽變陰合云者，猶言陽唱陰和之類，而朱子答門人之問，以爲陽動而陰隨之，是也。”

曰：“陽生於動，陰生於静。今大注以太極動静與陰陽變合二者相比而言之，則陽變而生水木，陰合而生火金歟？”曰：“否，五行皆陽變陰合之所生也。觀大注言五行皆有陰陽，亦可見矣。蓋一動一静，動静相因也。一變一合，陰陽相交也。動静不相因，陰陽之氣，無以分焉。故曰：‘一動一静而兩儀分。’未必曰陽生於動，陰生於静也。陰陽不相交，五行之質無以具焉，故曰：‘一變一合而五行具。’未必曰水木生於陽，火金生於陰也。大注於此并舉一動一静者，承上文分陰分陽之意，而言陰陽既分之後，又相交以生五行也。觀其分合二字，意暗相對，亦已妙矣。”

曰：“《易》論《河圖》列五行生成之數，而《本義》解之曰：‘一變生水，而六化成之。二化生火，而七變成之。三變生木，而八化成之。四化生金，而九變成之。五變生土，而十化成之。’此與所謂陽變陰合者，同耶？异耶？”曰：“無以异也。今試合而論之，《河圖》之數，自天一以下，爲五行之成數，自地六以下，爲五行之成數，一變一合，相爲先後。而五行生且成於其間，陽以奇變而生者，陰以偶合而成之，陰以偶合而生者，陽以奇變而成之。自一至十，五行具矣。大注所謂一變一合而五行具者，其意蓋如此云爾。然獨陽不生，獨陰不成，則其生也成也，要之莫非陽變陰合之所爲，不必以生爲變，而成爲合也。周子論陰陽交而生五行，故就五行方生之初，以陽變陰合，合生成而言之。朱子釋《易》本文成變化行鬼神，故就五行已成之後，以奇變偶化，分生成而言之，此其所以爲言者，有不同爾，豈有二致哉？”

曰：“五行之生，以水、火、木、金、土爲序，何也？”曰：“孔穎達云，‘萬物生形，莫不以微著爲漸者。’五行水最微，火稍著，木質實，金質固，土體大，亦以微著爲次也。朱子亦曰：‘天地生物，先輕清以及重濁。’水火二物，在五行中最輕清，金木又重於水火，土又重於金水，蓋取於孔氏之説也。然此説有未盡五行之理者，今試論之。天地當初唯有陰陽而已，陰偏静，無動也，一爲陽所變，輒動而生濕，所謂水曰潤下是也。陽偏動，無静也，一爲陰所合，輒静而生燥，所謂火曰炎上是也。蓋陰氣陽散之而濕生，陽氣陰翕之而燥生，此理甚微，當自體認乃真。然水陽微而陰盛，故其潤下，直與陰降而已。火陰微而陽盛，故其炎上，直與陽升而已。是則水火爲陰陽成質之始，去氣未遠者也。故五行唯此二物最當先生，而陽倡陰隨，則水又當先於火，亦已明矣。若夫木金二物，皆爲水火之雜，木柔軟而又枯槁，柔軟者水之濕，枯槁者火之燥也。金者堅韌而又剛决，堅韌者水之濕，剛决者火之燥也。但木之軟，得陽氣之浮華，而其濕燥皆從之。觀其水漬而生，火著而燃可見也。

金之堅得陰氣之精實，而其濕燥皆從之，觀其入水不腐，入火不耗可見也。至於土則獨爲陰陽之冲氣，兼具四行之性者，所以居五行之終，最後而生也。是故水火者，陰陽之大端，而元元生活之本也。木之曲直，可揉而直，金之從革，可鎔而化，此其所以次水火而濟民用也。夫然後耒耜之利，以教天下，而民得以稼穡而遂其生焉。則五行始生之序，觀之於此又可見矣。”

曰：“勉齋以爲，五行有初生之序，有流行之序，違乎乾坤易簡之義矣，因爲之説曰：‘自天一至地十，特言五行所得奇偶多寡之數如此。若要論五行之序，但當以水、木、火、金、土爲次第，初生之序，即流行之序也。’其説亦似有理焉，吾子以爲如何？”曰：“不然。初陽感於陰，而陰應之爲水。初陰感於陽，而陽應之爲火。是陰陽相交之初，陽先於陰也。陽寖盛而合於陰爲木，陰寖盛而合於陽爲金，陰陽各盛而得其冲氣，以生爲土，此其所以爲五行并生之序，與夫流行四時，先後迭生之序，自不相妨焉，亦自然之理也。譬如列國受封之初，尊卑大小固有次第，及其置郵而布詔令於四方，當從道塗所繇，自近而漸達於遠爲序，是乃命之所以流行也。所謂乾坤易簡之理，亦如此爾，何必使夫五行成質之先後，與其流行四時者同序，乃爲可耶？況天一生水，地二生火，古今以爲五行之序，而勉齋何以知其爲五行所得積實之數，非次第之數耶？勉齋又曰‘天一生水，地二生火’，果以次第而言之，則一生水而未成水，必待五行俱足，乃待第六而後成水耶？如此則全不成造化矣。此又不然，凡有物必有序，有序必有數，然其序有静而已定於前者，五行生成之序是也。有動而相易於後者，四時流行之序是也。若必以四時之序，與五行之序，合而論之則泥矣。苟如此，將必乖剌無序，而自相陵奪，安能成造化乎？此特知有流行之序，不知有對待之序也。盍觀四象之生八卦乎？兩儀纔分，四象之位已定。四象纔分，八卦之位已定。固非先生一卦，而後又生一卦也。然乾一兑二，以下八卦成列，其序自有不可易者。今五行生成之序亦然，五行相須，一時并生，非先生一物，而後又生一物，又非待五行已足，而後追次而成之。然其自一至十，生成之數，見成於五行成質之始，其序固已有理定而不可易者，故聖人因以天一地二而次第之，則陰陽五行，四象八卦，其序皆不外乎此，豈可謂獨非五行次第之數乎？且勉齋所謂積實之數者，其説曰：'天得奇以爲水，以一運之圓而爲三，故曰天三生木。地得偶以爲火，以二周之方而爲四。故曰地四生金。'今以此演説五行之數，何不可之有？遂因以爲一二三四非五行次第之數，不可也。蓋一奇一偶，天地之數也。自天一生水，至地十成土，造化之序也。然陰陽之數，自然符合，以方圓徑圍之數而説之，亦足以見造化之妙矣。今據其説而推之，天一生水，地二生火，五行之始也。天圓地方，圓者徑一而圍三，方者徑二而圍四。天三生木，是一數之積也。地四生金，是二數之積也。三各一奇，故參天而爲三，四合兩偶，故兩地而爲二。三與二合爲五，天五生土，亦三四之積也。其自地六以下至地十，皆爲五行之成數，則五得一以爲六，得二以爲七，得三以爲八，得四以爲九，得五以爲十，亦莫非五之得生數以爲積者。今以此言之，自一至十，皆五行所得之積數也。蓋五行之生成，雖非有間次者，以其數言之，不無自然之次第矣。故朱子曰：'五行之生，非有次第。'如其一二三四之數，自然有先後次第，此言五行有自然之次第，可得而數也。勉齋以爲積實非次第之數，殊不知積實之數，即生成之序也，亦异乎朱子之言矣。勉齋又欲主張其水木火金爲序之説，乃病土之在火金間爲妨，而反以金先之於土，則火金以相克相承，又有不與流行之序合者，安在合二序而一之乎？亦足以見牽合布置之迹矣。故余於勉齋之説，亦曰乾坤易簡之義，恐不如此。且朱子於本文下，論五行生序行序而兩斷之，甚爲明决。勉齋乃率意生疑，恣爲臆説，寧倍師旨而莫之顧焉，是可怪也。豈其致思之過深，而傷於穿鑿者耶？亦可惜已。"

曰："然則五行之初生，與其相生之序不同，何也？"曰："水、火、木、金、土，是五行受氣之初，陰陽相待而生者也。木、火、土、金、水，是五行賦形之後，陰陽相因而生者也。

陰陽相待，猶東西南北與中央也。言東則西已對之，言南則北已對之，言東西南北，則中央已在其中是也。陰陽相因，猶春夏秋冬與季夏也。自春而夏，而季夏，而秋，而冬，五氣順布，四時行焉是也，此二者有對待與流行之別爾，亦自然之理也，豈可强而同之哉？”

曰：“朱子於五行圈下云水陰盛故居右，火陽盛故居左。今此説五行初生之序，又云水木陽也，火金陰也，其言若相矛盾者，何也？”曰：“勉齋以此有异爲可疑，乃不論生序行序，皆以水木爲陽、火金爲陰者爲此也，今以愚觀之，此無可疑者。水本陰氣也，初陽之氣，爲盛陰之所陷而不得遂。火本陽氣也，初陰之氣，爲盛陽之所掩而不得達。是水陰勝而不成陽，火陽勝而不成陰，所以水爲陰盛，火爲陽盛也。然以其爲天一之所生，則水受氣於陽者也。以其爲地二之所生，則火受氣於陰者也。故周子曰：‘水陰根陽，火陽根陰。’張子曰：‘陰陽之精，互藏其宅。’蓋水，陰物之大者也，而根於陽，是陽藏其精於陰也。火，陽物之大者也，而根於陰，是陰藏其精於陽也。朱子亦嘗論之曰：‘水外暗而内明，陰中陽也。火外明而内暗，陽中陰也。’故水謂之陽亦可，火謂之陰亦可，其説亦已明確矣。是故水陽之根陰者也，陽之根陰者漸盛爲木，至於極盛，則陰根其中爲火。火陰之根陽者也，陰之根陽者漸盛爲金，至於極盛，則陽根其中爲水。故水爲陰盛，而金爲陰稚，火爲陽盛，而木爲陽稚，然則水之生於天一而爲陽，火之生於地二而爲陰者，蓋謂其互根而藏精爾。其於水爲陰盛，火爲陽盛，亦何妨之有？勉齋疑其説之相左，則誤矣。”

曰：“然則水陽微矣，而反居太陽之位，與火之陰微而居少陰之位者，大小相反，木陽多矣，而反居少陽之位，與金之陰多而居太陰之位者，大小相反，何也？”曰：“陽之性動而主乎氣，以始物爲功，所謂乾知大始者也。陰之性静而主乎質，以成物爲功，所謂坤作成物者也。故陰陽相交之初，水先潤下，而後火炎上，猶天氣下濟，而地氣上行，是陽之根陰者，實爲造化之大始，而至於木氣之發生，則爲曲爲直，氣已分散，故水居一爲太陽，木居三爲少陽也。陰之根陽者，猶未足以成物，而至於金氣之收斂，則或從或革，乃能作成。故火居二爲少陰，金居四爲太陰也，然一奇一偶，陰陽相代，天地自然之數也。四象五行之生，莫不以此爲序者，故當以水火木金而次第之可也。今合而論之：一陽一陰上，各生一陽一陰，則陽而復陽者，居一爲太陽，而天一之水生焉。陽而加陰者，居二爲少陰，而地二之火生焉。陰而加陽者，居三爲少陽，而天三之木生焉。陰而復陰者，居四爲太陰，而地四之金生焉。是四象之位，即四行之序也。勉齋以爲五行之生，當自少而老爲順，自少而老，以此論運行之序則可也。若論本生之序，則老陽變爲少陰，老陰變爲少陽，不亦先生者老，而後生者少乎？況水居一爲少陽，木居二爲老陽，而火居三爲少陰，皆與四象相戾。而水火實爲五行之始，可謂木先生而火次之乎？

此勉齋欲强合運行之序而一之也。然運行之序，莫若以四時推之，木旺於春爲陽稚，火旺於夏爲陽盛，金旺於秋爲陰稚，水旺於冬爲陰盛。今以水爲少陽，而木爲老陽，以火爲少陰，而金爲老陰，陰陽顛倒，大小齟齬，考之四時皆不合，豈若以初生論初生，以運行論運行，爲簡易而的當哉？周子於圖説，以水、火、木、金、土爲序者，推本五行之初生而言之如此。至於五行之圖，宜據五行見成之質爲是，故水以陰居右，火以陽居左，而木金各從其類在下。朱子又解之以水爲陰盛，金爲陰稚，以火爲陽盛，木爲陽稚，亦因周子之意而推之也。然先言水，後言火，而木次之，金又次之，土又次之，亦以水、火、木、金、土爲序，而曰水而木，木而火，火而土，土而金，金而復水，則又以運行言之，亦已明矣。蓋四行水爲太陽，火爲少陰，木爲少陽，金爲太陰，以四象之等位言之者也。至於水爲陰盛，火爲陽盛，木爲陽稚，金爲陰稚，以陰陽之多少言之，固與大少之義别矣。曷嘗以水爲太陰，以火爲太陽，而金爲少陰乎？讀者當詳之可也。嘗依《河圖》之象而旁注之如左。

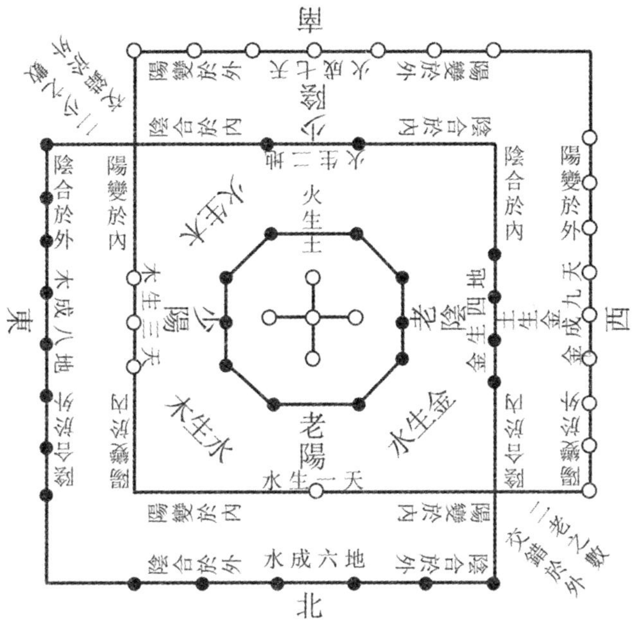

四象皆以十爲全數，除一爲老陽之位，外九爲老陽之數。除二爲少陰之位，外八爲少陰之數。除三爲少陽之位，外七爲少陽之數。除四爲老陰之位，外六爲老陰之數。蓋奇數爲陽，偶數爲陰，陽主進，七進未極，至九而極。陰主退，八退未極，至六而極。進極則退，故九變爲八，所謂老陽變爲少陰者也。退極則進，故六變爲七，所謂老陰變爲少陽者也。老陽即太陽也，老陰即太陰也，古人説易，言四象之等，則以大少稱，言蓍策之變，則以老少稱，亦其宜也。然其位以一二三四而次第之，則老陽居一，少陰居二，少陽居三，老陰居四，以爲四行之生數，而九與六八與七，老少各以其類交錯於外，以爲生數得五之成數。二老位於西北，九以老陽之數，居老陰之外，即金之生數得五者也，六以老陰之數，居老陽之外，即水之生數得五者也，二少位於東南，放此。此陰陽自然之妙也。”

曰：“大注於五行言生之序，則曰：‘水木陽也，火金陰也。’言行之序，則曰：‘木火陽也，金水陰也。’皆不及土，何也?”曰：“土雖天五之所生，實爲陰陽之冲氣，水火木金，無不待是以生者，其氣行乎天也，土寄旺四時，無所專主，故不得指爲陽，又不得指爲陰，而舉四行，則土在其中矣。”

曰：“五行土唯最後生，而曰四行無不待土以生，何也?”曰：“土即地之别名也。蓋天地未闢之時，渾沌一氣而已，萬物莫不受此氣以生，而土地亦天中之一物也。其施氣之始，雖土以重濁，受氣在四行之後，然其成質之初，五行有則俱有，無有先後，唯土成形最大，兼體陰陽，包括萬物，故獨配乎天，以爲萬物之母，雖水火木金，亦不得不待乎土以生，但水火二物，以其質輕虚，未遠於氣，故其性流動閃爍，不爲土之所制，非若木金之確然已有定質，而不能不資生於土爾。”

曰：“五行之木，與植類之木，同耶？异耶？若同也，木既爲造化之具，而又爲造化所生之物，何也?”曰：“此猶土之與地也，豈有二乎？五行中水火未成形質，金雖有定質，然金爲凝固密塞之物，而木獨專發生之性，受風雨霜露之變，其榮悴開落，稍與知覺運動相類。朱子所謂草木之生，自有一個神者是也，故自其氣之在天者而觀之，則與夫水火金土，并行乎四時之間，而其發生之氣，又專旺於春，則造化之功莫先焉。自其質之在地者而觀之，則與夫人民禽獸群生乎萬物之中，而其枝葉花實，見四時陰陽之變，亦莫近焉，此木之所异於金也。”

曰：“大注既以五行生序行序，辨别陰陽之類，則其於本文之義盡矣。又必以其氣質與動静，分屬陰陽乃已，其意如何?”曰：“此無他也，亦以明五行無適而非陰陽之兩端爾。”

曰：“五行之有氣質，固已照然矣。其有動静如何?”曰：“大抵五行在氣則動，在質則静。今夫水火氣勝而動者也，木金質勝而静者也。然水之川流則動也，而其渟而不流者静也。火之炎上則動也，而其照而不炎者静也。木之根於土則静也，而其生氣之發者動也。金之藏於礦則静也，而其光氣之動者動也。如《史記》云敗軍之墟上，有金寶之氣，又如寶劍之氣射斗。又推廣其義而論之，五行之氣行乎天，固動也，而其隨時隨物，凝聚保合，以育萬物又静也。五行之質具於地，固静也，而其相生相克，以濟天下之用又動也。由是觀之，五行無不各具動静之性，而兩端交錯，變化無窮，亦可見矣。”

或問："第四節本文之言，黄勉齋以爲，前之所言，自無極而下至五行者，原始而要其終也。今之所言，自五行而上至無極者，溯流而窮其源也。此勉齋據朱子之意而推之，其義已明白矣，於吾子果以爲無餘論歟?"曰："勉齋之説得之矣，猶未盡也。昔孔子之言天道曰：'四時行焉，百物生焉。'豈不以造化之道有不越乎二端者乎? 夫四時行焉者，天命之流行也。百物生焉者，萬物之發育也。今周子之説，亦不過推廣二端而發明之爾。自'五氣順布，四時行焉'以上，所以論天命之流行也。自'無極二五，妙合而凝'以下，所以論萬物之發育也，而此一節在二者之間，以承上文而起下文之意，亦不可少者也。蓋周子此篇，以無極而太極，爲立言之本始，至此卒以'太極本無極也'結之。亦所以托下文之始也，故下文又以無極而起之，亦足以見其所以流行與化育者，通貫一理，初無二本之意矣。朱子於此先舉本文之大意而解之曰：'五行具，則造化發育之具，無不備矣。'則是已含乾男坤女、萬物化生之意在其中也。蓋以此一節，周子實爲下文發，而朱子又迎周子之意而解之如此，豈特溯流而窮其源云爾哉?"

曰："然則本文以'太極本無極也'一句，直接下文'無極之真'，則言順而意亦足矣，乃復以五行各一其性之言，夾雜乎其間焉，則若文不接而言不倫者，何也?"曰："周子既自五行而推本之，以歸於無極乃已。然其言如此而止焉，則特見太極之全體，包括乎天下之物，而無以見其無不各具於一物之内，故其下受之以五行之生各一其性。夫天下之物，洪纖高下，凡有氣質之屬，舉皆不外乎五行，而五行之性，各專夫太極之全體，則太極之全體，無不各具於一物之中，亦已明矣。然五行殊氣异質，而所稟不同焉。自非夫性之本體，無聲臭之可言，而有不爲氣質之所拘者，又安能隨氣隨形，物與無妄，而無非太極之全體哉? 故周子必以無極言太極，而後及五行各一其性焉，其旨微矣，蓋以無極合五行而一之，萬殊之所以一本也。氣質之紛然者，自不妨焉，夫何故曰無聲臭之故也，以五行分一性而五之，一本之所以萬殊也。全體之渾然者，固不易焉，夫何故曰無聲臭之故也？於此乃可以見夫無極二五所以妙合之實矣。由是觀之，所謂五行之生，各一其性者，雖若與上文之言不相蒙焉，然其義相須以發，所以爲簡要之語也，故朱子合而解之，最致意焉，學者尚無以易心讀之哉！"

曰："五行各一其性。大注以爲氣質所禀之性，而又論其本體，以爲天下無性外之物，此兩'性'字，同耶？异耶？願聞其説。"曰："天下豈有二性哉？若分氣質與性而兩之，則是有性外之物也，而可乎？夫性即理也，所謂太極之全體，各具於一物之中是也。然既言性，則氣質從之矣，亦不得離乎氣質而成名也。蓋即氣質而指所禀之理以爲性耳，故張子曰：'合虚與氣，有性之名。'謂此也。今大注解五行之性，以氣質言之者，謂此理之全體，寓於氣質之中者也。又論性之本體，以無極言之者，謂此理之本體，未嘗墮乎氣質者也。此難以空言喻之，今試以五行之性論之：夫水之潤下，火之炎上，水之曲直，金之從革，及土之稼穡，自太極而觀之，皆爲至理之寓於物者。其全體固自若也，今周子所謂五行之性者，蓋指此而言之，未可遽論定以爲氣質之性也。然自五行而觀之，水能潤下，不能炎上，火能炎上，不能潤下，以至木之曲直，金之從革，與土之稼穡，皆局於氣質，而各滯一偏，故論性者，至此乃不得不以氣質之异論焉。所謂氣質之性者也，朱子答門人之問有曰：'性即太極之全體也。'但論氣質之性，則此全體墮在氣質之中，非别爲一性也，其説可謂明白矣。若夫性之本體，則渾然一理而已，故在水潤下矣，在火未必不炎上也，在火炎上矣，在水未必不潤下也，其於木之曲直，金之從革，與土之稼穡亦然。曷嘗爲氣質之拘，而滯於一偏乎？此所謂太極之全體者也。昔程子論氣與性，而曰二之則不是，張子亦論氣質之性，而曰天地之性存焉，亦謂此也。余嘗爲初學論'各一其性'四字，上二字可以見氣質之异，下二字可以見本體之同。夫一者，專一之謂也，五行之所异也。性則太極之全體也，五行之所同也。各一其性，言水專一其全體者於潤下，火專一其全體者於炎上，其餘亦如此。今以此觀之，程、張二先生所論，天地與氣質之性者，自明於一句之中矣，天下豈有二性哉？”

曰：“天下無性外之物，程子之言也，其義如何？朱子所以取之者，亦有説乎？”曰：“此言天下無無性之物也，凡物之有性，猶事之有理也。天下無理外之事，豈有性外之物乎？天下無理外之事，則一理足以盡天下之事。天下無性外之物，則一性足以盡天下之物，此其所以爲渾然太極之全體也。蓋天命流行，賦予萬物，此萬物之一原也。故天下唯有此物，必有此性，無此性，即無此物，未有有此物而無此性者，又未有無此性而有此物者。朱子嘗答門人之問，以程子天地間有一感應之語喻之，言有物必有性，猶感應相須而有也。又以《中庸》‘不誠無物’之言喻之，言無性即無物，猶誠爲物之有無也。今以此觀之，所謂無性外之物者，其義亦已明矣。但此雖本於程子之語，然朱子於此取之，又有超詣於本文言意之外者。今詳大注前後之意，大要在先因太極本無極也之言，以無聲臭爲性之本體，而後以此程子之語，起五行各一其性之意。蓋言天下固無性外之物，則凡天地間，隨氣隨質，無大無小，性無不在焉。是以包該乎萬物之外，不從而大，各具乎一物之中，不從而小。此其所以爲渾然太極之全體也，亦足以見夫性之本體無聲臭，而不爲形氣之拘矣。至於下文，又以此説無極二五妙合之義，亦已明盡而無餘矣。”

曰：“南軒張子以爲，五行各一其性，則爲仁義禮智之理，而五行各專其稟焉。若從此説，則此所謂性者，雜以氣質而説之，殆非歟？”曰：“周子於上文言陽變陰合，而生水、火、木、金、土，故此又承上文而曰五行之生各一其性，則亦不得捨氣質而説之矣。蓋水曰潤下，有所以潤下者，水之所以爲性也。火曰炎上，有所以炎上者，火之所以爲性也。木之曲直，金之從革，與土之稼穡皆然，故自一理之分賦於物者言之，則以潤下炎上之類爲性，亦未必失也。南軒以爲仁義禮智之理者，蓋爲下文所云五性感動者，自此而發也。若論其理，則何异之有？然五行之理賦於人，以爲仁義禮智之性，故以五行之理説仁義禮智可也。若以仁義禮智之理説五行，則其言顛倒失次，而於義乖矣。夫陰陽，氣也，五行，質也，有質此有物，有物此有性，故周子於五行乃始言性，而朱子解之曰隨其氣質所稟不同，則固不離乎氣質而爲之説，然又謂太極之全體各具於一物之中，則自有不混於氣質者在焉，何必驟以仁義禮智爲説哉！嘗怪平巖葉氏著《近思録集解》，其於周子圖説，始終皆取朱子之解，而獨於此一節，采入南軒之説以代之，豈謂朱子之解，不若南軒之説爲簡要耶？亦由其不善讀朱子之解爾。"

或問："第五節，大注以天下無性外之物與性無不在，解無極二五妙合之義，何也？"曰："周子於此欲言造化發育之事，故因前節之言以起其説。無極之真，即太極本無極者也。二五之精，即五行各一其性者也。故朱子推本前節之意而解之，蓋天下無性外之物，則無大無小，窮凡物之外，無極之妙，無所不該，太極之全體，各具於一物，則隨氣隨形，逼凡物之内，無極之妙，無所不在，此其精粗内外，所以混融而無間也。蓋無極之真，二五之精，皆即妙合而言之。故大注先明其所以妙合之故，而後及'真精'二字之訓，言妙合中，自有以理言與以氣言之别爾。至於妙合而凝之事，則具其説於下，所謂性爲之主，而陰陽五行爲之經緯錯綜，是'妙合而凝'之説也。蓋性爲之主，由天下無性外之物，陰陽五行爲之經緯錯綜，由五行各一其性，此合前後之文而觀之，則其於妙合之義又盡之矣。"

曰："然則所謂'無妄不二'云者，其説可得而聞乎？"曰："太極之理，貫徹古今，終始萬物，天下之無妄者也。其所以無妄者何？以其無聲臭也。且如天地固無妄矣，然陰陽迭變，寒暑相易，以氣言之，猶冰炭之相反也。又如聖人固無妄矣，然堯舜揖讓，湯武征伐，以事言之，猶胡越之背馳也。但以此理言之，陰陽寒暑，均之誠也，揖讓征伐，均之仁也。若使此理有毫髮之形迹，安能得一定而不易如此哉？若夫夏之伏陰，冬之愆陽，雖天地亦不能無不正之氣，又雖三代聖人之法，亦不能久而無弊矣。然則天下除此理外，凡有形迹者，皆未足以言無妄。唯太極之無聲臭，乃可以言無妄，故曰無極之真，其實則無形之理也。二五之精，謂之不二者，蓋朱子以五行各一其性之意，折轉而來，以不二解之也。陰陽五行，實理所爲，故水寒火熱，乃木金土之性，莫不各專其禀，而一氣透徹，不容虛假，此其所以成造化發育之功也。不然，水有時不寒，火有時不熱，木不成木，金不成金，而土不成土，則四時何以行焉？百物何以生焉？《中庸》曰：'其爲物不貳，則其生物不測。'其斯之謂歟？夫曰無極，曰二五，雖有理氣之殊，曰真，曰精，莫非無極之妙，要之爲渾然一理之所涵，豈有彼此之可言哉？"

曰："羅整庵《困知記》，深非周子'無極二五妙合'之說，以爲凡物必兩而後可以言合，太極與陰陽，本非二物也，則不可以離合論焉。又曰'朱子終身認理氣爲二物'，其源蓋出於此。夫羅氏崇信朱子，而其言如此，又自謂其於朱子分理氣之説，積數十年潛玩之功，未敢以爲然，何也？"曰："此所謂知其一而不知其二者也。夫太極之與陰陽，不可分而兩之，章章明矣。然以形而上下言之，豈無道器之分耶？謂之非二物，又不可也。朱子不曰乎，'太極不離乎陰陽，不雜乎陰陽'，蓋理氣固不相離，而謂太極不雜乎陰陽者，此據其本體之無聲臭者而言之，以明陰陽殊氣，五行异質，而渾然太極之全體，有未始囿於陰陽五行者，故其化生萬物之間，與夫陰陽五行，固無二致，則其氣之紛綸交錯，自爲一理之所融，泯然不見氣質之爲阻，故曰：'無極之真，二五之精，妙合而凝。'此最爲周子精詣之語，故朱子以爲此數句甚妙。而張子所謂合虚與氣有性之名，亦謂此也。羅氏今何所嫌而貽疑於此言乎？豈謂周子以爲無極二五，如陰陽之相對而有兩合耶？是於所謂一而二、二而一者，未之竊也。至其曰太極陰陽果二也，方其未合之先各安在焉，則其論益陋矣。太極本無極也，豈復有時候方所之可指者耶？惟其不涉形氣，不屬有無，故無時候之可指，而不妨其在陰陽之先，無方所之可指，而不害其爲萬化之原，所以爲無極之妙也。

羅氏又曰：'朱子有云，氣强理弱，理管攝他不得。若然則所謂太極者，又安能爲造化之樞紐、品彙之根柢耶？'嗚呼，羅氏之泥於言如此，無望乎得朱子之意也！夫氣有造作，而理則自然，故氣强而理弱，氣常害乎理，而理不管乎氣，亦何疑乎？《書》曰：‘人心惟危，道心惟微。’不亦氣强而理弱乎？申包胥曰：‘人衆勝天，天定勝人。’天勝人，理也，人勝天，氣也，人能使天不勝人，天不能使人不勝天，是理不管乎氣也。夫一陰一陽之謂道，繼之者善，有何不善而雨暘燠寒，或不時若，是理固有不管攝乎氣也。其於樞紐根柢之義，何損之有哉！羅氏嘗深取於程子‘理一分殊’之言，以其説氣質之性爲非是，彼於此亦將曰，氣有善有惡，而理不管焉，則善何以謂之善，惡何以謂之惡？善謂之善，惡謂之惡，是理一而分殊者也。此雖未得程子論性之意，然其説理一分殊者得之矣。今於此朱子之言，盍復以其説理一分殊者，反而思之乎？夫有善有惡者，氣也，太極之無聲臭者，固不與焉。故善從爾善，惡從爾惡，而善謂之善、惡謂之惡者，常在其中以振萬古不易，而天下之善惡，莫能遁焉。由是觀之，陽善陰惡，萬有不同，而一理之渾然者，無物不體，無所不在，此其不管攝，所以無不管攝也。是故善觀者，於此有以默契乎無極二五妙合之旨，而太極之所以爲萬化之樞紐者，亦不外焉。惜乎羅氏之學，深於性理，而未足以論此也。”

曰：“乾道成男，坤道成女。大注别之於二氣交感，以氣化形化爲説，何也？”曰：“朱子所以知乾男坤女之爲氣化者，以本文於二氣交感之前，獨有此説而先之也。然觀張南軒論此引朱子之言，以爲凡人物生生無窮，莫非無極之真，而陰陽五行經緯錯綜，則其大分有統於陰陽者，又各以類凝結而成象焉。其陽而健者，爲男之象，父之道，五行所以布其氣也。其陰而順者，爲女之象，母之道，五行所以成其質也。是乃天地所以施生之本，男女所以爲男女者，故曰乾道成男，坤道成女，此非就人物既生之後而指言男女之身爾。蓋朱子舊説如此，其後反復熟玩本文之言，乃斷以氣化形化而分解之。夫男女構精，萬物化生，其初未有人物也。無氣化，男女何自而生，是其説有未備焉者，故周子取乾男坤女之言於《易》，而置之於二氣交感之上，其意固有在焉。抑無朱子，孰能知周子之意，明決而無疑如此哉！然舊説曰乾男坤女各以類分，而五行有以布氣成質，以爲施生之本，則先儒之論未之及也。蓋五行之聚，必有此二大端，而人物各從其所勝，以爲男女之异也，亦可以補今説之未備矣。”

或問：“第六節，大注以爲衆人具動静之理，而常失之於動，何也？”曰：“此本太極之動静而言，當動而動，當静而静，是太極則動静之理也。惟人心之靈，爲能具動静之理，則人之所以爲最靈者，實在乎此。而邵子所謂‘心爲太極’者謂此也。然周子於此言‘善惡分，萬事出’，而下文承之，云‘聖人定之以中正仁義’，則其失之於動也又可知矣。”

曰：“大注於衆人言動静之理，於聖人言動静之德，理與德有辨乎？而衆人常失之於動，聖人常本之於静，何也？”曰：“理虚而德實也。動静之理，是動静之自然，非由人之動静而有無也。動静之德，是動静之實體，必待人之動静而後見也。譬之土地，動静之理，猶言齊之地，魯之地。雖齊魯失之，亦謂之齊魯之地可也。動静之德，猶言齊之國，魯之國，其地必齊魯之所有也。蓋衆人徒具動静之理於寂然之中，常失之於感動之後，則是其欲動情勝者，有以害其静也。聖人能全動静之德於感動之後，而常本之於静，則是其寂然無欲者，有以利其動也，亦可以見聖愚之相反矣。然喜怒哀樂之未發，不見氣質用事，而人欲無以乘之，故其寂然不動者，雖衆人亦有之，但爲欲動情勝，有以害乎寂然之體，於此并其動静之理而失之爾。但天理之在人心者，自有日夜之所息，未嘗息焉，苟能涵養於未發之時，常有以静制動，不至於欲動情勝，則其所具動静之理，復全於我矣。此聖人所以主静立人極，而孟子夜氣之論，所以有功於學者也。”

曰：“大注所引天地之心，《易》與《禮運》皆有此語，而朱子所取者何在乎？”曰：“《易》以一陽來復見天地之心，非有預於人也。今大注以此言人心之靈，則當取諸《禮運》爲是，然竊謂所謂天地之心者，在天在人固無二焉，則朱子所以取此一言者，亦兼《復卦》之意在其中，恐非單取《禮運》之言也。

蓋人心之所以爲天地之心者，以其具動静之理也。此其全體不可偏以動見，又不可偏以静見，惟其寂然不動之中，於其藏感動之機者見之。所謂復其見天地之心是也，是則天理之所以周流而不息，其機關蓋在此焉，乃所以爲天地之心也。朱子以此論人心之靈，其意微矣。”

或問：“第七節，‘聖人定之以中正仁義’本注云‘聖人之道，仁義中正而已矣’，此其與本文爲言之序不同，何也？”曰：“天下之事失定理者，常由不中不正，而聖人定之又以中正爲先，此本文所以先中正也。至於其語聖人之道，則仁義爲大，非中正之所得而先，此本注所以先仁義也。若夫中正則禮智之謂也，今言聖人之道，而以禮智先仁義，豈可乎哉？”

曰：“然則周子不言禮智而言中正，何也？”曰：“禮，固節文之謂也。然謂之禮，則猶有過不及不可知，其必無不中節，而後謂之中，是禮之極也。智固是非之謂也，然謂之智，則猶有似是而非不可知，其必知之端的，而後謂之正，是知之實也。故言中正，則禮智不必言可也。”

曰：“中正仁義之説，與朱子所以解之之意，亦可得而聞乎？”曰：“中正仁義四者，雖一動一静各有所屬，要皆就此心之發用而言者也。中者，無過不及之謂，所以爲隨時取中之道，故曰行之也中。正者，無所偏倚之謂，所以爲貞固幹事之心，故曰處之也正。是中動，而正静也。仁者，温和慈愛之謂，所以爲至公無我之心，故曰發之也仁。義者，裁制斷割之謂，所以爲處事得宜之道，故曰裁之也義。是仁動而義静也，蓋其行之也中，其處之也正，於動静之道盡之矣。然一静之後，無仁以發之，何以能動？至於發而中節，則中矣，一動之後，無義以裁之，何以能静？至於裁而有定，則正矣。中正持動静之大體，猶太極動而生陽，静而生陰也。仁義居動静之大端，猶一動一静互爲其根也。周子立言之意，蓋亦如此，而大注所謂中正仁義、動静周流者，以此觀則又可見矣。”

曰：“周子以中正仁義爲動静之德，則所謂主静者，宜以正與義言之爲是，而本注又有無欲故静之言，敢問正義之果爲静，而所以契於無欲之旨，何也?”曰:“人生而静，天之性也，感物而動，性之欲也。蓋静謂之性，動謂之欲，則其未動之先，有理而已矣，何欲之有?若夫欲則生於動者也，惟聖人一動一静，莫非天理之極，故其所以定天下之動者，中正仁義，動静周流，而天性之無欲而静者，固自若也，豈可以動静有間哉?夫中無定體，而正之中立而不倚者，常爲之幹。仁主發動，而義之一定而不移者，常爲之質。故正與義，常在乎寂然不動之地，以爲酬酢萬變之主，此其所以感而遂通天下之故也。周子以中正仁義舉聖人動静之德，而曰主静立人極焉，則明中主乎正，而仁主乎義也。又曰無欲故静，則明正與義爲天性之真也，《易》以利貞爲乾之性情，《通書》以利貞爲誠之復，亦正義爲静之説也。故大注解此，以誠之復、性之真而明之，可謂能得周子之意矣。”

曰:“《朱子語類》，或人有謂正義所以能静，不得以正義爲静者，朱子非之，以爲亂説，何也?”曰:“若或人之説，則正義非静也，乃致静之道也。夫正之無偏而立於天理，義之有制而絶於人欲，是則静也。若於正義之外，更求所謂静者，豈不别生端倪，而陷於异端之説乎?朱子深排之，宜矣。”

曰:“大注末又有體用之説，何也?”曰:“此申明主静之意也。中正仁義，以一動一静言之，則理同勢均，有未可爲輕重於其間者，以一體一用言之，則動有資於静，而静無資於動，此周子所以主静爲立極之要也。故大注於此又引程子論乾坤動静之言以明之，此本《易・繫辭傳》之言也。然孔子以動静平説，其言專直翕闢，猶周子言中正仁義也。程子歸重於静，亦猶周子言主静也。”

或問:“第八節承上文而言君子修之吉，小人悖之凶，亦以中正仁義論之足矣。至於敬，則本文之意，未必及此，而大注必舉之以爲説，何也?”曰:“周子言主静，程子言主敬，二先生之言，豈有异指哉?夫中與仁，動也，正與義，静也，而所謂主静者，動静皆主乎正義也。今以《坤》之六二合而論之，敬以直内則正也，所以静而虚也，義以方外則義也，所以動而直也。二者以其心之無欲而言之，則一‘静’字足以該之，是周子主静之説也。不言敬而敬在其中矣，以其心之無適而言之，則一‘敬’字足以統之，是程子主敬之説也。不言静而静在其中矣，朱子恐學者不得周子之意，而專於静處求之，則又無以操存其心，而卒流於空虚，以至違道之遠，故於此揭敬之一言，以示學者用力之法。蓋曰‘其静也，敬以存之。其動也，敬以察之’。則其湛然無欲者，常主乎中，而所謂静虚動直者，可得而言矣。夫静而虚，動而直，則天理周流，人欲不動，而雖聖人全動静之德者，亦可企而及之。故遂復引《通書》之言而結之曰‘聖可學矣’。此朱子因周子之意而推明之，亦周子之忠臣也。”

或問：“第九節立天之道，曰陰與陽，立地之道，曰柔與剛，是倒言剛柔，以對陰陽也。仁屬陽，義屬陰，當曰立人之道，曰義與仁，而乃先仁後義，則與其言天地者，語例相戾，故袁機仲以仁屬陰，而引揚子之言爲證，亦似有理焉，而朱子非之，何也？”曰：“仁不可以爲陰，義不可以爲陽。揚子所云‘君子於仁也柔，於義也剛’者，蓋謂君子之道，柔於仁而剛於義爾，豈可雜乎此而論之哉？朱子嘗爲袁機仲論之詳矣，然又嘗論此，以爲當以仁對陽而作義與仁爲是，至其所以不以仁對陽，則未之及也，豈謂聖人但取於言順而不必拘焉乎？然據其言柔與剛，不言剛與柔，恐更有未可謂取於言順者。愚不自揆，竊謂‘仁義’二字，在他處爲恒言，在此爲特筆。陰陽，氣也。剛柔，質也。陰與陽，柔與剛，各倚一偏，其勢相敵，故曰‘立天之道，曰陰與陽。立地之道，曰柔與剛’。陰與柔所以爲體，陽與剛所以爲用，皆先體而後用也。至於仁義，則專主乎理而言者也。仁之爲用，豈偏於用乎？義之爲體，豈偏於體乎？非若陰陽异氣，剛柔殊質，相敵而不相通也。况又仁爲衆善之長，心德之全，而義獨爲裁制之理，其不可以義先於仁也，亦已明矣。然仁主發舒，屬乎陽爲用，義主收斂，屬乎陰爲體，此其分，固有不可易者，何必以義先於仁，與陰陽柔剛同例而後知之哉！故聖人於此乃變語例而特异之，以見仁義之於人爲最大，而仁又有以包義，則不與夫陰陽剛柔氣質之一偏者同等，此其所以别於陰陽與柔剛者也。吾故曰‘仁義’二字，在此爲特筆，豈不然哉？後人不察聖人所以屬辭之意，乃附會揚子之言，以爲仁柔義剛之說，則誤矣。朱子於此雖無的說，然嘗有曰‘立人之道，曰仁與義’，則陰陽合氣，剛柔成質，而是理始爲人道之極。然仁爲陽剛，義爲陰柔者，仁主發生，義主收斂，故其分屬如此。”

又《答或人之問》有曰：“仁體剛而用柔，義體柔而用剛。今以此等之說考之，以仁與義，爲陰陽所具之理，又爲各有剛柔，則不得以陰陽剛柔局於氣質者，例而同之，特仁之屬陽，義之屬陰，自不可易已。然則愚之所見，亦不相遠，其或在朱子之所取歟？今不敢臆定，他日當俟識者而更議之爾。”

曰：“周子於此再引《易》，以終一圖之義，其說可得而聞乎？”曰：“此圖論天地人之道盡之矣，然要其實，亦不出乎陰陽二端而已矣。故先引《說卦傳》，以明天地人之道，皆以兩立，所以綱紀造化，終始萬物也。其曰陽，曰剛，曰仁，物之始也。曰陰，曰柔，曰義，物之終也。至於一陰一陽相爲終始，而流行古今無窮已焉，則無適而非渾然太極之一理，故又引《繫辭傳》而明之。蓋生者陽之爲始也，死者陰之爲終也。即生而死之理在，即死而生之理在，故原始反終，可以知死生之說，此其一本兩化，貫徹古今，而發見昭著於玄天幽默之中者。孔子曰：‘天何言哉？四時行焉，百生物焉。’蓋謂此也，故周子以此總一圖之大指，而朱子又以爲不言之妙，亦本於孔子之言矣。嗚呼微矣！”

曰：“原始反終，獨以死生言之，何也？”曰：“一陰一陽之謂道，繼之者善，物之始也，陽之事也。成之者性，物之終也，陰之事也。天下之物，未有不以陽始而陰終者，且如《易》陰陽二端，周流六虚，而逐卦逐爻，隨時隨事，各有定理，不復變動。凡事物之變動而未定者屬陽，可以説生矣。其已定而不動者屬陰，可以說死矣。但死生獨爲始終之大者，言死生，則凡物之始終在其中，故周子於此引之，以明夫天地人之道，不能出乎陰陽二端焉。則其意不專主死生爾，此其所引之意，與《易》之主死生者，小有辨矣，學者詳之。”

曰：“此一節再引《易》之言，大注以爲聖人作《易》大意，而曰周子引之以證其説，何也?”曰：“易有太極，是聖人作《易》之本源也。故其六十四卦，三百八十四爻，所以盡天下事物之變者，亦何莫而非陰陽消長，同條共貫於一理者哉！今此所引《説卦》《繫辭》二傳之言，一言天地人之道以兩而立，一言陰陽兩化通行於一。兩故化，通行於一，此横渠先生之言。此所謂綱紀造化，流行古今，不言之妙者，其於聖人作《易》之意，可謂提其要者，而此圖自太極動静生陽生陰，以下至天地造化之説，聖人立極之事，莫非陰陽兩化，渾然一理之妙，豈不與《易》同歸而一致乎？而其所引之言，又足以證此圖之説矣。然大注必於此節之下解之，以爲周子以《易》證其説者，不獨明本文引《易》之意，又以起下文贊《易》之言也。夫《易》可以證此圖，則信乎此圖可以贊《易》也，故曰：‘大哉《易》也，斯其至矣！’朱子之於周子，可謂能以意逆志者歟?”

極論　伊藤仁齋①

夫子賢於堯舜。

昔孟子論孔子曰：“自有生民，未有孔子也。”又引宰我曰：“以予觀於夫子，賢於堯舜遠矣。”子貢曰：“自生民以來，未有夫子也。”有若曰：“自生民以來，未有盛於孔子也。”見謂宰我、子貢、有若，智足以知聖人，污不至阿其所好，是孟子之所以爲千古之獨見，而漢儒以來所以不能窺其藩閫也。於乎盛哉！伊川云：“語聖則不异，事功則有异，夫子賢於堯舜，語事功也。”愚謂孟子未嘗曰“事功賢於堯舜”，其以事功言者，蓋

①伊藤仁齋（1627—1705），名維楨，字原佐，號仁齋，因其設古義堂講學，故又號古義堂，逝後門人私謚“古學先生”，初奉宋學，著有《太極論》。

臆説，陽明以萬鎰黃金譬堯舜，千鎰黃金譬孔子，亦非也。蓋堯舜，天子而在乎位，孔子，栖栖一旅人耳。其名位敻殊，宜乎人爲此不若彼也，陽明雖高談良知，實不免爲俗見也。或謂《中庸》曰："祖述堯舜，憲章文武。"若孔子之德果賢於堯舜，則當自我作古，奚俟堯舜而祖述哉？是不然身坐堂上，而能辨堂下人之曲直，其祖述之者，祖述其所當祖述，其憲章之者，憲章其所當憲章，皆自祖述憲章之也。宓犧、神農、黃帝之書。謂之《三墳》，言大道也。少昊、顓頊、帝嚳之書，謂之《五典》，言常道也。皆上古神聖繼天立極，然而夫子定特斷自堯舜，而雖上三皇五帝之書，猶在所黜焉，則夫子之道，高出萬古，超跨群聖，猶日月懸天而萬物自明，於是天地之道明，人倫之法定，民無所惑焉。夫子以前，猶無柁之舟至其所至，夫子以後，若舟之有柁有所嚮方，自無所迷，所謂萬世永賴者，獨夫子之謂歟？是蓋有道有德，而有斯事功，其獨以事功言者，鄙哉！學者知夫子之所以爲夫子，而可識其道之大矣。識斯道之大，而後愈可知夫子之所以爲夫子也，徒作言論者，非也。

太極論　伊藤仁齋

太極者，道之極也。道者，萬物之所由生也。天地得之以覆載，四時得之以錯行，日月得之以代明，鬼神得之以詘信，常爲陰陽之根，而不物於陰陽，能作萬物之主，而無形於萬物。雖遠包六合之外，而不遺一塵之細，能亘古今之久，而不離一息之頃，是故天地之大，萬物之品，太極無不在焉。而天地也，萬物也，亦皆莫不根於太極焉。吾觀夫芥子，其始以一粒芥子下地，則生苗成花，乃生數百粒芥子，再以數百粒芥子下地，則數百粒芥子，亦各生數百粒芥子，其數百粒芥子，即一粒芥子之所分，而亦無不各具生生之理，此謂天地萬物，太極無不在焉。其一粒芥子，即數百粒芥子之所藏，而實生生之理，所由出也。此謂天地萬物，莫不根於太極焉。於呼，一而爲萬，萬而本一，分而愈多，藏而愈密，其理不亦精乎？而再求其所以爲一粒芥子者，本實無有，於是時，不可以形名焉，不可以色言焉，謂之有則無形，謂之無則有理，既無有無之可辨，復無終始之可議，此所謂太極之真體也。謂之道，謂之性，謂之未發之中，謂之造化之樞紐，是故太極之妙也，無声無臭，不可得而見也。其流行之端也，有動有静，可得而見也。其動也，陽之生，以爲昼，爲暑，爲生，爲息。其静也，陰之生，以爲夜，爲寒，爲死，爲消。蓋動静者，自然之理勢也。太極者，所以然之妙也。是故動静相乘，陰陽相生，不能獨勝，不能獨離，此爲天地之道，此爲萬物之本。予嘗一日坐齋中，觀檐溜，一滴一止，忽得太極動静之妙，蓋天地之間，不能動而不静，不能静而不動，無物不動静，無時不動静，大凡至於死生之故，盈虚之數，及四體運用，禽魚飛潛，草木動摇，磨礱旋転，皆無不得夫太極之妙，而應於動静之機焉，非引而喻之，非借而明之。嗚呼，深矣哉！承應二年癸巳之歲。

此論與下二篇，俱系初年之作，此篇最其體驗之至者，時年二十七，壯歲志學，鍛煉幾遭，而始會獨見，非輒立説也。此等篇可見矣。《古學先生文集》。

長胤謹識

太極圖説管見　伊藤東涯①

無極而太極。

首提起一句，言理之生氣。無極，理也。太極，氣也。

---

①伊藤東涯（1670—1736），伊藤仁齋長子，名長胤，字原藏，號東涯，又號慥慥齋，逝後門人私謚“紹述先生”。

《易》曰："易有太極，是生兩儀。"太極，即元氣也。而其所以然，則本無声臭之可言，即所謂理也。故曰無極而太極。宋国史舊傳作："自無極而爲太極。"其意亦同，豈周子之舊本歟？《圖解》以太極亦爲理之名，然考下文言動静則曰太極，言真則曰無極，周子之意以太極爲氣，而以無極爲理，明矣。

太極動而生陽，動極而静，静而生陰，静極復動。一動一静，互爲其根，分陰分陽，兩儀立焉。

此言太極生兩儀也，《圖解》引繼善成性分屬陰陽，説萬物之生成者，非矣。此章言陰陽之生，次章言五行之生，至第四章乃言人物之生，此章唯言太極生陰陽耳，非説萬物之生也。

陽變陰合而生水、火、木、金、土，五氣順布，四時行焉。

此言陰陽生五行也。五行一陰陽也，陰陽一太極也，太極本無極也，五行之生也，各一其性。此結上三節推五行而本之陰陽，推陰陽而本之太極，推太極而本之無極，節節推究，明萬殊之一本也。曰太極本無極，則非太極即無極也，益明矣。蓋順而言之，則無極而太極，溯而言之，則太極本無極，皆推氣而原之於理也。

無極之真，二五之精，妙合而凝。乾道成男，坤道成女，二氣交感，化生萬物，萬物生生而變化無窮焉。

此言理氣妙合，斯生人物也，乾道成男，坤道成女，即《書》所謂"惟天地，萬物之父母"之意，故不言陰陽，而言乾坤，《圖解》以乾男坤女，爲人物父母之象者，誤矣。二氣交感，化生萬物，言天地之氣生成萬物，《彖》所云"乾元，萬物資始，坤元，萬物資生"之意。此二句言氣化，下二句始言形化。《圖解》以二氣爲父母二氣，通下四句做形化者，亦非也。言化生萬物，則知天地生萬物之意，非萬物各生萬物也。

惟人也，得其秀而最靈，形既生矣，神發知矣，五性感動而善惡分，萬事出矣。

萬物之生，唯人最靈，既有形焉，斯有神矣。其爲性也，剛善，剛惡，柔善，柔惡，不剛，不柔而中，此五者感乎中而動乎外，或善或惡，各以類分，《圖解》以仁義禮智信五常爲五性者，非也。《通書》以仁義等五者爲德，以剛柔等五者爲性，最可證也。

聖人定之以中正仁義而主静，立人極焉。故聖人與天地合其德，日月合其明，四時合其序，鬼神合其吉凶。

人性之感，善惡不一，故聖人定之以仁義之中正者也。仁而弗中正，墨子之仁也。義而弗中正，楊子之義也。故聖人要之於中正，周子恐人之認中正爲一物，故特下注曰“仁義中正”而已矣。明仁義之不可不中正也，《圖解》以中爲禮，以正爲智，以中正仁義爲聖人之德，可疑也。孟子以來，恒言必稱仁義禮智，未嘗言禮智仁義。又未嘗有以禮稱中，以智稱正者也。如此爲序，則猶言夏冬春秋，言火水木金，言亨貞元利，殆不成語。且据圖解説，則中、仁二者，属陽爲用，正、義二者，属陰爲體。夫動必主乎静，體立而後用行。然則謂仁、禮二者，却卑於義、智，可乎？尤不可解。蓋周子以仁義爲道爲德，至程子始以仁義禮智信爲五性，朱子以中正仁義强解爲五性，本非周子之本旨。《圖解》又以陽動爲用，以陰静爲體，尤見枘鑿，何者？前以動静爲用，其所以然爲體，而今以静爲體，則所謂無極者，非所以動静之理，而祇陰静之氣耳，最可疑也。

君子修之吉，小人悖之凶。

君子得於静，小人失於動。

故曰：立天之道，曰陰與陽，立地之道，曰柔與剛，立人之道，曰仁與義。又曰：原始反終，故知死生之説。

此引《易》以終其説，天之有陰陽，猶人之有仁義也。周子至此，去中正而特言仁義。以配天之陰陽，非以中正仁義爲五性而配五行，益明矣。

大哉《易》也，斯其至矣！

圖説本衍《易》之旨，故以此結之。

太極圖説管見跋　伊藤東涯

甲申之秋，今刑部尚書藤公請先君子講《太極圖説》，予時受其説作論十篇以演其旨，今兹豫州學生義準就予求講，爲告予所得于家庭者，既而輯著其説，名曰“管見”，直述周子之意，其《圖解》之説乖周子之意者，亦稍見其下。若夫周子之説戾聖人之旨者，亦不無也。

何者？古者聖人之所以論天道者，至於乾元資始，坤元資生而止，自是以上本無其説。其所謂太極者，亦唯言元氣耳，而周子於其上面求所以然之故，而曰無極而太極。今審無極之言，本出於老子，聖賢之書未嘗言及也，而以此爲道之本者，何哉？而其以無欲主静爲學之根本，亦益不可曉。《易》之取象也，陽爲善，爲君子，陰爲惡，爲小人，故三百八十四爻其所扶而進者，常在於陽，其所抑而退者，常在於陰。五陰之後一陽始生，故喜而名之曰《復》。其辭曰：“復，剛反也。”又曰：“復，其見天地之心乎？”可見《易》之所云“復”者，貴陽之復也。而今圖説曰無欲主静，《通書》又曰：“利貞者，誠之復也。”《圖解》亦演其説曰：“聖人全動静之德，而常本之於静。”又曰：“體立而後用有以行。”據此則濂溪、考亭所云復者在陰，而其所貴常在静，與《周易》之旨不啻天淵矣。夫推動之本，則固歸於静。尋元之始，則必在於貞。然再溯而求之，則亦不可不歸於動與元，而天地之化育，人事之設施皆在動可見，而静不與焉。所以程子曰：“陰陽無端，動静無始。”而以動之端爲天地生物之心，真合《周易》貴陽之意者也。老莊之學專貴乎静，王輔嗣祖其説以解《易·復·彖》曰：“静，見天地之心。”故程子深非其説云：“非知道者，孰能識之？”圖説之意自符於王輔嗣之説，而程子之所深斥之者，其旨出於老子，而與《周易》之旨背馳矣，若如其説則陰貴於陽，静貴於動，建諸天地，則春夏之生長，不足以爲化，而秋冬之收藏，可以爲造化之本，取之人事，則旦晝之營爲不足以爲德，而夜間之宴息可以爲修爲之源，婦可以先夫，而柔可以制剛乎？此最其可疑者也。程子之不言此圖，其以此乎？《太極圖説管見》。

時寶永四年丁亥之春，平安伊藤長胤謹識

太極圖説十論　伊藤東涯

無極而太極

論無極者理，而太極者氣也，且辨聖人不言理。

“太極”二字，《莊》《列》之書屢言之，而其於儒者之書，則始見於《易》之《大傳》，曰：“易有太極，是生兩儀。”《正義》云：“太極謂天地未分之前，元氣混而爲一。混元既分，即有天地，故曰太極生兩儀是也。”《漢·律歷志》曰：“太極元氣，函三爲一。”是古者之言太極者，皆做一元氣説，而未嘗有以此爲理之名者也。而至“無極”二字，古無其語。柳子厚曰：“無極之極。”邵康節《先天圖説》：“無極之前，陰含陽也。”此亦皆以做氣説，而不言理也。至周子，則曰無極而太極。朱子解之，以爲無極即太極，蓋自無形體之可指而言，則曰無極，自爲萬化之根柢而言，則曰太極。隨其所指，本無差别，今推周子之意，蓋不在此。所謂太極也者，仍指一元氣之混然者，而加“無極”二字，以説一理，蓋言理生氣也，何者？圖説後面，或説太極，或説無極，立言不同，其言動而生陽，静而生陰，則必云太極。言二五之精，妙合而凝，則必云無極，非無極即太極也可見矣。且曰：“五行一陰陽也，陰陽一太極也，太極本無極也。”蓋推五行而本之陰陽，推陰陽而本之太極，推太極而本之無極。其本云者，猶人本乎祖，萬物本乎天之意，推太極元氣之所以然，而本之於無極之理也。倘如朱子之説，則言太極即無極可矣，不須著“本”字，故知周子所謂無極者指理，而太極者乃説氣耳。《圖解》乃曰："上天之載，無聲無臭，而實造化之樞紐，品彙之根柢，非太極之外，復有無極也。"此非周子之意矣，蓋以太極爲氣，則《易·繫》爲語氣而不語理之書，《圖解》之説，毋乃慮此也乎？然聖人之言道、言用而不及體，何用嫌爲？或曰，易有太極，是生兩儀。周子亦曰太極動而生陽，静而生陰，此太極與陰陽，分明是二項事。若以太極爲元氣，則即是陰陽，何須言生，豈有一物之非無極、非陰陽，而名之爲太極者乎哉？曰："天地之間，一氣之屈伸往來耳，其動之謂陽，其静之謂陰，合而言之，則曰太極，分而言之，則曰陰陽。故曰是生兩儀。"其下繼之曰："兩儀生四象，四象生八卦。"蓋儀與象皆氣也，而謂之生者，以漸分漸細而言焉耳。然則太極生兩儀，亦何容疑。

無聲無臭

論《詩》之所謂無聲無臭，本非説理，而"冲漠無朕"亦非儒家之語。

《圖解》云："上天之載，無聲無臭，而實造化之樞紐，品彙之根柢也。"後世言理，祖之以爲此《詩》之説理者也，今審《詩》之意，則殊不爾。此詩本贊文王之德，曰："上天之載，無聲無臭。儀刑文王，萬邦作孚。"蓋言天道固無聲臭之可言，則無如之何，文王之德合乎天，苟法文王，則即法天也。其曰無聲無臭者，猶夫子所云"天何言哉"，及孟子所謂"天不言"者，本非言無聲無臭之中有至理存也。《中庸》引之亦斷章取義，以證聲色化民之末，而非説無極太極之妙也。夫道之浩浩，無今古，無終始，天地萬古如許其覆載焉，人物萬古如許其化育焉，既無體用之可言，亦無顯微之可間。其未應也，静者自静。其既應也，動者自動。不知其孰使之然也，而自不能不然，何所見該體用、貫道器，無形無影，而爲天人之主宰者哉？况以此爲説，則道專屬静，而不足以統動静也。故聖人之言道，皆就已發爲言，而其所以使人爲學者，欲其以惻隱羞惡之心，擴而充之，以得成仁義之德，而未嘗推到其所以然之本體也。而至後世踐履雖篤，研索過深，一則曰虚靈不昧，二則曰冲漠無朕，皆所謂微妙玄通，窈冥昏默之意，而非所以語聖人之道也。解者曰：“彼之虚虚而無，此之虚虚而有。彼之寂寂而滅，此之寂寂而感。”朱子亦云：“禪家則但以虚靈不昧者爲性，而無具衆理已下之事。”又云：“若衹説大本，便是釋老之學，夫使其别在體，則猶之可也。若使在用，則儒釋雖异，而其原一致，何必較其是非异同哉！”蓋佛氏之教，以心法起滅天地，至吾倫理綱常之懿，禮樂刑政之著，皆視爲疏迹，斥爲假諦，其與吾儒异，豈徒有無虚實、體用、本末之差而已哉？而其所云大本者，吾聖人之書素無其説，固不待校其本末异同也。夫《論》《孟》二書，古今之至教，儒家之律例也。二書之中，有言似冲漠無朕者乎？有言似虚靈不昧者乎？不特孔孟爲然，如《大學》係詞諸篇，其言雖有可疑者，然亦無其説矣。可見古者之學，未嘗説到其所以然之故也。自理性之學興，而牽合附會，遷説其説，如夫子所謂“一以貫之”，孟子所謂“盡心知性”者，皆引以爲窮理之説。吾知其不然也。或云：“人之所以爲學者，心與理而已矣。”而不言理，則道無總腦，學無本領，假使盡忠盡孝，衆善兼具，而猶不能射者之偶中紅心，豈謂實知實行者哉？恐其爲無寸之尺，無星之枰。凡百行事無所準度焉。曰：不然也。七十子固可勿論也，周之士大夫，如蘧瑗、寧俞、史魚、子産、管仲、臧孫辰之屬，皆非講窮理之學者也。而夫子之品騭之，各目其長，或稱君子，或稱惠人，或稱其直，或稱其智，或稱其仁，未嘗概以醉生夢死之人斥之也。且自漢已來，忠臣孝子，義士節婦，世不乏人，亦以其非講窮理之學者，而一切斥以偶中，可乎？心誠求之，盡忠爲忠，盡孝爲孝，所尚乎學者，以其稽之古今之迹，質之聖人之言，而罔惑於是非得失之途也。其然，則道何患乎無總腦，學何患乎無本領。雖曰未學，吾必謂之學矣，况於窮理乎！

繼善成性

論圖解所引與《易》之本旨异，且非圖説之本意。

圖説曰：“太極動而生陽，動極而静，静而生陰，静極復動。”解曰：“其動也，誠之通也，繼之者善，萬物之所資以始也。其静也，誠之復也，成之者性，萬物各正其性命也。”此專據《通書》及所引《易》語，以解所謂動静者也，朱子亦詳其説于《通書》解，云：“繼之者，氣之方出而未有所成之謂也。善，即理之方行而未有所立之名也。陽之屬也，誠之源也，成則物之已成，性則理之已立者也，陰之屬也，誠之立也。”審圖解之意，所謂繼之者善，成之者性者，就人物始生而言，其未成屬之陽，已成屬之陰也。今玩周子之意，太極動而生陽一節，就陰陽造化上，而説所以動静之理，未嘗及人物化育之事。下歷三節，至無極之真，二五之精，妙合而凝，乾道成男，坤道成女，而後始説萬物生生之理，而圖解於動而生陽下，既言人物禀受之理，其説似早計矣，而其所謂動而生陽、静而生陰者，乃語氣也。若言其所以然之理，則曰無極而太極，然則其所謂動静者，固不待釋，而《圖解》以“繼善成性”解之，而以善與性爲理之名，此周子説氣，而朱子以理釋之也。若夫問《易》之本旨，則其首乃曰“一陰一陽之謂道”，其下乃曰云云。蓋言一陰一陽者，天道之所以流行而不已者也。其繼天道而充塞兩間者，乃善之道，所謂立人之道曰仁與義是也，其繼之云者，猶繼天之繼，《大象》所謂裁成輔相天地之道，意亦近之。而至其受道之質，則非人性之善，何以成之，故曰成之者性，猶《中庸》叙性、道、教三者，其理不亦明甚也乎！蓋設詞雖异，而至其義訓，則今古彼此，未嘗不一也。觀凡聖賢之言，其曰遷善，曰好善，皆人之善行。理之方行而未有所立者，何以謂之善而屬之於陽耶？曰盡性，曰養性，皆人之性禀，理之已立而物之已成者，亦何以謂之性而屬之於陰耶？亦且參之《通書》，其第一章首引“萬物資始”，及“各正性命”。其次以“純粹至善者也”繳之，而其下乃言“繼善成性”，則周子之意，亦不以善屬陽而以性屬陰也，可知矣。

五行一陰陽

論《易》言陰陽而不言五行，非萬物化生之本。

五行之説，將始於誰乎？始見於《書》之《洪範》，曰“初一五行”，自是之後，秦漢諸儒，專尚其説。以當乾之四德，以配人之五常，以序國運，以分禄命，以屬四時，以辨方位。至於律歷兵刑、巫史醫卜之流，莫不各有分屬，以治其事。吾恐箕子之意，不若是之煩碎迂僻也。今觀《洪範》所叙曰："木曰曲直，火曰炎上，水曰潤下，金曰從革，土爰稼穡。"皆就其見于用者而言之，而未嘗有質具于地而氣行于天之説也。蓋民用之所資雖多，而括其大目，則固不過此五者之外，故聖人之治國，財成輔相天地之道，使民厚生利用，莫大於此，所以叙九疇，首而述之，觀重黎羲和，職司水火，數鯀之不治水土，曰"汨陳五行"，而可見矣。且《夏書》説六府三事，則曰水、火、金、木、土、穀惟修，則是五行可六而府之，《禮運》曰："水火金木，飲食必時。"則是五行可四而時之。觀其與穀而曰惟修，并之飲食而曰必時，則亦其語民用，而非言人物之生受此氣而生也，可知也已。不徒此耳，《易》之畫卦，取象於八，積爻於六。《洪範》有九疇，天有十日，歲有十二紀，則可見天地之數，或可六，或可八，或可九，或可十，或可十二，而非必不五則不可言也。而至後世，以《易》《範》《圖》《書》，引而一之，牽搭攙和，强求其合，而其語相生相克運行之序，則亦穿鑿矛盾，有不必合者，而固不暇舉也。而至曰人之五性禀天之五行而生，則益所不曉，若爾，則人之仁也，受之於木，而發之於肝乎？人之義也，受之於金，而見之於肺乎？况五行者，形而下者也，五性者，形而上者也，而五性出於五行，則是體却後於用而可乎？且孟子每言仁義禮智，而未嘗及信也。蓋既言仁義禮智，則是皆實德，何必慮其虚假，而復加之信也哉！其言五性者，《董仲舒傳》有五性事。自揚雄、應劭之徒，始强配五行耳。故《易》言陰陽，而未嘗言五行也。《書》述五行，而未嘗説陰陽也。各有所專，不相踏襲，然則推五性之本，而原之於五行，則吾不信也。且三代之初，風尚朴古，教化未詳，故崇卜筮，信巫史，多説灾异禨祥之事，《洪範》之所叙是已。降及《春秋》，其説尚見於《左氏》《國語》之間，及孔子氏之作也。啓迪民衷，使人盡力於綱常倫理之間，而不語怪力亂神，固亦不及窮人之何以而生，物之何以而育也。此有若、宰我所以爲賢於堯舜也。至孟子，則益明矣，故五行生成之説，還之星官歷翁、巫醫卜史之事可矣，修爲之方，非所先也。

無極之真

論聖人之學不言理，而理之不可窮。

聖人之言性與天道，皆就氣言之，而未嘗有言理者也。以理爲言，則始於周子，曰無極之真，二五之精，妙合而凝，此後世理氣之説，所由而作也。其説以爲天地之所以覆載，日月之所以照臨，人之所以爲人，物之所以爲物，必有所以然之故。其爲理也，不屬有無，不落方體，散於萬有之廣，而具乎方寸之中，渾然至善，無有邪惡，故名之曰無極之真。而在人則曰性之善，不有以窮之，則無以盡吾心之理，此宋學之所以格物窮理，爲學問之基也。夫理不可窮，則不能以爲學耶？然自古已來，無人之能窮理，而足稱爲人者，何者？理之當窮，無有大小遠近，然言其序，則固當先其大而急其近，而莫大於天地，莫悠久於古今，莫近於吾一身。而窮其窮際，尋其終始，求其所以然，則聖人亦有不能知者矣，此理之不可窮者也。且曰理善而無惡，而人之或爲不善，則曰此氣之所然，而非理之不善也。然天下無理外之物，而萬物各具一太極，則所以使氣然者，豈亦無其理耶？然則其渾然至善之中，亦有淫邪非僻之物，夾雜其間乎？將外渾善至善者，而别有能使爲不善之理乎？此亦理之不可窮者，而至語其人物之异，則或云理同而氣异，或云氣同而理异，亦且支離牽强，不可適從，而欲即凡天下之物，盡窮其理，以造其極者，何哉？若夫古之言天者，莫《易》若也，乃曰："大哉乾元，萬物資始。至哉坤元，萬物資生。"又曰："一陰一陽之謂道。"又曰："立天之道，曰陰與陽。"而未嘗説到其所以然之故也。言性者，莫孔子、孟子若也，乃曰："性相近也，習相遠也。"又曰："人性之善也，猶水之就下也。"又曰："人之有斯四端也，猶其有四體也。"而亦未嘗説到其所以然之故也。然則可知古者聖賢之説道，皆就氣言之，而不及理。所謂太極云者，亦指元氣也，而子貢之以爲不可聞者，亦豈無形無影之理也哉！老子之言曰："有物混成，先天地生。"

又曰：“谷神不死，是謂玄牝，玄牝之門，是謂天地根。”又曰：“窈兮冥兮，其中有精，其精甚真。蓋其無形無影，實有爲萬化之根本者，名之爲道也。”周子所謂無極之真者，無乃取於此，而吾聖人之書，無其説焉。

五性感動

論周子以剛柔善惡中五者爲五性，而不指仁義禮智信。

周子曰：“五性感動而善惡分，萬事出矣。”《圖解》曰：“五常之性，感物而動，而陽善陰惡，又以類分。”此非周子之意矣。周子所謂五性者，指剛柔善惡中五者，而五常則謂之德也。《通書》曰：“德愛曰仁，宜曰義，理曰禮，通曰智，守曰信。”又曰：“性者，剛柔善惡中而已矣。剛善爲直，爲義，爲斷，爲嚴毅，爲幹固。惡爲猛，爲隘，爲强梁。柔善爲慈，爲順，爲巽。惡爲懦弱，爲無斷，爲邪佞。唯中也者和也，中節也，天下之達道也，聖人之事也。”又曰：“剛善剛惡，柔亦如之，中焉止矣。”此在《理性命章》属性，此周子之所謂性與德者，其别可見矣。朱子雖解剛柔善惡皆爲氣禀，而《通書》兩言性皆舉此焉。而至仁義禮智，指以爲德，則其意不亦明乎？此一也。以仁義禮智爲性耶？《通書》曰：“幾善惡。”而其下叙仁義禮智信五者，則善惡在於五性之先。圖説曰：“五性感動，而善惡分，萬事出矣。”則善惡分於五性之後，然則所謂五性之不指仁義禮智信也，亦可知矣，此二也。以仁義中正爲性，則下所言定之以中正仁義者，將何謂耶？定者，聖人定之也，不可言之于固有本性。此三也。其既言五性也，何至下唯言中正仁義，而獨不及信耶？此四也。末引《易》曰：“立天之道，曰陰與陽。立人之道，曰仁與義。”此以人之仁義配天之陰陽也。始以中正仁義配五行，而後乃配陰陽，其言首尾衡决，最不相合。此五也。蓋剛柔善惡中五者，感物而動，而善惡邪正，千差萬别，不可勝言，故聖人定之以仁義之中正者，故曰：“五性感動，善惡分，萬事出矣。”聖人定之以中正仁義，此與《通書》幾善惡下，叙仁義禮智信，及言剛柔善惡中五者，而以“中者，天下之達道也”結之，其意實相表裏矣。蓋《太極圖説》，得《通書》始明，朱子已言之矣。此其二書，體製語脉，如出一揆，可互以相證，而不可各异其説也。故今參之《通書》，原周子之意，以作一圖，載之於左。

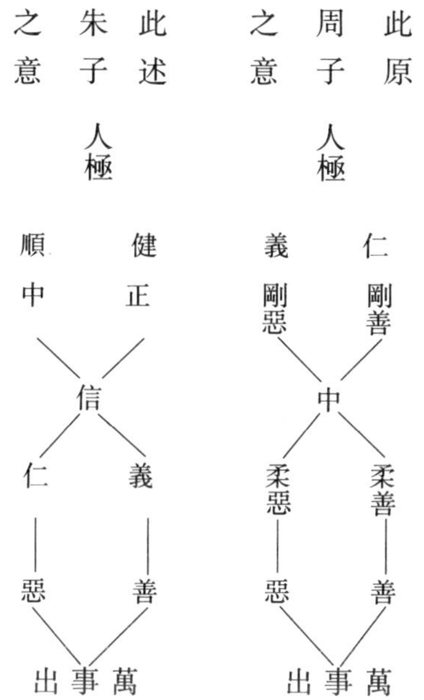

陽善陰惡

論既曰陽善陰惡，而後曰主静則是反其類，《易》以陽生爲復，而《圖解》以静爲復，則其旨不同。

《易》之取象也，因陰陽消長之變，而明世道之升降，人事之得失，陽爲動，爲善，爲君子，爲治世。陰爲静，爲惡，爲小人，爲亂世，故其於《乾》《坤》《否》《泰》《剥》《復》《夬》《姤》之際，每寓抑陰扶陽之意，故曰："復，其見天地之心乎！" 蓋積陰之下，一陽始生，故名之曰復，喜陽之來復也。復者，物失其常而反本之謂，可見《易》之以陽動爲天地生物之本心，而取象於善也。《圖解》所謂陽善陰惡，各以類分是也。而周子圖説曰："定之以中正仁義而主静。"《圖解》亦曰："衆人具動静之理，而常失之於動，聖人全動静之德，而常本之於静。”又曰：“静者，誠之復，而性之真也。苟非此心寂然，無欲而静，則又何以酬酢事物之變，而一天下之動哉！”據此等説，則陽者惡之象，而陰者善之象。《易》之名卦，亦當以一陰始生爲復，而凡《否》《泰》《夬》《姤》，皆迭更其名而後始可，豈然乎哉？蓋程子之所道，則以動之端爲天地生物之心，故深非王弼以静見天地之心之説，乃曰：“非知道者，誰能識之？”周、朱之旨，以虚静爲之本，故朱子以王弼之説，爲與周子同，而亦以程子、蘇季明問答引《復卦》，爲記録之誤。則其是非得失，斷可見矣。從前諸儒，既有疑乎此，乃有静極而動，聖人之復，惡極而善，常人之復之説，此亦調停二説，而亦不自知有所矛盾矣。難者曰，朱子雖以静爲誠之復。而又曰，聖人全動静之德，則未嘗以動爲惡之象也。《易》雖以陽生爲復，而巽兑柔順，亦取陰德，則亦未嘗以静爲惡之象也。况夫子嘗曰仁者静，亦何可執一而論乎哉？蓋不然也，《易》雖不廢陰，而其所貴則常在於陽，朱子固不舍動，而其所主則必於静，則其本旨總腦處，已大不同，何必執其末梢，强費分疏哉！若夫言仁者静者，泛言仁者之氣象耳，非以静爲道之本也，况曰智者動，則其不以動爲惡也，亦可見矣。

定之以中正仁義

論中正仁義，言仁義之中正者，非言仁義禮智。

周子曰：“聖人定之以中正仁義而主静。”本注曰：“聖人之道，仁義中正而已矣。”朱子曰：“聖人之生，又得其秀之秀者，是以其行之也中，其處之也正，其發之也仁，其裁之也義。”蓋以中爲禮，以正爲智，實上文五性也。故朱子曰：“中正仁義，應五行也。”此亦非周子之意矣，周子蓋言仁義之中正者也，何者？周子之學，本出于《易》，而專貴中，故《通書》曰：“聖人立教，俾人自易其惡，自至其中而止矣。”又曰：“優柔平中，德之盛也。天下化中，治之至也。”又曰：“情僞微曖，其變千狀，苟非中正明達果斷者，不能治也。”又曰：“聖人之道，中正仁義而已矣。”是中正之言，見於周子之書者，屢屢如此，而未嘗以中爲禮、正爲智也，豈周子在《通書》則以中正爲中正，而獨至圖說，以中正爲禮智乎？此一也。孟子曰：“辭遜之心，禮之端也。是非之心，智之端也。”又曰：“智之實，知斯二者弗去是也。禮之實，節文斯二者是也。”據此，則禮智與中正，其義甚遠，不可相通。此二也。且仁義禮智，雖相并爲言，而其所重則在仁義，故孟子每言仁義禮智，而未嘗以禮智先之仁義也。此三也。《易》曰：“立天之道，曰陰與陽。立地之道，曰柔與剛。立人之道，曰仁與義。”圖說引此終篇，則是以人之仁義配天之陰陽也，故《通書》亦曰：“天以陽生萬物，地以陰成萬物。”生，仁也。成，義也。是亦以陰陽比仁義，圖說之意，不亦明乎？若如《圖解》，則初以仁義配木金，而後以配陰陽也。此天以木金爲其道，前後不倫，將何適從？此四也。若中正仁義，應天之五行，則將以何物配天之陰陽也？朱子雖以健順配之，而周子本無其說。此五也。況上叙水、火、木、金、土，則亦當具陳五性，而特曰中正仁義，是不必配五行也。此六也。故知所謂中正仁義者，蓋言仁義之得中正者也，仁而弗中正，則爲墨子。義而弗中正，則爲楊子。故周子本注曰：“聖人之道，仁義中正而已矣。”夫周子於此書，一不下注，而特注于此者，蓋恐人之認爲四件事，故倒其語，以明仁義之不可不中正也。若果爲四件事，則正倒其語，本無輕重，固不煩解，假使言之先後有輕重，則亦不下此語。朱子曰：“中正仁義，言生之序，以配水火木金也。仁義中正，以聖人之心言之，猶孟子言仁義禮智也。”此亦不然，若言正中仁義，則固應水火木金，而先中而後正，則亦不以生之序言也可知矣。《通書》曰：“聖人在上，以仁育萬物，以義正萬民。”朱子曰：“所謂定之以仁義也。”若四者相因，則至此不可去中正而特言仁義，而朱子引圖說，亦不能不去“中正”二字，則向所云者，皆可證也。而饒氏以中正爲太極之體，仁義爲太極之用，或云循環無端，互而言之。或曰性之四德，周流動静。皆誤矣，李果齋、吴蘇原，其説可取，而人不肯稱者，何哉？

無欲主静

論無欲主静，與孟子之意异，亦不可以此説仁。

周子云："無欲故静。"朱子衍其説于《大學章句》云："盡夫天理之極，而無一毫人欲之私者也。"即李延平所謂當理而無私心者，而亦以訓仁也。夫欲之於人也，與生俱生，耳之於聲，目之於色，口之於味，鼻之於臭，四肢之於安佚，性也。雖上智豈得能無之乎哉？解者云，所謂欲者，謂人心之流於惡者，若夫耳目口鼻之欲，乃人心之必不能無者。周、朱之旨，豈欲使人絶滅之，如枯木寒灰之無復生意也哉！唯其淫邪非僻，敗度亂禮，名之曰人欲。周子所謂欲者，乃指此耳，而《中庸章句·序》所述可見矣。曰不然也，孟子曰："養心莫善於寡欲，其爲人也寡欲，雖有不存焉者，寡矣，其爲人也多欲，雖有存焉者，寡矣。"《集注》曰："欲如口、鼻、耳、目、四支之欲。"而周子作《養心亭説》，乃引孟子之言，而曰"養心不止於寡而存爾，蓋寡焉以至於無，無則誠立明通。"朱子後述其説於《圖解》云："寡之又寡，以至於無，則静虚動直，而聖可學矣。"然則周子所謂欲云者，即指聲色臭味人心所必有者言之，而非言淫邪非僻之欲可知矣，而欲無之者，得無與夫反觀内省，游心於虚無冲澹者同乎哉！若將以爲淫邪非僻之欲耶？則是流連荒亡，蠱乎色，黷乎貨，乃聖賢之所深戒，而孟子教之寡者，不幾於容人之爲惡，而與莊周所謂"爲惡無近刑"者類乎哉！吾知其不然也，此無欲之所以不可爲訓也。而至以此解仁，則亦益可疑也。夫仁，實德也，人各有不忍之心，苟擴而充之，則仁斯得矣。故殺不辜，虐孤獨，固謂之不仁。而中無其實，而巧言令色，以悦可人心，亦謂之不仁，皆以其能忍而言之耳。自以當理無私心訓仁，而仁與清無别矣。而夫子之論陳文子也，許其清而不與其仁，朱子曰："其心果見義理之當然，而能脱然無所累乎？抑不得已於利害之私，而猶未免怨悔也。"苟如此，則文子之爲人，污雜茫昧，不唯不得爲仁，而亦且不得爲清矣。既謂之清，則豈有怨悔乎？故以無欲訓仁，則其弊必至於此也。

體立用行

論古者無體用之説，而又不可以陰陽爲太極之體。

《圖解》云："太極者，本然之妙也。動静者，所乘之機也。

太極，形而上之道也。陰陽，形而下之器也。”可見太極之爲體，而動静之爲用也。而又曰：“陰之静也，太極之體所以立也。陽之動也，太極之用所以行也。”乃曰“體立而後用有以行”，然則所謂太極云者，即陰之静者，而非統動静之理也。此不唯與大《易》貴陽之意乖馳，而於其所謂道器精粗之分者，亦且混合無别。乃至一書之中，前後不相合矣。蓋古者無體用之説，而其修爲之方，皆就用處而言之，《易·彖》屢言時用義用，皆唯言卦之材用，而非對體之用也。其曰《易》無體者，亦形體之體，而非言理也。佛氏之爲教也，蔑其天倫，廢其禮樂，專觀一心，寂滅爲樂，而其處世治人、應酬交接之不得已者，亦不能盡廢之，於是乎真俗體用，色空權實之説興。既然，則自不能不以體爲主，而必貴静焉。《易》學者流，或言體用，及至宋朱氏，其説彌盛，錯綜繁密，有不可勝言者矣。蓋其學專以理爲主，則亦自不能不言體用之説，亦自不能不倡主静之説，而不覺與《易》《論》《孟》等書相枘鑿也。而亦證之他書，則正心誠意者，先用而後體，慎獨戒懼者，動静交致其功，則與所謂主静者异矣。而《圖解》初以仁爲用，後以仁爲體，乃曰：“以陰陽言，則仁爲用，以存心言，則仁爲體。”此其分疏多端，不可適從者，要自倡一個“理”字始矣。或曰，形而上者謂之道，形而下者謂之器，安得謂古者無體用之别乎哉？曰：不然也。夫形者，方圓、大小、輕重、多寡，手可持，足可履者，在目爲色，在耳爲聲，《大傳》所謂形而下者，蓋指蓍龜之類而言，故謂之器。而其吉凶悔吝，《易》之所以爲道者，乃非方圓多寡之可言者，故謂之形而上。安得以卦爻陰陽爲器，而其理爲之道乎哉？又安得有一個無形無影物，爲之主宰，而謂之道乎哉？又曰：“見乃謂之象，形乃謂之器。”若謂卦爻陰陽爲器，則亦安得别言象也哉！何必得執此語，以爲古有體用之説耶？蓋《易》本明陰陽消長之變，以示人事之得失，故尚可言其异同也。至於《論》《孟》，則素無其説，然則體用之説，學者不講可矣。

明和二年乙酉二月五日校訂完。善韶

東涯漫筆　伊藤東涯

《太極圖解》云："造化之樞紐，品彙之根柢也。"蓋以理爲萬物生生之本也。不然，萬物之所以生生之本，皆資一元氣以生，而理不足以主宰之矣。今有一顆梅子，種之則不日而芽，枝葉盛長，分百千萬億梅子。宋儒之説曰，此有所以生生之理而然。然試以核子錐刺湯煟，則殼實雖具，不復芽矣，生氣絶也。若言其理，則生死聚散，皆理爲之主宰，天下無理外之物，雖枯草朽株，實無其理也哉！然生氣一絶，則不復生生，故知萬物之所以生生者，有元氣以生之，而理不足以主宰之矣。視之天地，則乾元資始，坤元資生，猶人之有元陽也。理不足以宰之矣。四端之在人亦然，不可於其上面求理也。

宋儒之學，有體用之説，又有理氣之説。此二者宋儒學問之關鍵，而覺自相矛盾矣。何者？據體用之説，則寂然不動者爲體，而感而遂通者爲用。在《中庸》則未發之中爲體，已發之中爲用。此静爲體而動爲用也。據理氣之説，則陰陽動静爲氣，而太極爲理。圖説曰"太極動而生陽，静而生陰"是也，夫理與體豈有二乎哉？而在《中庸》則静爲體而動爲用，在圖説則動静爲氣，而又主動静者爲體也，此最不可曉。

據《太極圖説》所云"太極動而生陽，静而生陰"，則所謂理也者，乃所以主宰動静二氣者也，而又以動静爲體用，則動爲用，而静爲體，則所謂理也者，乃專屬静之物矣。夫理者，一也，以爲主動静之物乎？以爲偏乎静之物乎？《圖解》中此二説自相矛盾矣。九月三日。

宋儒之説有理氣體用二項，就天道上言，則太極爲理、爲體，陰陽爲氣、爲用，理即體，氣即用，非有二端也。就人性上言，則本然氣質，理氣之謂也，未發已發，體用之謂也。此二者不同。癸巳八月廿五日。

日本濂溪志卷之四　通書志

通書志學章告朋友説　山崎闇齋

《小學·嘉言篇》敬身、《近思録·爲學》類，皆載此章。良有以夫，盖君子修己以敬，則士而及於賢，賢而及於聖，而與天地合其德，君子之爲學也，如此而已矣。《書》曰："若升高必自下，若陟遐必自邇。"《詩》曰："高山仰止，景行行止。"子曰："詩之好仁如此。鄉道而行，中道而廢，忘身之老也，不知年數之不足也。俛焉日有孳孳斃而後已。"君子能之孰禦，勿爲冉求之畫。山崎嘉敢告。《山崎闇齋全集》第二卷。

通書管見序　伊藤東涯

昔濂溪周子不由師傳，默契道體，而二程子親受其旨，朱子宗其説以解經明道。後之欲考堯舜孔孟之道者，賴朱子之力，而朱子之學實本乎周子。然之四君子之所道，既皆不盡同，而較之聖人之旨，則亦皆不能無不相合者也。以剛柔善惡爲性，而以仁義禮智爲道，則周子之意不甚戾於孔孟之旨，而朱子不肯從其言。無欲爲作聖之要，利貞爲誠之復，則周子之見，大乖聖人之道，而朱子不復革其説。此其大綱之可言者然也。今之學者，雖知求之于朱子，而溯之程子者希。知求之于程子，而原之周子者亦益希。况肯稽之于孔孟之道，以驗其是非得失哉？且朱子之書義理精細，蠶絲牛毛，其所旁引以爲聲援者，既博且密。而非初學晚進之所驟而可窺其閫奥也。混同模糊，隨聲附和，其不爲誣先賢，而誤後學者希矣。

愚不肖，幸賴先君子之遺緒，夙誦聖人之書，既而退讀先儒成書，熟味其義，其所以不皆同者，與其説之所由而來者，蓋亦不可誣也。夫聖人之道也實，而虚而求之，聖人之道也寛，而緊而求之，此賢智者過之之弊也。故先儒翼聖衛道之心，非不深且篤也，而求之於高，求之於緊，所以度越於漢唐諸儒箋傳文辭之陋，而還乖《中庸》之訓。予向著《太極管見》及《十論》，今茲因講《通書》，反覆参訂，有以知其源委之所自，仍録《管見》以爲一册，藏之于家，是爲《通書管見序》。時寶永六年己丑臘月十七日，伊藤長胤撰。《通書管見》。

通書管見　伊藤東涯

誠上第一

誠者，聖人之本。

胤按，《通書》首言誠二章，上言天之誠，下言聖人之誠，其言誠，雖本於《中庸》，而其主意則不同。《中庸》曰："誠者，天之道也，誠之者，人之道也。"誠者，不勉而中，不思而得，從容中道，聖人也。誠之者，擇善而固執之者也，蓋言無所作爲，而自然中道爲誠，其言天之道者，藉自然之天，以賛聖人之德，非直以誠爲天之實理也。周子以誠爲實理，第一章説天之實理，第二章説聖人之實理。天者人之本，故此章言誠者，聖人之本，第二章言聖人，誠而已矣。

元亨，誠之通。利貞，誠之復。

胤按，春夏，氣之方通，謂之誠之通。秋冬，理之復本，謂之誠之復。蓋以復陰爲復也，此與《易》之旨异矣。《易》以五陰之下一陽來復，名卦曰《復》，而《彖》曰："復，其見天地之心乎？"則此以復陽爲復也。今以利貞爲誠之復，則所謂無欲主静之意[1]，而下章以寂然不動爲誠者，亦然。程子《易傳》於復之象，深非王弼以静見天地之心之説，適爲此焉耳。大抵周子之學祖《易》《中庸》，而出入老子《致虚極章》[2]，曰："致虚極，守静篤，萬物并作，吾以觀其復。"夫物芸芸，各歸其根，歸根曰静，静曰復命，復命曰常，知常曰明，分明以静爲復也。老子之教，槌提仁義，絶滅禮樂，固雖與周子之道不同，而其守静歸根之説，則周子所謂"利貞，誠之復"者也。

誠下第二

誠，五常之本，百行之源也。

胤按，周子曰："誠者，五常之本。"又曰："五常百行，非誠非也。"注以仁義禮智信爲五常，據程朱之意言，則信實理也。仁義禮智非信不有，猶水火木金之非土不生也。然則所謂信者即誠之謂也，仁義禮智有信而後實，而復言誠，豈非重復乎？信既是誠，亦何言誠，是知周子所謂信即忠信，必信之信，而非言實理也。觀下文曰"守曰信"可見矣。或曰："仁義禮智信，列而言之古乎？"曰：否也。《論語》并言仁智，《中庸》言仁義禮，至孟子始言仁義禮智，而以惻隱、羞惡、辭遜、是非之心爲之端，生人之道備矣。其并信而言之，始見於《漢書·董仲舒傳》對策之言也。其後班固《白虎通》、楊雄《法言》，皆言之。前乎此未嘗之聞也，何者？仁義禮智是天下之達德，百行之所取法，信是敬恕等，一般屬修爲，雖是好事，然無準則之可言，必以禮義爲則，而後能可行，故曰信近於義，恭近於禮。又曰："言不必信，唯義所在。"皆言信之以禮義爲則也，故知不可以信配仁義禮智，而謂之五常也。

五常百行，非誠，非也，邪暗塞也。

---

①底本此處注云："圖説。"

②底本此處注云："老子。"

胤按，“邪暗塞”對上文“至正明達”而言。邪者正之反也，暗者明之反也，塞者達之反也。蓋五常百行，苟無其實，則静而邪，動而暗塞，皆非也。

故誠則無事矣。

胤按，唯曰無事，則恐人或認爲絶學無爲之義，故注内補入“衆理自然，無一不備”二句，蓋無事云者，無所作爲之謂，非無一事之謂也。

誠幾德第三

誠無爲，幾善惡。

胤按，朱子立説，以爲人性之未發，渾然至善，無惡之可言，及其已發也，有善有惡，善者自理而出，惡者自氣而來，善爲正宗，惡爲庶孽。今玩周子之旨，其命意與朱子不异，而立言則不同。朱子以性善通未發而言，周子則以善惡爲已發以下之事，而於未發之時，既不言惡，亦不言善，蓋此時無善惡之可言，故曰誠無爲，及其動于幾，而後有善惡，故曰幾善惡。所以圖説於無極之真之後，則曰“五性感動而善惡分，萬事出矣”。蓋周子之所謂善惡，即世之所謂善惡，故不可言于無爲之時。朱子移上性善之善，於未發之時言之，故以善爲渾然之善，未涉於事者説，延平所謂性之動静、真僞、善惡，非世之所謂動静、真僞、善惡，即是也。

德愛曰仁，宜曰義，理曰禮，通曰智，守曰信。

胤按，朱解以誠配太極，善惡配陰陽，五性配五行。夫太極生陰陽，陰陽生五行，則所謂仁義禮智信者，亦出于善惡二者耶？朱子固曰《通書》從頭是配合，但此處却不甚似，是知周子不以五性配五行，而所謂五性感動者，言剛柔善惡中五性耳，非言仁義禮智信五者也。蓋仁義禮智四者，古聖賢之言，或以爲道，或以爲德，周子亦不异其義。此所云“德愛曰仁”等是也，其以爲性，則自程叔子而下矣。漢唐諸儒雖或以爲性，而朱子之所祖者，程叔子也。今謂之五行之性，則大乖周子之旨矣。且朱子之意，以爲五性之有信，猶五行之有土也。五行非土不成，五性無信不實，今玩周子之意曰守曰信，則是忠信之信，而非實理之信也。楊子《法言》曰：“仁，宅也。義，路也。禮，服也。智，燭也。信，符也。”周子所謂守曰信，其意相似。朱子所謂信，祇似周子所謂誠，辨亦詳于前。

復焉執焉之謂賢。

胤按，或曰：“此章曰復焉執焉之謂賢，則是復仁義禮智之性也，何得以此五者爲德而非性哉？所謂德者，恐亦是德性之性。”曰：“據朱子之意以觀之，則誠如其說。今審《通書》之旨，以誠爲人之本，所以曰‘誠者，聖人之本’，又曰‘聖人，誠而已矣’。”此章首曰“誠無爲，幾善惡”，而繼之以仁義禮智信，未結以復焉執焉，則知周子所云復者，在復於誠而已。仁義禮智者，其所以修爲而至之也，蓋審幾之善惡，以行仁義禮智，而復無爲之誠也，故曰元享誠之通，利貞誠之復，可見所謂復者，非復仁義禮智之性也。

聖第四

寂然不動者誠也，感而遂通者神也，動而未形，有無之間者，幾也。

胤按，周子所謂誠者，與《中庸》《孟子》不同，既論於上，畢竟通天人而指未發之體而言，即程子所謂在天曰命，在人曰性，朱子所謂太極者也。然朱子所謂太極者，兼動静，該體用，而無所不在也。而周子所謂誠無爲，及曰“寂然不動者，誠也”，則專爲未發之體、至静之物，豈非朱子所謂歪尖不正當太極者乎？此似老子所謂“致虚極、守静篤”之説，而非聖人之旨矣。然則圖説所云太極動而生陽、静而生陰者，蓋指一元氣而言，而其上面一層無声無臭處，是謂無極耳。

慎動第五

動而正曰道，用而和曰德，匪仁，匪義，匪禮，匪智，匪信，悉邪也。

胤按，用而和曰德，而下曰匪仁義禮智信，則邪也，則周子以仁義爲德，而其所謂德者，亦且指發於用者，而非言未發之理也明矣。

道第六

聖人之道，仁義中正而已矣。

胤按，周子之學專祖《易》，故此書及《太極圖説》皆以“大哉《易》也”稱之。《易》貴中正，故周子不唯曰仁義，而必曰仁義中正。《太極圖説》亦曰聖人定之以中正仁義，蓋曰仁義中正者，言仁義之中正者也，曰中正仁義者，言所中正之仁義也，非以中正爲禮智也。朱子以仁義禮智信爲五性，牢配五行，遂解中正爲禮智，若然則是禮智先于仁義，周子之意恐不在此。

師第七

或問曰："曷爲天下善？"曰："師。"曰："何謂也？"曰："性者，剛柔善惡中而已矣。"

胤按，此章舉剛柔善惡中五性之不同。而標的之以中和，即《太極圖説》所云“五性感動而善惡分，萬事出矣，聖人定之以中正仁義而主静，立人極焉”之意。然則圖説所言五性感動者，乃指剛柔善惡中五者爲性，而非以仁義禮智信爲五性也明矣。注則云此所謂性，以氣稟而言也，蓋對五性爲本然之性爲言。

或云："周子以剛柔善惡中爲五性，而孟子專言性善，而朱子專倡孟子性善之説，而亦祖周子，則孟、周之旨，豈有二致哉？然則所謂剛柔善惡中，則氣之性，而復有本然至善之性乎？"曰："不然。程子專尊孟子，倡性善之説，周子則祖《易》《中庸》，而不必述孟子，故《圖説》《通書》中罕引孟子。意者性善之説，非周子之所取，朱子祖孟子，而宗周、程，不欲立异於其間，故調停兩可，以就其説。孰知周、程之説，既與孟子之意异，而程子之説亦不復與周子同，何必强求其符同也哉！"

又曰："此章祇言人之性稟不同，聖人立教，要之於中，此師之所以貴也，故名章曰‘師’。本無陰陽剛柔、四象八卦等説，若以天道而配之人事，則周子嘗於《太極圖説》以陰陽配仁義，此書中亦屢見其意，注内所辨剛柔、兩儀、八卦、五行詳略不同之説，於此章尤無攸當。且五性感動以爲五常之性，則所謂仁義禮智信以配天之五行者，皆爲好事。此書則以剛柔善惡中五者爲五性，則亦有惡者在其中，亦以爲配五行，可乎？可見周子所謂五性者，此章所叙是也。而至仁義，則以爲人道之極，而欲其適中也。此章首舉五性而以中結之，乃與圖説言五性感動，而繼以中正者其意一般。”

又曰：“周子言五性，是泛通天下之人，言其禀性之不同，有此五種也。朱子則唯爲一人性中之别，此章第四節、六節注可見矣。蓋周子所説猶韓文公性有三品之説，而裁之以中也。朱子專以五性配五行，故不同耳。

順化第十一

天以陽生萬物，以陰成萬物。生，仁也。成，義也。

胤按，以仁義配陰陽，其證亦可見矣。

治第十二

仁義禮智四者，動静、言貌、視聽無違，之謂純。

胤按，動静言貌視聽，無違仁義禮智謂之純，則周子以仁義禮智爲德，而不謂性，益可知矣。注曰：“仁義禮智，五行之德也。動静，陰陽之用，而言貌視聽，五行之事也。德不言信、事不言思者，欲其不違，則固以思爲主，而必求是四者之實矣。”尤可疑也。周子常以仁義配陰陽，而又曰動静言貌視聽，未必取象于陰陽五行也。然則德不言信，事不言思，亦不必要分疏。

動静第十六

水陰根陽，火陽根陰。

胤按，水陰根陽，火陽根陰，即一動一静互爲其根之意，言陰陽互根也。注謂水生于一，故言根陽，火生於二，故言根陰。此以天一生水，地二生火而言也，恐不在此。

樂上第十七

優柔平中，德之盛也。天下化中，治之至也。是謂道配天地，古之極也。

胤按，優柔平中，一人之中，天下化中，天下之中，樂之感人，其德尚中，化中不必要改作和成。

聖學第二十

“聖可學乎?”曰:“可。”曰:“有要乎?”曰:“有。”請聞焉。曰:“一爲要。一者無欲也,無欲則静虚動直。静虚則明,明則通,動直則公,公則溥,明通公溥,庶矣乎。”

胤按,以無欲爲作聖之要,始見於周子之書矣。《太極圖説》則曰無欲故静,《通書》則曰無欲則静虚動直。前乎此,何晏之解《論語》,注“仁者静”,則曰“無欲故静”,然後儒之所祖而述者在周子,而朱子專倡其説,此後世學者之所遵守,而跂及焉者也。孝諸聖賢之書,《詩》曰:“思無邪。”《書》曰:“無教逸,欲有邦。”《論語》曰:“君子有三戒。”孟子曰:“養心者,莫善於寡欲。”《禮》曰:“欲不可長。”《易》曰:“懲忿塞欲。”蓋欲者,人之所必有者,易過而不可滅也,故戒之,寡之,窒之,而未嘗言無之也,而亦必制之有禮有義,安之有命,故曰“從心所欲不逾矩”,又曰:“非禮勿視,非禮勿聽,非禮勿言,非禮勿動。”孟子曰:“口之於味也,目之於色也,耳之於聲也,鼻之於臭也,四肢之於安佚也,性也,有命焉,君子不謂性也是也。”蓋人之有欲也,猶水之有流也,欲其疏導通利,不致決溢,而無絶其流、涸其源之理。聖人之以禮義治人欲,猶導水而由其道也。夫所謂欲者,將指何耶?不過曰飲食、男女、居處、衣服而已耳。人有生則有斯心,有斯心則有斯欲,將如何得無其欲哉?放辟邪侈之心,固不可有也,而不以禮義爲之準,則亦不可知其爲非心也,故聖賢之書,無無欲之説。

理性命第二十二

厥彰厥微,匪靈弗瑩。剛善剛惡,柔亦如之,中焉止矣。二氣五行,化生萬物。五殊二實,二本則一。是萬爲一,一實萬分。萬一各正,小大有定。

胤按,此章衹三節,名曰理性命,第一節曰“厥彰厥微,匪靈弗瑩”,則所謂體用一源,顯微無間之理也。第二節曰“剛柔善惡中”,則所謂氣質之性,而非仁義禮智之性也。第三節曰“五殊二實,二本則一”,又曰“萬一各正,小大有定”,則是乾道變化，各正性命，而萬有不同之命也。其言理、言命雖仿佛乎程朱之旨，而至言性則大不相同，乃指氣質之性，而不言本然之體，最爲近古。朱子祖周、程氏，而於其學脉旨趣之間，不復判其同异，滚爲一家同脉之學，然言復則有動静之殊，言性則有理氣之差，言仁義則或以爲性，或以爲德，不可不辨其别焉。

寶曆十年庚辰之夏六月念五日，精訂卒業。善韶

通書管見跋　伊藤東涯

夫聖賢既徂言岐旨隱，是以後世學者各异門户，自以爲是而紛紛藉藉，莫之適從。不知聖賢之道誠之於身，誠之於事，誠之於言，誠之於書，各因其常之所實，與其質之所近，而爲之教，未曾説一理渾然之體也。斯道湮淪既二千載，而濂溪周子出焉，不依師傳，而有默契獨得者，遂筆之書目曰《通書》，河南二程子及朱子實受厥旨，則二子之學有所本焉。然周子之學，雖不能無詭乎聖道，而厥於旨趣，稍爲近古。程朱雖有所本，而其所主者專在理也，故雖或誠之於身，匪理不爲。雖或誠之於言，匪理不道。雖或誠之於書，匪理不傳。一體微妙，殆如超悟般若，此所以與周子大不相同。而卒至道之不明者，職斯之由，吾紹述先生繼述先訓，矯矢一世，於是先王孔孟之道有所明且傳，而海内始知所嚮矣。然世之學者，猶且以爲宋氏之學一轍而無所涇渭，概以《通書》爲程朱之流，鹵莽甚焉。故著《通書管見》一篇，舉其所本者與其所异者而辨之，分疏明白，最盡精微。此非明氏博登徒之所得而知者也。直向執經，侍其絳帷 ，□□其言，嗟乎，今也見背，駒隙易過，十有七年于兹矣！今兹休告在□，庶讀其書，則如復□謦咳，親承其言，因與東所先生相謀，遂命工鋟梓，傳諸人間，四方同志其勿忽諸。

寶曆壬申秋八月，門人、豐州原田直謹識，寶曆十庚辰年二月，平安書林文泉堂間之町御池上町林權兵衛發行《通書管見》。

通書管見序 伊藤善韶①

朱子之學祖述周子之學，而與周子之旨异者有，周子之所説不能無詭于孔孟，而朱子之解《通書》亦不能無詭于周子也。而近世之學者唯知求之朱子，而不知講究源委，則焉得溯於洙泗之淵源乎？先君子有嘆於此，故講《通書》之次，明辨中正仁義五性等周子之意所在，而漸成册，以著“管見”，其爲後進反覆辨别，殆如指掌矣。韶也不肖，夙受先緒，以稽古爲事，徒知辱一經之遺教耳。今茲寶曆丙子，欲壽諸梨棗以貽同志，因題於其首云。

子善韶頓首拜撰《通書管見》。

筆記周子通書解序 中村惕齋②

《性理大全集釋》云：“按潘志，先生所著有《太極圖》《易説》《易通》。”朱子曰：“《易説》，世元傳本依經以解義者，此則通論其大旨，故曰《易通》，特不知去‘易’字而曰《通書》，始於何時尔。”山崎闇齋曰：“先生淳熙丁未九月甲辰作《周子通書後記》，《性理大全》以後記爲序，非也。”欽按，然於其章句大字之間四句見不我欺，謂其自見之明而不惑，信之

①伊藤善韶（1730—1804），伊藤東涯第三子，字忠藏，號東所，著有《周易经翼通解》十八卷《释例》一卷。

②中村惕齋（1629—1702），著有《四書示蒙句解》《訓蒙圖彙》等。

篤而不疑也，顧自始讀六句，十二年爲一紀，三紀共三十餘年，前哲指周子此言，今讀此書久之，而後方粗有得，乃慨去周子之時既遠，而難得其妙旨，又懼去之愈遠，而傳之愈失，故不自量而爲之注釋也。

筆記周子通書解　中村惕齋

誠上第一

《性理大全》注云：“此篇論天以實理賦予於人，而爲性命之本原也。”

誠者，聖人之本。

朱子曰：“誠是實理，自然不假修爲者也。”又曰：“此言本領之本，聖人所以聖者，誠而已。”黄勉齋曰：“誠即是實如一個物，看頭透尾，裏面充足，無一毫空缺處。”

大哉乾元兩節。

朱子曰：“大哉乾元云，這段是説天地生成萬物之意，却不是説人性上事。”

純粹至善者也。

朱子曰：“如説純粹至善，却是統言道理通繳上文。”問：“純粹至善者也，‘至善’二字與《大學》中‘至善’同否?”曰：“純粹至善，猶曰純粹而至善云耳，‘至善’字與《大學》同理也。”

故曰：一陰一陽之謂道節。

首句本義云：“陰陽迭運者，氣也，其理道也。”欽按，本文衹是就陰陽上直指其本體爲道而已，本義則分析發揮，使人易曉。一者字要看，盖氣者，形而下之器，而其所以迭運之理是形而上之道也。朱子曰：“繼是静之終，動之始也。”又曰：“成是凝成有生之意。”欽按，凡物生於陽動，而成於陰静，陽動常在前静後静之間，而接續造化之功，故以繼爲静之終，動之始也。兩“之”字承道説，兩“者”字是指其所繼成之辭，非謂所以繼成者也。陳北溪曰：“‘繼成’字與‘陰陽’字相應，是指氣而言善，‘性’字與‘道’字相應，是指理而言，朱子有説。此夫子所謂善是就一物未生之前，造化原頭處説。善乃重字，爲實物，孟子所謂性善，則是就成之者性處説，是生以後事。善乃輕字，言此性之純粹至善耳。”朱子曰：“一陰一陽之謂道，太極也。”又曰：“一陰一陽之謂道，一句道證誠之源，至誠斯立焉二節，繼之者善又證誠之源一節，成之者性又證誠斯立焉一節。”

元亨，誠之通節。

《性理》注云：“此即上文所謂萬物資始，各正性命之意也。”朱子曰：“利貞誠之復，乃回復之復，如人既去，而回在物，歸根復命者也。不遠而復，乃反復之復，反而歸其元地頭也。誠復就一物一草，一本看得復善，則如一物截然到上面窮了，却又反歸到元地頭，誠復衹是就去路尋得旧迹回來。”又曰：“氣行到這裏，住着便之一在這裏，既立在這裏，則又從這裏做起。”又曰：“一歲有一歲之運，一月有一月之運，一時有一時之運，雖一息之微亦有四個段子，恁地運轉。”又曰：“繼之者善，造化流行，萬物方資以始，而未實也。成之者性，物生已實，造化與物各藏其用，而無所爲也。在人則感物而動者，通也，寂然不動者，後也。四德則各二，而誠無不貫，安得不謂五行之性乎?”吴臨川曰：“造化之運，動極而静，静極而動，動静互根，歲歲有常，萬古不易。其動静各定時，至若人心之或與物接，初無定時，或動多而静少，或静少而多動，非如天地之動静有常度也。”

大哉《易》也節。

朱子曰：“易有兩義，一是变易，便是流行底。一是交易，便是對待底。”問：“《正義》云，‘易者，变易之總號，代换之殊稱，乃陰陽二氣生生不息之理’，此數句亦説得好。”曰：“天地之間，别有甚事，衹是陰與陽兩個字。”又曰：“大哉《易》也，性命之源又通徼上文。《性理》注云，天賦爲命，物受爲性，根源皆繫於《易》，此《易》所以爲大也一說。”朱子曰：“《説卦》云窮理盡性，以至於命，言聖人作《易》，窮天下之理，盡人物之性，而合天道，所以説性命之源。”

誠下第二

朱子曰：“上章言聖人之誠即天道之誠，下章言祇誠者人之道也。”

聖誠而已矣。

朱子曰：“天地無不實，寒便是寒，暑便是暑，更不待便他，恁地聖人仁便真個是仁，義便真個是義，無不實處。”又曰：“聖，誠而已矣，即《中庸》所謂惟天下至誠者，指人之實有此理而言也。”真西山曰：“天之春而夏，夏而秋，秋而冬，晝而夜，夜而晝，循環運轉，一貞不停，以其誠也。聖人之自壯至老，自始而終，無一息之懈，亦以其誠也。”

誠五常之本節。

朱子曰：“誠是通體地盤。”

静無而動有節。

朱子曰：“方其静時，動之理已在。伊川謂當中時，耳無聞，目無見，然見聞之理在始得及動時，又祇是這静底耳。”又曰：“祇爲至誠貫徹，實有是理。無端無方，無三無雜。方其纔當作未感，寂然不動，及其既感，無所不通。”

五常百行節。

欽按，非也，謂名雖個物事，而實非個物事也。五常以德言，朱子曰：“理一也，以其實有，故謂之誠，以其體言，則有仁義禮智之實，有其用言，則有惻隱羞惡、恭敬是非之實。故曰：‘五常百行，非誠非也。’盖惡無其實，又安得有是名乎？”

故誠則無事矣三節。

問：“果而確，果者陽决，確者陰守。”曰：“此是一事，而首尾相應，果而不確，即無所守確而不果，則無所决，二者不可偏廢，猶陰陽不可相無也。”

故曰克己復禮節。

朱子曰：“克己復禮，則事事皆是天下之人聞之見之，莫不皆與其爲仁也。"

誠幾德第三

欽按，此章論德性之體用，而因舉體此德之人，聖賢之品，題則非某所主矣。

誠無爲。

朱子曰："誠，實理也，實理該貫動，而其本體則無爲也。"欽按，誠者，人心本然之天理。方其静也，固無所作爲，方其動也，亦不爲人爲所制，故總謂之無爲。

幾善惡。

朱子曰："幾者動之微，動則有爲，而善惡形矣，誠無爲則善而已。"又曰："誠是實理，無所作爲便是天命之性，喜怒哀樂未發謂之中。幾者動之微，微動之初，是非善惡於此可見，一念之生不是善便是惡。"問："注云動於人心之微，則天理固當發見，而人欲亦已萌，天理便是道心，人欲便是人心否?"曰："然。"又曰："濂溪言誠無爲，幾善惡，纔誠便行其所無事，而幾有善惡之分，於此之時，宜常窮察，識得是非。其初乃毫忽之微，至其窮察之久，漸見充越之大，決然有個道理開裂在這裏，以幾微之決善惡之分也。若於此分明，則物格而知至，知至而意誠，意誠而心正，身修而家齊，國治而天下平。"又曰："又心下自是有兩般，所以要謹謹時便知得是自慊，是自欺，而不至於自欺。若是不謹，則自慊也不知，自欺也不知。"又曰："幾是動之微，是欲動未動之間，便有善惡，須就這處理會，若至於發著之甚，則亦不濟事矣。更息生理會，所以聖賢説戒慎乎其所不睹，恐懼乎其所不聞，又説慎其獨，都是要就這處理會。蓋幾微之際，大是切要。"又曰："周子極力説個'幾'字，儘有警發人處，近則公私邪正，遠則廢兵存亡，祇於此處看破，便斡轉了，此是日用親切第一工夫。精粗隱顯，一時穿透，堯舜所謂惟精惟一，孔子所謂克己復禮，便是此事。"問："《通書》多説幾，《太極圖》上却無此意。"曰："五性感動，動而未分者便是。"

德愛曰仁節。

欽按，注道之得於心者謂之德，德，得也，謂得個道理於天而具於心者也。朱子曰："仁義禮智信者，德之體，愛、宜、理、通、守者，德之用。理謂有條理，通謂通達，守謂確實，此三句就人身而言。誠，性也。幾，情也。德兼情性而言也。"欽按，愛、宜，心之發用，理、通、守，身之作用，亦互言之耳。蓋誠是性之本然，幾是情之端倪。德者兼性情說，仁、義、禮、智、信是德之體，即性之目也，愛、宜、理、通、子①是德之用，但不可以爲情之名義，周子此説與韓子博愛之謂仁，其立言不同，故朱子謂他説得用而遺了體。

性焉安焉之謂聖兩節。

或問："性者固得於天，如何言獨得？"朱子曰："此言聖人合下清明完具，無所虧欠。此是聖人所獨得者，此對'復'字說，復者，已失而反其初，便與聖人獨得處不同。'安'字對了'執'字，説執是執持，安是自然。"

發微不可見節。

朱子曰："'發'字、'充'字就人看如，此下恐脱一'此'字。性焉安焉，復焉執焉，皆是人如此，微不可見，周不可窮，却是理如此。"又曰："神即聖人之德，妙而不可測者也，非聖人之上復有所謂神人也。發，動也。微，幽也。言其不疾而速，一念方萌，而至理已具，所以微而不可見也。充，廣也。周，遍也。言其不行而至，蓋隨其所寓而理無不到。"問："《通書》言神者五三章、四章、九章、十一章、十九章，其義同否？"曰："當隨所在看。"

聖第四

《性理》注云："此篇論誠精而明，神應而妙，幾微而獨，其幽乃性焉安焉之謂聖者。"

寂然不動者誠全章

朱子曰："寂然不動者誠也，至其微動處，即是幾，幾在誠

①"子"：應爲"守"。

神之間。”問：“神、誠、幾，學者當從何入?”曰：“隨處做二[①]夫，一本此間云：本在誠，着力在幾。誠是存主處，發用處是神，幾是決擇處，然緊要處在幾。”又曰：“志氣如神，即是至誠之道可以取知之意。《繫辭》曰：‘夫《易》，聖人之所以極深而研幾也。唯深也，故能通天下之志。唯幾也，故能成天下之務。唯神也，故不疾而速，不行而至。’《本儀[②]》云：‘所以通志而成務者，神之所爲也。’《懸鑒》云：‘天下未有不疾而自速、不行而自至者，唯深唯幾，一神所爲，復何所待哉?’”蔡節齋曰：“誠，寂也，静也，而旲動静之理。神，感也，動也，而妙動静之機。盖誠爲神，本神爲誠，用本不動，而用動故誠，則静意多神，其實則各兼動静陰陽也。幾者，神將發而爲神之始也，在静無動有之間，雖動而微，亦未可見，實爲神之端也。”

慎動第五

《性理》注云：“此篇言君子動必以正，則和在其中，邪則不和，而辱言君子所以慎其動也。”

動而正曰道全章。

問：“動而不正，不可謂道，用而不知，不可謂德。”朱子曰：“此兩句緊要在‘正’字‘知’字上。”問：“曰者，猶言合也，若看做道德題目，却难通。”曰：“然。”又曰：“正是理動而得其正，理便是道，若動而不正，便不是道，和亦祇是順理，用而和，順便是得此理於身，若用而不和，順則不得此理於身，故下之匪仁、匪義、匪禮、匪知、匪信，悉邪也。”蔡節齋曰：“道即太極流行之道，德即五性之德。動而正，即前所謂幾也。用而和，即後所謂中節也。”欽按，幾當作幾善。黄勉齋曰：“主静、審幾、慎動三者循環，與孟子夜氣、平旦之氣、旦晝所爲相似。”

道第六

聖人之道全章。

---

①“二”：當作“工”。

②“儀”：當作“義”。

欽按，仁義中正之道，即是天理之本然也，以其天德故守之則貴，以其公理故行之則利。人之所以與天地并立而爲三才者，亦衹在此，不待他假而全體得焉。故衹廓此四者而充其量，則爲能配天地矣。且其爲道猶乾以易知，坤以簡能，是謂其易行也。又是人所固有，故亦易知，豈其能难也，不爲而已。

師第七

或問：易爲天下善全章。

欽按，義謂節義幹固，《易》所謂"貞固，足以幹事也"。强梁，縱肆也。巽，卑遜也。朱子曰："所謂剛柔善惡中者，天下之性，固不出此五者。剛柔各有善惡爲四善，而又中共爲五。然細推之，極多般樣，千般百種，不可窮究，但不離此五者爾。"陳北溪曰："這氣運來運去，參差不齊之時多，真元會合之時少。如一歲之間，極寒極暑，陰物之時多，不寒不暑，光風霽月之時少，最难值好時節。人生值此不齊之氣，都是氣禀如此，不是陰陽氣本惡，衹是分合轉移齊不齊中，便自然成粹駁善惡耳。因氣有粹駁，便有賢愚，氣雖不齊，而大本則一，雖下愚亦可變而爲善，然工夫最难，非百倍其功者不能也。"朱子曰："自暴者，便是剛惡之所爲。自弃者，便是柔惡之所爲。"答人書曰："所喻氣質過剛未能自克，而欲求其所以轉移变化之道。夫知其所偏而欲勝之，在吾日用之間屢省而痛懲之耳。故周子有自易其惡，自至其中之説，豈他人之所得而與於其間哉？"

幸第八

人之生全章。

朱子曰："人之生不幸不聞過，大不幸無耻。此兩句衹是一項事，知耻是由内心以生，聞過是得之於外，人須知耻，方能聞過而改，故耻爲重。"

思第九

《洪範》曰：思曰睿全章。

朱子曰："睿衹訓通，對智而言，智是體，睿是深通處。"又曰："睿有思，有不通。聖無思，無不通。"問："聖人寂然不動，是無思纔感便通，特應之耳。"曰："聖人也，不是塊然由人撥後方動，如莊子云推而行、曳而止之類，衹是纔思便動，不待大故地思索耳。”又問：“如此則無事時都無所思，事至時纔思而通耳。”曰：“然。”又曰：“幾是事之端緒，有端緒方有討頭處，這方是用得思。”又曰：“思一章，‘幾’‘機’二字無异義，舉《易》一句者，恃斷章取義以解上文。”

志學第十

聖希天節。

欽按，或疑士亦何不以聖天爲志，而希至之。盖立心要廣大，立志要近切。立心屬知，爲學之本領也，立志屬行，求必至其地位而未得，則不措也。苟實志焉，則雖以未及伊尹、顔子之賢亦可，若夫泛然期至其不可企及之地，則豈可以爲立志哉？

伊尹、顔淵節。

朱子曰：“今人仕宦衹爲禄，伊尹却禄之天下弗顧，繫馬千駟弗視也。”又曰：“雖志於行道，道若自家所學，元未有[①]領，如何便能舉而措之天下？又須有那地位，若身處貧賤，又如何行？然亦必自修身始，修身齊家，然後達諸天下也。”又曰：“此個道理緣爲家家分得一分，不是一人所獨得而專者，經世濟物，古人有遠個心，若衹是我自會得，自卷而懷之，却是私。”

志伊尹之所志節。

或問：“學顔子之所學，一本作顔淵，孰是？”朱子曰：“顔淵底是。”又曰：“志伊尹之所志，學顔子之所學，志固是要立得大，然其中又自有先後緩急之序，致廣大而盡精微。若曰未到伊尹田地做未得，不成愧然吃飯，都不思量天下之事。若是見州郡所行事，有不可人意，或百姓遭虐，自家寧不惻然動心？若是朝夕憂慮，以天下國家爲念，又那裏教備恁地來？”或曰：“聖賢憂世之志，樂天之誠，盖有并行而不相悖者，如此方得。”曰：“然。便是怕人到向一邊去，今人若不塊然，不以天下爲

①“未有”：當作“未有本”。

志，便又切切然理會不干己事，如世間一樣學問，專理會典故世務，便是如此。古之欲明明德於天下者，合下學此事，即曰欲明明德於天下，不成衹恁地空説，裏面有幾多工夫。”黄勉齋曰：“伊尹則曰志顔子，則曰學大學，既言明德，便言新民，聖賢無一偏之學。”

過則聖節。

問：“過則聖，若過於顔子，則工夫又更絶細，此固易見，不知過伊尹時如何説？”朱子曰：“衹是更加些從容而已，過之便似孔子，伊尹終是有擔當底意思多。”發策决科，出楊子《法言》，吴秘注云：“漢之明經，必爲难問疑義書之於策，量其大小署爲甲乙之科，列而置之，不便彰顯，有欲射者，隨其所取得而釋之。”

順化第十一

天以陽生萬物全章。

朱子曰：“仁義如陰陽，衹是一氣陽是正長底氣，陰是方消底氣，仁便是方消底義，義便是收回底仁。”又曰：“舒而爲陽，慘而爲陰，孰非天地生物之心哉？仁義之於人亦猶是已。”欽按，育物曰仁，正民曰義，互言以相備大順大化三句，正説聖人與天一之意衆本君，君道在心，不遠也。心術統乎仁義，不多也。

治第十二

十室之邑全章。

欽按，此章主論治道之要，與急動静兼言貌視聽。

禮樂第十三

禮理也全章。

注：“禮，陰也。樂，陽也。”黄氏巖孫曰：“《禮記》云：‘樂由陽來者也，禮由陰作者也。’即此意。”朱子曰：“禮樂必相須，然所謂樂者，亦不過胸中無事而自和樂爾，非是着意放開一路，欲其和樂也。然胸中無事，非敬不能，故程子曰敬，則自然和樂，而周子亦以爲禮先而樂後，此可见也。”問：“周子禮樂説如何？”曰：“也須先是嚴敬，方有和。若是直是盡得

敬，不會不和，如臣子入朝，自然極其恭敬也，自和這不待勉强，如此衹是他情愿，如此便自和。君君臣臣、父父子子、兄兄弟弟、夫婦朋友，各得其位，這自然和。若君失其所以爲君，臣失其所以爲臣，這如何會和？如諸公在此坐，都恁地收斂，這便是和。若退去，自放肆成乖戾，便是不和，此章説得最好。”問：“或設喻曰，所謂禮者，猶天尊地卑而乾坤定，高卑以陳，而貴賤位截然甚嚴也。及其用，則天道下濟而光明，地道卑而上行，此豈非和乎？”曰：“所設喻亦甚當。”問：“周子以禮先於樂，而《樂記》以樂爲先，與濂溪异。”曰：“他却將兩者分開了。”陳北溪曰：“禮樂不是判然兩物不相干涉，禮衹是個序，樂衹是個和，纔有序，便順而和，失序便乖戾而不和。如父子、君臣、夫婦、兄弟，所以相戕相賊，相怨相仇，如彼其不知者，都緣先無個父子、君臣、兄弟、夫婦之禮，無親義序，别便如此。”

務實第十四

實勝則善全章。

程子曰：“學者須是務實，不要近名，有意近名則爲僞也。大本已失，更學何事？爲名與爲利，清濁雖不同，然其利心則一也。”又曰：“有實則有名，名實一物也，若夫好名者，則徇物爲虚矣，如君子疾没世而名不稱，謂無善可稱耳，非獨名也。”

愛敬義十五

欽按，此章論爲學之道，而題以愛敬者，豈學以忠信爲主之意欤？凡愛敬是仁之事，求仁是爲學之本領也。欲求仁者，亦不可以不主忠信矣。

有善不及全章。

真西山曰：“過雖聖賢不能無，知其爲過而速改，則無矣。蓋無心而誤則謂之過，有心而爲則謂之惡。不待别爲不善，方謂之惡，衹知過不改，是有心，便謂之惡。”欽按，曰有善一不善，則一善一不善，及二善，一不善者亦可知矣，是時舉其难學且勸者耳。真西山。

動静第十六

《性理》注云："此篇言動一於動，静一於静，則爲物不通，必動有静，静有動，斯爲聖人神妙萬物。"

動而無静四節。

問："所謂物者，人在其中否？"朱子曰："人在其中。"又曰："此章動而無静，静而無動，物也。此言形而下之器也，形而下者則不能通，故方其動時則無了那静。就人言之，語則不默，默則不語。以物言之，飛則不植，植則不飛是也。動而無動，静而無静，非不動不静，此言形而上之理也。理則神而莫則，方其動時，未嘗不静，故曰無動。方其静時，未嘗不動，故曰無静。静中有動，動中有静，静而能動，動而能静，陽中有陰，陰中有陽，錯綜無窮是也。下曰：水陰根陽，火陽根陰，水陰火陽，物也，形而下者也。所以根陰根陽，理也，形而上者也。"問："動而無動，静而無静，神也。此理如何？"曰："此説動而生陽，動極而静，静而生陰，陰極復動，此自有個神在其間，不屬陰，不屬陽，故曰陰陽不測之謂神。"又曰："神之爲物，自是超然於形器之表，貫動静而言，其體常如是而已矣。"又曰："'動静'二字相待不能相無，乃天理之自然，非人之力所能爲也。若不與動對，則不名爲静，不與静對，亦不名爲動矣。但衆人之動，則流於動而無静，衆人之静，則淪於静而無動，此周子所謂物則不通也。惟聖人無人欲之私，而全乎天理。是以其動也，静之理，未嘗亡。其静也，動之幾，未嘗息。此周子所謂神妙萬物也。"

水陰根陽四節。

欽按，末三節，一本注，盖旧説而改過，今不取可也。

朱子曰："四時行焉，萬物終始，若道有個物時又無形骸，若道無個物時，又心生會恁地。"又曰："混合也，闢開也，一闔一闢，如循環之無端，而天地之造化無窮矣。"

樂上第十七

□[①]者聖王兩節。

欽按，三綱正，九疇叙，正也，禮之化也。百姓大和，萬物咸若，和也，樂之本也。又按，注達其理之分，謂既以禮理民，而其條理分派，尚有所未達，則作八音之樂，以達之於八方也。故民和而物順者，無不盡其極矣。樂本平中而其和自節，故能使人不至流蕩，所謂平天下之情也。

故樂聲兩節。

欽按，樂本發達禮之理，故淡而和，淡故雖哀而不至傷。和故雖樂而不至淫，淡則不靡，故聞之者欲心平和則不急，故聞之者疏心釋。

朱子曰："欲於齊肅之意下添'故希簡而寂寥'六字。"

朱子曰："優柔平中，'中'字於動用上，該本體說。"欽按，樂教行則人民欲平而優柔，躁心釋而平中，是聖人德化之盛也，天下之庶政化成而歸中制，是聖人治功之至也。下二句承上贊美之。

後世禮法不修三節。

欽按，後世禮法不修，而上下好淫虚，故厭古樂之淡和，而代以新聲，以其非妖淫愁怨之聲，則不足以稱時情，快人聽也，奸聲既奥，則盖長亂俗，招逆氣，其弊至於不可窮焉，故不復古禮，不變新樂，而圖治平者，其違道也遠矣。朱子曰："《通書》論樂意極可觀，首尾有條理。"

樂中第十八

欽按，此章承上章，而更論天地神祇感應之理。

樂者本平政也全章。

朱子曰："古人制度，今皆無復存者，衹這些道理人尚説得去，法度却杜撰不得。且如樂，今皆不可復考，今人衹會説得，凡音之生由人心之也[②]，人心之動，物使之然也，到得制度便説

①"□"：當作"古"。

②"凡音之生，由人心之也"：當作"凡音之起，由人心之生也"。

不去。”

樂下第十九

欽按，此章又合樂聲樂辭。

樂聲淡全章。

朱子曰：“聖王爲政，以寬爲本，而今反欲其嚴正，如古樂以和爲主，而周子反欲其淡。蓋今之所謂寬者乃縱馳，所謂和者乃淫哇，非古之謂寬與和者，故必以是矯之，乃得其平耳。”

聖學第二十

聖可學乎全章。

陳北溪曰：“一者是表裏俱一，純徹無一，少有纖毫私欲，便二矣。内一則静虚，外一則動直，而明通公溥則又無時不一也。”葉平巖曰：“一者，純一而不雜也，湛然無欲，心乃純一。静而所存者一，人欲消盡故虚，虚則生明，而能通天下之理。動而所存者一，天理流行故直，直則大公，而能周天下之務。動静惟一，明通公溥，庶幾作聖之功周①。”問：“一是純一，静虚是此心如明鑒止水，無一毫私欲，私欲填於其中，故其動也，無非從天理流出，無一毫私欲撓之，静虚是體，動直是用。”朱子曰：“也是如此。”又曰：“明通在己也，公溥接物也。須是就虚中涵養始得，明通方能公溥，若便要公溥定不解得静虚。明道②，精義入神也。動直，公溥利用安身也。”又曰：“明是曉得事物，通是透徹無窒礙，公是正無偏陂，溥是溥遍萬事，便各有個理去。”直卿曰：“通者明之極，溥者公之極。”曰：“亦是。”又曰：“明通者静而動，公溥者動而静。”又曰：“一即所謂太極，静虚即陰静，動直即陽動，明通公溥便是五行。”問：“明通公溥於四象何所配？”曰：“祇是春夏秋冬模樣，然這處亦是偶然，相合不是，正恁地説。”又曰：“明配木仁元，通配火禮亨，公配金義利，溥配水智貞。”又曰：“周子祇説一者無欲也，這

---

①“周”：疑爲衍文，當删。

②“道”：當作“通”。

詰頭高卒急难凑伯，常人如何便得無欲，故伊川衹説無敬字教人，衹就敬上捱去，庶幾執捉得定，有個下手處。”

公明第二十一

公於己者，公於人全章。

《性理》注云：“此篇言己私既克，自能明察而無所疑。”

理性命第二十二

厥彰厥微全章。

朱子曰：“彰言道之顯，微言道之隱，匪靈弗瑩，言彰與微，須靈乃能了然照見，無滯礙也。”問：“《理性命章》何以下分字?”曰：“不是割成斥去，衹如月映萬川相似。”又曰：“萬一各正，小大有定，言萬個是一個，一個是萬個。盖體統是一太極，然又一物各具一太極，所謂萬一各正，猶言各正性命也。”又曰：“《中庸》如天無不覆幬、地之無不持截[①]，正是一個大底包在中間。又有四時錯行，日月代明，自有細小去處，道并行而不相悖，萬物并育而不相害。并行并育，便是那天地覆截，不相悖，不相害，便是那錯行代明底。小德川流是説小細底，大德敦化是那大底，大底包小底，小底分大底，千五百年間，不知人如何讀這個，都似不理會得這道理。”又云：“一實萬分，萬一各三，便是理一分殊處。”

顔子弟[②]二十三

顔子一簞食全章。

朱子曰：“人之所以不樂者，有私意耳，克己之私則樂矣。故程子云人能克己，則心廣體胖，仰不愧，俯不怍，其樂可知，有息則餒矣。”又曰：“惟是私欲既去，天理流行，動静語默日用之間，無非天理胸中廓然，豈不可樂?此與貧窶自不相干，故不以此而害其樂。”又曰：“要尋樂處衹是自去尋，尋到那極苦澀處，這便是好消息，來尋到那意思不好處，這便是樂底意

①“截”：或作“載”。
②“弟”：當作“第”。

思來，却無不做工夫自然樂底道理，如今做工夫，衹是平常恁地理會，不要把做□□了去做。”問：“顔子能化而齊？”曰：“此與‘起而化之’之‘化’异，但言消化却貧賤富貴之念方能齊，齊亦一之意。”

師友上第二十四，下第二十五

天地間全兩章。

問：“濂溪言道至貴者，不一而足。”朱子曰：“周先生是見世間愚輩爲外物所摇動，如隨在火坑中不忍見他，故如見説不一，世人心不在殼子裏，如發狂相似，衹是自不覺。”

過二十六

仲由喜聞過章。

程子曰：“子路亦百世之師也，人告之以有過則喜。”朱子曰：“喜其得聞而改之，其勇於自修如此。”張氏曰：“聞過則喜，非克其驕吝者不能。”葉平巖曰：“子路有改過遷善之實，故令名無窮焉。”

勢弟①二十七

天下之勢而已矣全章。

朱子曰：“周子云：‘天下，勢而已矣，勢，輕重也。’周家基案日大，其勢已重，民又趨之，其勢愈重，此重則彼自輕，勢也。”

文辭第二十八

文所以載道也全章。

欽按，此章徒飾一頃全輕，特以起虚車之意耳。猶言有載道之文才而人不取之，猶捨於無用，况不能載道，文雖美，其飾衹是不爲用之虚器而已。

聖藴第二十九

不憤不啓全章。

朱子曰：“夫子之道如天，惟顔子得之，夫子許多大意思盡

①“弟”：當作“第”。

在顔子身上發見，譬如天地生一瑞物，即此物上盡可見天地純粹之氣，謂之發者乃亦足以發之，發不必待顔子言，而後謂之發也。”

精蕴第三十

聖人之蕴全章。

朱子曰：“精是聖人本意，蕴是偏傍帶來道理。”又曰：“精謂心之精微，蕴謂德所蕴蓄也。”又曰：“精是精微之意，蕴是包許多道理。”問：“伏羲始畫兩其蕴，亦已發見於此否?”曰：“謂之已具於此則可，謂之已發見於此則不可。”又曰：“《易》未有許多道理，因有此卦，遂以許多道理搭在上面，所謂因卦以發也。”又曰：“天地是體，鬼神是用。”

乾損益動第三十一

君子乾乾全章。

朱子曰：“遷善改過是修德中緊要事，盖祇修德而不遷善改過，亦不能得長進。君子乾乾不息於誠，便是修德底事，下面便是接説遷善改過底事，與《論語》德之不修章意正相類。”欽按，欲主情欲，而凡心之所受欲皆是也。忿勢突兀，故要懲艾欲狀污窪，故要填塞遷善，兼自進取人説。《易懸鉴》云：“君子治心之學，須看得細，欲忿要逼其勢，窒欲要清其源，不在臨時補救。”又云：“遷善所以擴天理，改過所以去人欲。”朱子曰：“遷善字輕，改過字重。遷善者，但是見人做得事强，似我心有所未安，即遷之。改過須是大段勇猛始得。”胡氏曰：“速於遷善則過當益寡，决於改過則善。”又曰：“堯欲誠舜，必降以二女者，能處二女，則能處天下矣。舜之身正而刑家如此，故堯禪以天下而不疑也。”又曰：“身之所以正者，由其心之誠，誠者無他，不善之萌動於中，則亟反之而已。誠者天理之真，妄者人爲之僞，妄去則誠存矣，誠存則身正，身正則家治。推之天下，猶運之掌也。”葉平巖曰：“茂，篤实盛發之意。對猶配也，謂配天時以育物一説。”蔡節齋曰：“對與對越上帝之對同。”

富貴第三十三

君子以道充爲實章。

陋第三十四

聖人之道章。

《韓詩外傳》云："君子之聞道，入之於耳，藏之於心。小人之聞道，入之於耳，出之於口。苟言而已。"欽按，周子之意，與《韓詩》同，亦以人學聖人之道而言，文辭亦言也。

擬議第三十五

至誠則動章。

朱子曰："動是方感動他變，則已改其舊俗，然尚有痕暇在，化則都消化了，無復痕迹矣。是《中庸本義》。"問："擬之而後言，議之而動，是一言一行，皆即《易》而擬之否？"曰："然。"又曰："這变化是就人動作處説。"《易懸鑒》云："二'之'字指卦爻变化，隨時变易，以後道也。就言動言，疑問云擬有化倫詳度意議，有商確裁定意。"《易闡》云下句足上二句。

刑第三十七

天以春生萬物全章。

欽按，此合引《訟》《噬嗑》兩卦之辭，論治刑獄之道，民之盛，即謂情欲之盛也。《訟》外卦爲《乾》，大人指九五《彖》云："利見大人，尚中正也。"《噬》《震》，震下離上之卦，故《彖》云："動而明。"但周子果斷字由説《乾》之剛，《噬嗑》震之動而生，故注云云。朱子曰："聖人之心涵養發生，真與天地同德，品物或自逆於理，□□天誅，則夫輕重取捨之間，亦自有決然不易之理。如天地四時之運，寒凉肅殺，常居其半，而涵育發生之心未始不流行乎其聞①。"張南軒曰："夫中正者仁之所存，而明達者知之所行，果斷者又勇之所施也。以是詳刑本末具矣。"

公第三十七

聖人道章。

---

①"聞"：應爲"間"。

孔子上第三十八，下第三十九

春秋正王道兩章。

蒙艮第四十

童蒙求我三節。

欽按，行如字，叩，去聲，問也。又按，汨，胡骨切，涌波也。《蒙·象》云："蒙，蒙享，以亨行時中也。匪我求童蒙，童蒙求我"云云。

艮其背節。

注："艮其背者，止於不見之地也。"欽按，此順文解義，程傳亦取此義，《本義》則异是。問："艮其背，背，非見也。"朱子曰："衹非禮勿視，非耳無所聞，目無所見也。奸聲亂也。不留聰明淫樂慝禮，不接心術，艮其背者，衹如此耳。程子解艮其背，謂止於其所不見，恐如此説費力，所謂背者，衹是所當止也。看下文艮其止，'止'字解'背'字，所以謂之止其所。人之四肢皆能動，惟背不動，有止之象。艮其背，是止於其所當止之地。不獲其身，行其庭不見其人，萬物各止其所了，便都純是理也，不見有己也，不見有人，都衹見道理。"問："止是以心言否？"曰："是。"又曰："《易傳》内欲不萌，外物不接，亦即是這止。"問："蒙，學者之事，始之之意也。艮，成德之事，終之之事也。"曰："周子之意當是如此，然於此亦可見主静之意，集覽之艮止之止，有力静止，自止其止也。"

通書後録　中村愓齋

先生名張宗範之亭曰養心節。

或問："孟子與周子之言，果有以异乎？"朱子曰："孟子所謂欲者，以耳目口鼻四肢之欲所不能無，然多而無節，則爲心害。周子則指心之流於欲者，是則不可有也，所指有淺深之不同，然由孟子是寡欲，則可以盡周子之無欲矣。"

荀子曰：養心莫善於誠節。

或問："心既誠矣，固不養，然亦當操存而不失否？"朱子曰："誠是實也，到這裏已成就了，極其實，決定恁地，不解失了，何用養，何操了？"又問："反身而誠。"曰："此心純一於理，徹底皆實無夾雜，又無虛僞。"

明道先生曰：吾年十六七時好田獵節。

葉平巖曰："周子用功之深，故知不可易，言程子治心之密，故能隨寓加密。在學者警省克治之力，尤不可以不勉也。"

明道先生曰：周茂叔窗前草不除節。

葉平巖曰："天地生意，流行發育，惟仁者生生之意，充滿胸中，故觀之有會於其心者。"問："周子窗前草不除云，即是謂生意與自家一般。"朱子曰："他也衹是偶然見與自家意思相契。"又問："横渠驢鳴是夫機自動意思。"曰："固是，但也衹是偶然見他如此，謂草與自家意一般，本葉便不與自家意一般乎？如驢鳴與自家唤呼一般，馬鳴却便不與自家一般乎？當益純是遷善改過，又自有相益之功。"朱子曰："懲忿窒欲，遷善改過，皆是動上有這般過失，須於方動之前審之，方無凶悔吝，所以再説動。"葉平巖曰："動而得則吉，失則凶，悔則過，失而自咎，吝則私，小而可羞，四者一善而三惡，動其可不謹乎！"

家人睽復无妄弟三十二

治天下有本全章。

欽按，和親，主謂孝順父母。真西山曰："心不誠，則私意邪念紛紛交作。欲身之修，得乎親，不和則閨門乖戾，情意隔絶。欲家之正得乎？"又曰："夫治家之難，所以甚於治國者，閤内尚恩，易於掩義。世之人固有勉於治外者矣，至其處家，則或狃於妻妾之私，或牽於骨肉之愛，鮮克以正自檢者，而人君尤甚焉。蓋疏則公道易行，親則私情易溺，此其所以难也。"欽按，二女不必是姊妹，勿説二女。真西山曰："夫女子陰柔之性，鮮不妒忌而險詖者，故二女同居，則猜嫌易生。"

伊川程先生見康節邵先生節。

欽按，邵伯温作《易學辨惑》曰："伊川同未①光庭公掞訪先君，先君留之飲酒，因以論道，伊川指面前食卓曰云云。"康節論天之説，見先生所著《漁樵問答》。

明道先生識其子端慤之壙曰節。

欽按，端慤，幼名邵公，生甚特异，甫五歲夭，及葬，先生作墓誌。

明道先生銘其友李仲通之墓田節。

問："會元之期。"朱子曰："元氣會則生，聖賢如曆家推朔，且冬至夜半甲子，所謂元氣會，亦似此般模樣。《詩·齊風·還》篇：'并驅從兩肩兮，揖我謂我儇兮。'《毛傳》云，利也。疏云，言其便利馳逐。《柳子厚文集》云：'聰明皎厲，握天子有司之柄。'"

伊川先生作顔子好學論曰節。

《性理補注》云："儲者，精而凝之也。粹者，純一不雜也。真者，誠而實也。静者，安而泰也。"欽按，此一段，本《樂記》云："人生而静，天之性也，感於物而動，性之欲也。"而發論□其字，指性言，五性即五行之神也。朱子曰："天地儲蓄，得二氣之精聚，故能生出人物。"又曰："本是本體，真是不雜人僞，静是其初未發時，五性即是真，未發便是静，衹叠説。"欽按，形既生，衹是説人既稟生，則生個形體也。此兩段以未發已發對説，勿泥"形既生"三字。而以上段爲人未生時，"中"字對形説，是言心而包性，"動"字對静説。七情之目，出《禮運補注》云："識如火之初燃，萬如水之飄泒，鑿者攻而破之。"葉平巖曰："性動則爲情，然情炎於中，末流益蕩，則戕賊其性矣。"欽按，覺者，謂明覺之人。中者，中節也。饒雙峰曰："用工緊要，在約其情，便合於中。約是工夫，中是準則，四勿是約的工夫，禮是中的準則，能約其情，便合於中。則心得其正，而不蕩性，得其養而不鑿，知所養，養一作往。"

---

①"未"：當爲"朱"。

朱子曰："'往'字爲是，與'行'字應之，與明諸心知所往，窮理之事，力行求至，踐履之事也。"又葉平巖引一説曰："知所養，應上文養其性，涵養之功與知行并進。"欽按，非禮勿視聽言動，不遷怒貳過，此正是顔子好學之事實，但程子以好學篤信之功效渾説，若據朱子之意，則四句是其好學之功夫，不遷不貳，是其成德之符驗也。《筆記周子通書解》。

太極通書總論　中村惕齋

五峰胡氏曰："《通書》四十章，周子之所述也。粤若稽古，孔子述三王之道，立百王继世之法，孟軒氏闢楊墨，推明孔子之澤，以爲萬世不□人，謂孟氏功不在禹下。今周子啓程氏兄弟，以千古不傳之妙，一回萬古之光明，如日廉天將爲百世之利澤，如水行地，其功盖在孔孟之間矣。人見其書之約也，而不知其道之大也。見其文之質也，而不知其義之精也。見其言之淡也，不知其味之長也。"

又曰："此書皆發端以示人者，度越諸子，直與《易》《詩》《春秋》《語》《孟》同流行乎天下。"

朱子曰："《通書》文雖高簡，而體實淵慤，且其所論不出乎修己治人之事，未嘗劇談無極之先，文字之外也。"

問："《通書》便可以上接《語》《孟》。曰：比《語》《孟》較分曉精深，結構得密，《語》《孟》較説得闊。"

又曰："《河圖》出而八卦畫，《洛書》呈而九疇叙。孔子於斯文興喪，未嘗不推之於天，若濂溪先生者，其天之所畀，而得乎斯道之傳者與，不繇師傳，默契道體，違圖屬書，根極領要，當時見而知之有程氏者，遂横大而推明之。使夫天理之微，人情之著，事物之衆，鬼神之幽，莫不洞然，畢貫于一，而周公、孔子、孟子之傳，焕然復明於世。"

又曰："濂溪先生奮乎百世之下，深探聖賢之奥，疏觀造化之源，而獨心得之，立象著書，闡發幽秘，辭義雖約，而天人性命之微，修己治人之要，莫不畢舉。二程先生既親見之，而得其傳，於是其學遂行於世。”

又曰：“濂溪之圖與書，雖其簡古，淵源未易究測，然其大指則不過悟學者講學致思，以窮天地萬物之理，而勝其私以復焉。其施則善於家而達之天下，其具則復古禮變今樂，改以養民，而形以肅之也，是乃所謂伊尹之志，顔子之學，而程氏傳之，以覺斯人者，亦豈有以外乎日用之間哉？”

又曰：“《通書》一却皆是解太極説，這道理自一而二，二而五，如誠無爲、幾善惡，德以下便配著太極陰陽五行，須是子細看。”

又曰：“周子留下《太極圖》，若無道書，却教人如何曉得，故《太極圖》得《通書》而始明。”

又曰：“《通書》太極之旨，更宜虛心熟玩，乃見鄙説一字不可易處，設便濂溪復生，亦必莞爾而笑。”

勉齋黄氏曰：“周子以誠爲本，以欲爲戒，此周子继孔孟不傳之緒也。”至二程子則曰：“涵養須用敬，進學則在致知。”又曰：“非明則動無所之，非動則明無所用，而爲四箴，以著克己之義焉。”此二程得統於周子者也。”

北溪陳氏曰：“濂溪不由師傳，獨得於天，提綱啓鑰，其妙具在太極一圖，而《通書》四十章又以發圖之所未盡，上與羲皇之《易》相表裏，而下以振孔孟不傳之墜緒。所謂再闢渾淪，二程親受其旨，又從而光大之，故天理之微，人倫之著，事物之衆，鬼神之幽，與凡求道入德之方、修己治人之術，莫不秩然有條理，備見於《易傳》遺書，使斯世之英才志士得以探討服行，而不失其所歸。河南之間，斯文洋洋與洙泗并聞，而知者有朱文公，又即其遺言遺旨，益精明而瑩白之上，以達群聖之心。下以統百家而會于一，盖所謂集群聖之大成而嗣周程之嫡統，接乎洙泗濂洛之淵源者也。”

西山真氏曰：“自湯誥論降衷，詩人賦物，則人知性之出於天，而未知其爲善也。继善成性，見於繫易，性無不善，述於七篇，人知性之善，而未知所以善也，周子因群聖之已言，而推其所未言者，於圖發無極二五之妙於書，闡誠源誠立之指。昔也，太極自爲太極，今知吾身自有太極矣。昔也，乾元自爲乾元，今知吾心即乾元矣。有一性則有五常，有五常則有百善，循源而流，不假人力，道之全體，焕然復明者，周子之功也。”

又曰：“自荀、楊以惡與混爲性，而不知天命之本然。老莊氏以虚無爲道，而不知天理之至實。佛氏以鏟滅尋倫爲教，而不知天叙之不可易。周子生乎絶學之後，乃獨探本源，闡發幽秘，二程子見而知之，朱子又聞而知之，述作相承，本末具備。自是人知性，不外乎仁義禮智，而惡與混非性也，道不離乎日用事物，而虚無非道也，教心本乎君臣、父子、夫婦、昆弟，而鏟滅尋倫非教也。闡聖學之户庭，袪世人之朦瞶，千載相統，其不在兹乎！”

日本濂溪志卷之五　諸儒論斷志

天地開闢事　度會家行①

《古今帝王年代曆》曰：昔者，天地未分，謂之大易。元氣始萌，謂之太初。形氣始端，謂之太始。形變有質，謂之太素。質形已具，謂之太極。五氣運通，爲天地之二靈，清以陽發，升而爲天。濁以陰凝，降而爲地。天地形別，謂之二儀。人生其間，謂之三才。

周子《通書》曰：無極而太極。動而生陽，動極而靜。靜而生陰，靜極復動。一動一靜，互爲其根。分陰分陽，兩儀立焉。陽變陰合，而生水、火、木、金、土。五氣順布，四時行爲②。五行一陰陽也，陰陽一太極也，太極本無極也。五行之生，各一其性，無極之真，二五③精，妙合而凝，乾道成男，坤道成女，二氣交感，化生萬物，萬物生生，變化無窮焉。

《周易·係辭》曰："易有太極，是生兩儀。"孔穎達疏云："太極，謂天地未分之前，元氣混而爲一，一氣既分之後，陽氣居上爲天，陰氣居下爲地，居上者輕清，居下者重濁。"列子曰："清輕者上爲天，濁重者下爲地，冲和者爲人，謂之三才。"

《易》曰：有天地，然後有萬物。有萬物，然後有男女。有

---

①度會家行（1256—1362）：著有《神道五部書》。

②"爲"：當作"焉"。

③此處脱"之"字。

男女，然後有夫婦。有夫婦，然後有父子。有父子，然[1]有君臣。有君臣，然後有上下。

《三五曆紀》曰："未有天地之時，混沌狀如鷄子，溟涬始牙，濛鴻滋萌。"又曰："清輕者上爲天，濁重者下爲地，冲和氣者爲人，故天地含精，萬物化生。"

《五行大義》曰："凡萬物之始，莫不始於無，復有是，故易有太極，是生兩儀，兩儀生四序，四序生之所生也。有萬物孳繁，然後萬物生成也，皆由陰陽二氣鼓舞陶鑄，互相交感，故孤陽不能獨生，單陰不能獨成，必須配合爐冶爾，乃萬物化通。"

老子經曰："有物混成，先天地生。"謂道無形，混沌而成，萬物乃在天地之前。"寂兮寥兮，獨立而不改。"寂者無音聲，寥者空無形，獨立者無匹雙，不改者，化有常也。"周行而不殆。"道通行，天地無所不入，在陽不焦，托陰不腐，無不貫穿，不危不殆。"可以爲天下母。"道育養萬物，精氣如母之養子也。"吾不知其名，字之曰道。"我不見道之形容，不知當何以名之，見萬物皆從道之所生，故字之曰道也。"强爲之名曰大。"不知其名强曰大，大者高向無上，羅而無外，無不苞容，故曰大。《瑚璉集》。

釋榮西傳　虎關師煉[2]

贊曰：仲尼没而千有餘載，縫掖之者幾許乎！衹周濂溪獨擅興繼之美矣。建仁去睿峰者殆千四百年，其奮激之志發于妙齡也。見夫因攀牛山之横枝，得受龍峰之正派，豈所謂尋樵子徑到葛公家者乎？初志雖補傳教之遺意，後世皆推禪門之大祖，因兹而言，所以過周氏爲不鮮矣。《元亨釋書》。

---

[1]"然"字後疑脱一"後"字。

[2]虎關師煉（1278—1346）：日本臨濟宗僧人，俗姓藤原，法名師煉。著有《元亨釋書》《濟北集》《佛語心論》等。

對友人問 翱之慧鳳①

有友人詢予以連山之學可獲而窺乎哉？蓋世之人羈諸宣父加我數年之言，而不能發軫於兹一塗，以逮白首，種種漫不知省，是奚謂乎？吾請以意解之。曦昌丘旦果聖乎？吾不得而知也。輔嗣康伯果知聖乎？吾不得而知也。自孔瞿心付，雖曼衍廣被，醇氣朽焉。率作卜占術算之細伎，迂誕日張，浮議稽天。七国以來，牽引附攀以自作傳注者，不知其幾千萬家。指馬交吻而不知決。喻如黄口小兒事多，且怒且啼。薄仇相結，豈不發四聖人之一笑乎？及趙宋，舂陵周翁以光風霽月之資，啓無極之秘壼，於是乎乾坤二曜之理，晦吝消息之義，露披而天睹矣。故不藉塗於輸王之荆棘而達孔瞿也。考夫易之爲體，溯之草昧，不見其始，引之覆燾，不窮其大，而天之位上、地之承下者，日月之塑虚，山海之坎行。生類之所以動，植物之所以静，而人民作止彝倫之冥，莫不一出乎此也。《竹居清事》。

惠嶠之蓮溪英丈和韵之序・題十日菊圖上

萬里集九②

惠嶠之蓮溪英丈乃風騷之主張，游門者衆矣。其中有一人，持十日之菊數莖，獻英丈之研右，蓋表當世之所弃故乎？又擬晚節之所存故乎？其義深哉？英丈作詩見謝焉，略取意於晚節既於前也。豫章先生詩云“張翰黄花字字新”，於英丈亦然而已。凡陶令雜薔薇而種菊，周茂叔及韓魏公亦愛其隱逸也。放

---

①翱之慧鳳（1414—?）：一作“翱之惠鳳”，著有《竹居清事》。

②萬里集九（1428—?）：室町時代中期臨濟宗僧人，著有《梅花無盡藏》。

翁《東籬記》之末，多多件件有編其名者，又呼回蜂，亦號羊歡草。早玩之則端午，其品勝菖蒲之有花也。晚用之則重陽，其例不及枚舉矣。寵辱之深，詳見皇甫氏鄭都官之什，開落之有無，互具六一翁、半山老之論。又至宗師家而天台光雲禪師，僧問："如何是西來意?"師曰："東籬黄菊。"予今所取，非釋非儒。凡丹青之妙處，加雄雌蝶於花下，指之以爲十日之菊，漫效畫工之顰云。詩見絶句部第三。《梅花無盡藏》。

幻雲稿　月舟壽桂①

能護先人遺迹，深酬太守洪恩。

天下茆葦，世道荆棘。雖乏宗材，亂中桃李。燒後松筠，尚存晚節。

遥瞻春陵佳氣，須會洛社耆英。

公承皈雲派下，廿年前在南禪秉拂。今來舊院領台帖、琉璃殿、瑪瑙河、桑福寺、十境之數也。琉璃殿安藥師像，公先廬在防州。

茂叔和尚住建仁山門

明應八年己未五月廿六日入寺，河内太守尾州祖，越中相公細川氏欲伐之。

仰之岷峨讓其高，矧與濂溪同其稱。

讀先天易，太極之裏豈無僧?

立集雲閣，重賞之下必有勇。

---

①月舟壽桂（1460—1533）：日本臨濟宗僧人，號幻雲，著有《幻雲詩稿》《幻雲文集》等。

玉潭和尚住天龍諸山疏　信仲以篤①

九淵龍不止於鍾水裏，將翔上天。千里驥豈老於槽櫪間，思致古道。傾變化之難測，蓋用捨之如何。願言斯遷，能鎮厥席。其廉隅内植，温潤外彰。蹈東海以拾珊瑚，吞西江不曾蒂芥。太極無極之論，濂溪時合於四聖。理界事界之門，善財頓入於十佛刹。苟非儒佛兼備，焉副人天具瞻。朱簾捲雨畫棟，飛雲山鍾絶勝。華岳連天，黄河入海。地增清高，毋拒魯杞。瘠肥克存，虞虢唇齒。《晦庵稿》。

與林道春　藤原惺窩②

敬軒劄記全册還來，好好。延平遺録全二册，附了此老平生，舉言“灑落”之二字，蓋深慕於濂溪，而有味乎此者乎？《惺窩先生文集》卷十一。

---

①信中以篤（一作“信仲以篤”）（1377—1451）：室町時代僧人，精通梵文、漢文，擅詩文，俗姓三善，法名明篤，著有《晦夫集》《松花集》等。

②藤原惺窩（1561—1619）：名以肅，略稱肅，字斂夫，號惺窩，又號北肉，京都人。德川幕府時開日本漢學研究先河，被稱爲日本朱子學鼻祖。少年時祝髮爲僧，二十多歲時，才學堪稱五山第一，成爲相國寺首座，三十歲後苦學儒學，一生不仕，林羅山是其門人，現存有《惺窩先生文集》。

答林秀才代田玄之 藤原惺窩

余姑以疑者論之，則鹽梅相濟，瑕瑜不掩，亦復有此理。微箕、比干、周武、伯夷所爲各如不同，而所欲亦如不异，故仲尼兼稱并取，不偏廢眷。夫風雩日省，父子异氣象，异中有同。故元氣周流之先聖，與其志，傳其道。坐春門雪之伯叔，异天資，异中有同。故光風霽月之先生，授其圖，接其統，同氣尚然，况他人哉！由是推之，紫陽質篤實而好邃密，後學不免有支離之弊。金溪質高明而好簡易，後學不免有怪誕之弊，是爲异者也。人見其异，不見其同。同者，何哉？同是堯舜，同非桀紂。同尊孔孟，同排釋老。同天理爲公，同人欲爲私。然則如何？學者各以心正之，以身體之，優柔饜飫，圓機流轉，一旦豁然貫通，則同歟，异歟？非見聞之智，而必自知然後已矣。嘗聞有因周、程、張、朱之言，譏謗韓子者，敬軒薛氏論曰："在周、程、張、朱誠可也，在他人不免不識己量之罪。"至哉昌言，余所懼又在茲矣！其二件者，《大學》綱領也。前回余雖卒然道著，而復非無所承，足下今所言，余先所言，衡決不合，何哉？余偶口囁嚅，而言不盡意歟？抑亦足下偶耳聽熒而意不曉言歟？必俟他日面布，於戲！壁陰之窗，燈雨之床，我往叩之乎？足下來訂之乎？狂愚之言，叨叨至茲，病癖未瘳也，尚莫恪瞑眩之藥，幸之又幸，蔑以加焉，不宣。慶長甲辰三月十有二日田玄之白。《惺窩先生文集》。

舊事本紀玄義 慈遍①

元氣之動，陰陽之振。由良由良，思之思之。如書曰：“無極而太極。動而生陽，動極而静。静而生陰，静極復動。一動一静，互爲其根。分陰分陽，兩儀立焉。”已上書文。《舊事本紀玄義》第九卷。

朱子贊 林道春

雲谷月晴，武夷水清。千歲所得，私淑周程。《林羅山文集》卷四十六。

羅山先生行狀 林讀耕齋②

惜孔子傳之絶失於中華，而作諺解也，熟讀《爾雅》而朱點之，乃欲别修倭雅而不全就也。旁通漢唐諸儒之説，而潛心於濂溪、明道、伊川、横渠、康節、考亭之手澤。且宋、元、

①慈遍：生卒年不詳，約爲鐮倉時代末至南北朝時代人。天臺宗學僧、神道家，俗名爲兼清，幼年出家，成爲公尋之弟子，後侍天臺座主慈嚴，擔任法印，接受伊勢神道。著有《舊事本紀玄義》《豐葦原神風和記》《天地神祇審鎮要記》等。

②林讀耕齋（1625—1663）：林道春第四子，名守勝，後改名爲靖，字子文、彦復，號讀耕齋。著有《本朝遁史》《讀耕詩集》《讀耕齋先生文集》等。

明儒之裨道學、翼聖經者，莫不咨証也。象山姚江等陽儒陰佛之學、亦能覶破之。

錦里先生全集序　木下順庵

先君子抱天質穎悟之器，而遇太平無事之世，一生之受用，以道德性命之學爲根本，以博聞多識爲枝葉。其如詩賦文章，残膏剩馥而已。是以上溯洙泗之淵源，下挹濂洛之波瀾，傍至於天經、地志、釋老、韜鈐、稗官小説之類，無不讀焉。故積年之工夫，翕而爲德業，散而爲文章。所謂和順積内，而英華顯外者，未有如先君之本末始終相備者也。《恭靖先生遺稿》。

書羅漢圖後　木下順庵

余乃讀卷中數子之所題，特怪南軒儒門之豪杰，内服魏公之嚴訓，外資朱、吕二先生之切劘，探道德之源，明義利之辨，而其稱贊异教，殆有不可解者，此豈佞於浮屠者哉？彼浮屠氏者，往往誣賢人君子，以爲其道之光華。若昌黎之交大顛、濂溪之會常總，其事不可必信也。若陸秀夫，趙家之忠臣，崖門一死，可與日月争光，其不惑於异教也必矣。趙孟頫忍耻於二世，甘臣事虜廷，其黨於胡鬼，其復何怪？余特感憤三子之事，爲識其後而還之。《恭靖先生遺稿》。

周書抄略序　山崎闇齋

《中庸》《孟子》之後，周子言誠至矣。所謂誠無爲，此言其本然也。静無而動有，此言其一動静也。動而未形，有無之間者，幾也。此與《易》"幾者，動之微，吉凶之先見者"相發，其先見則有動於中，不可謂無，然未形則無迹於外，不可謂有，故謂之間即是動之微，欲動而未動之間也。元亨誠之通，利貞誠之復。亦言其貫動静，而静中説復，與邵、程不同焉。伊川動上説復，而闢静見天地之心者，特指王弼而言也。堯夫之説復也，猶濂溪之説幾也，蓋天地之心，誠而已矣。或動上，或静中，動静之間，及其見之一也，若夫荀卿温公之言誠也，皆不知其至而語其次者也，學者思之。

延寶七年冬至日。垂加翁山崎嘉序《垂加文集》卷五。

伊洛三子傳心録序　山崎闇齋

洙泗學絶而伊洛再倡焉，楊中立始從學於明道先生，受《中庸》之書，後卒業於伊川先生。其志以聖人爲可學而至自勉，教人以静一體驗之法，是乃所聞於兩先生，而其本則從周子來焉。羅仲素聞諸龜山，李愿仲聞諸豫章，而皆静坐養成其德也。至於濂溪之風月，照乎延平之冰壺，則灑灑落落，瑩徹無瑕矣。若夫静坐之似禪定，則朱晦翁嘗明辨之也，彼口耳之徒，偏執其救蔽責備之言，而不問三子之所以爲三子矣。夫三子志學立心之固，從師求道之切，後世學者之所不及，而其相傳指訣，則漢唐諸子之所不曾知也。苟非真用居敬窮理之力，實見大本未發之中者，孰能識三子之度越諸子矣。嗟乎，晦翁説夢之譏，吾曹當自省以喚醒焉，豈徒爲諸子之事而已哉！源太守反復程書之餘，看詳三氏之書抄録之，彙爲三卷，名曰《伊洛三子傳心録》。嘉讀之，竊有感焉，於斯乎序。

寛文己酉三月朔旦，山崎敬義《垂加文集》卷四。

跋三子傳心録後　山崎闇齋

心之爲言，出於虞庭，而列聖傳授之法，子思著諸《中庸》。所謂喜怒哀樂者，皆心之用，而未發之中，則心之體也，中節之和，則用之行而不失其體者也。孟子傳此心法，以著七篇。所謂執中聖時者，君子之中庸也。四根之性者，未發之中也。四端之情者，中節之和也。千變萬化，衹説從心上來。及其没，而其傳絶焉。唐之李翺，雖尊《中庸》作《復性書》，然其滅情之云，釋氏之《中庸》，而非孔氏之《中庸》矣。宋之周濂溪繼絶學，著圖書，其曰主静、立人極，則戒懼之謂也。其曰無欲、静虚、動直，則致中和之謂也。二程受學濂溪，而遂爲諸儒倡。明道教人静坐，伊川每見人静坐，便嘆其善學。繇是觀之，若楊、羅、李三子，則可謂善學務本之君子矣。今儒者自謂學周、程，而未曾用一日静坐之力，甚者謗静坐，以爲异端，學之不講可憂也。源太守《傳心録》，正爲此而編也。藤子默尤重之愛之，手寫之，以示于余，且請一言以題厥後。予開而覽之，筆墨之温潤，字畫之楷正，固非躁急忙迫者所得而爲也。古人云，書，心畫也，心畫形，君子小人見矣，可不慎乎哉！

孟秋念日，山崎敬義跋《山崎闇齋全集》第一卷。

書周子書後　山崎闇齋

周子之書，朱子所集次，余未見之。度氏濂溪集、謝氏濂溪志、徐氏周子全書，皆非其舊矣，爰不自量，參考編次，以俟异日得原本云。

正保丁亥五月四日，山崎嘉跋《山崎闇齋全集》第一卷。

近思録序　山崎闇齋

晦庵朱先生曰："《近思録》好看，四子，六經之階梯。《近思録》，四子之階梯。"信哉是言也！孟子没而聖學不傳者，其無此階梯也。夫學之道，在致知、力行之二，而存養則貫其二者也。漢唐之間，非無知者也，非無行者也。但未曾聞存養之道，則其所知之分域，所行之氣象，終非聖人之徒矣。至於宋濂溪周子繼往聖而開來學，其所謂無極而太極，則啓大《易》之秘，而發《中庸》之妙也。誠能有得於斯，則四子六經，可不治而明矣。然此豈若异端頓悟之所得哉？先生教伯恭做數語載於後，正爲此也。竊謂一高卑合遠近者，聖人之道也。升高自卑，行遠自近者，聖人之教也。或馳於高遠，或滯於卑近，則皆非道非教也。先生此編，以"近思"之名而極高妙之言，小學、大學工夫悉備焉。實學者入道之階梯，不可不好看也。當時鄧絅問之略而不切，故先生且隨答之而已。後來陳潛室答人問之也。問者雜而不切，其答亦非達者語也。雖何北山著發揮，恐微言未析也。葉仲圭爲集解，楊伯岩爲衍注，皆未能深有所發明，汪器之議之是也，戴亨之補注，柳貫之廣輯，皆葉解之亞流也。周公恕亂成書爲分類，張元禎、陳文耀雷同而補成之，共犯不韙之罪耳。抑此編之後，劉子澄取程門諸子之説，編爲續録。先生以謂諸子終不及程子，接續其意思不得矣。其後蔡覺軒以先生之書，編爲續録，采張氏吕氏之書，爲之別録，嘉嘗閲之，不滿於心，聊試論之。夫先生經解之外，説天人之道，莫詳於元亨利貞、太極之二説。然選乎太極説，而遺元亨利貞説何耶？仁愛之有味，智藏之無迹，先生丁寧開示之，其全收仁説，則愛之親切，足以味之乎？其截取四性之論，雖有冬藏之言，而不聞其説之詳，則無迹之微意，孰得而識之哉？《玉山講義》，發揮四子旁通情也。此爲學者用力而講之，宜依先生編入好學論之例矣。《敬齋箴》，是存養之要也。《白鹿洞揭示》，則教學之法，而《大學》以來之規也。《答吴晦叔》知行書，則《大學》之藴而傳者之所未發也，皆不載之，其他可惜者猶多，今不盡論之也。別録之編，不取南軒《主一箴》，不舉東萊《大事記》，其亦遺恨也。蓋有周、程、張子而微先生，則此書之編不可成矣。先生以後，更無先生，則注解之眼，續編之手，果望於誰哉？

寛文十年夏五月九日，山崎嘉敬義序《山崎闇齋全集》第一卷。

中和集説序　山崎闇齋

薛敬軒曰：《中庸・序》所謂要領，天命之性也，一書之理不外是，亦可謂知要領者矣。夫天命之性，合體用動静而言。未發之中，其體之静也。中節之和，其用之動也。斯義至精至密，朱先生猶不惑年然後得之，遂定《章句》爲《輯略》，作《或問》，又特著首章説，以克己復禮。論修道之教，於是乎竊有感焉。夫天命之性具于人心，故存心養性，所以事天，而存養之要無他，敬而已矣。《易》曰："洊雷震，君子以恐懼修省。"蓋天之四德五行，爲人之五臟五性。心火德而亨，雷鳴夏，禮屬心，孟子云："恭敬之心，禮也。"天人妙合之理如此，位育之功，其在於敬，不亦宜乎！周子以中爲禮、爲和，程子論中和，必以敬爲言，先生常舉此示人者，其指深矣。予嘗讀《中和舊説序》，知先生所見之初終，惜哉其舊編之不傳也，仍爲此編，名曰《中和集説》，乃書所感於卷端云。

寛文壬子夏至日，山崎嘉序《山崎闇齋全集》第一卷。

性論明備録序 山崎闇齋

合理與氣，有性之名，故聖賢言性也，有以理言者，有以氣言者。成湯所謂恒性者本然，仁義禮智之理也。伊尹所謂習性者氣禀，耳目口鼻之欲也。夫子之言性與天道，則本然也。相近相遠之性，兼氣禀言之也。《大學》拂人之性，謂氣禀也。《中庸》天命之性，指本然也。孟子道性善，則本然也。君子不謂性者，氣禀也。周子所謂五性性命，本然也。五行之性，剛柔之性，氣禀也。夫本然、氣禀之説，程子、張子始言之，而其論爲明備矣，至明道先生此論，則前聖賢所未言處，勇猛攄發，無復餘藴者也。然非朱先生之説之詳，孰得而識之哉？因爲此編，題號《性論明備録》，亦取諸程先生之言云爾。

寛文十二年六月七日，山崎敬義序《山崎闇齋全集》第一卷。

贈楢崎正員序 山崎闇齋

生也自天地來，死也魂游于天，魄降于地，與天地化而一，更無來處，更無去處，此人物之始終，造化之道也。斯理也，聖人於《易》備言之，告子路之深，語宰我之詳，《中庸》發明之至矣盡矣，尚奚疑哉？但輪回之説行焉，不惟無學者被誣惑，而讀書者亦不能明辨之，可慨嘆耳。吾老友備後國人楢崎正員，質性謹恪，始不識文字，自憂不免爲醉生夢死之人，勤苦讀書，一年有一年工夫。而覺天地之外無復他道也。昔李初平年老，欲讀書而無及焉，遂聽周茂叔話，二年乃悟，可謂偉人矣。今正員讀書之力，全勝於初平，若親聽茂叔之話，則其所得爲如何哉？雖然，猶幸周氏之書存焉，正員玩索終身，則朝聞夕死，得正而斃，不亦可矣乎？因序以贈之。

延寶六年季春二十二日，垂加翁山崎敬義《山崎闇齋全集》第一卷。

廿二弄月窗記　三宅觀瀾①

程夫子自見濂溪先生，便得吟風弄月之趣。而其所以爲教者，必曰學以至聖人之道也。嘗稽諸古嘉謨高踪②，徵諸今能言質行之士，以索其所以能至之端。入之深也，茫乎不測。攻之力也，硜乎莫痕。終日不食，終夜不寢，畢未見有得乎己也。及吾退思默省，又尋其所以能索之心，聲譽之馳，榮侈之望，煩躁浮淺，實與流俗靡相距違，則所務所歸，自不知其何。而放者於是漸收，迷者於是漸返。始愕，中悔，終交大愧。將泚其顙、靦其面焉。即乎斯心而觀之也，親何不親，長何不長，所養何不報，所接何不盡？人而可虐，物而可傷。奸聲娃色之可留，污利濁行之可徇。温厚易直，本心之懿，藹然有若不已者。而昏晦醜染，外欲之誘，脱然有若不顧者。其僅存忽銷，或起乍輟，雖未必可保終於期月，而須臾之頃，方寸之内，亦豈不庶得吟弄之趣於仿佛，以本能至之端於己心歟？

---

①三宅觀瀾（1674—1718），姓三宅，諱緝明，字用晦，通稱九十郎，觀瀾爲其號，京都人，受水户藩主德川光圀重用，參與編纂《大日本史》，後成爲彰考館之總裁，著有《中興鑒言》。

②底本此處注云："恐有脱字。"

勿戕而害，勿泥而滓。遵養尊奉，謹守密防，遂以此洗心也。精明純粹，可馴而致，以此除欲也。機檻荆棘，痿痼淖穢，可廓開而渾化，以繹其理。燭而不塞，以處其事。順而不忤，愛敬忠正，君格父豫，信義矜群，友輔衆服。及夫貧富、窮通、進退、存亡之際，亦足以不隕不陵。潔己授命，以善其道，而推之国也禮，施之政也德，亦将足以布漸磨薰陶，休洽清夷之化焉。擴而充之，漸而進之，從容涵泳，日将月就，夫脱然者，必不留人欲于造次毫忽之末。而藹然者，必盡其天理之極，而全本心之德也。則静虚動直，表裏交照，忽不知已，體風月之氣象，而泛乎伊洛之淵源矣。然則志學者，必當知以至聖賢之道。欲至聖賢者，必當索所以至之端，而欲索其端，亦豈遠搜而他求耶？

今之學者則不然也，日講其道於陳編，而不本之於其心，其猶南行北轅，惡不潔而又被之泥。是以窮理雖精，不免穿破蔽錮，制行雖高，不兑激發矯飾。怪作僞辨，巧言莊色，一切以隔人已，競崇痹，收名望，甘利腴，以欺己誑人。揚揚坐都府，領衆徒，號爲老師宿儒，而曾十室忠信之不若。尚何希聖賢高明之域，而脱流俗污下之習？不思亦甚。我友三輪希賢，往日寓江府，以“光霽”名其齋。既歸京師，卜居闕門西南隅，有窗東向，其前則禁垣外空弃地，廖廓曠寂，履迹寡至，草莽不除。青青滿目，而咫尺之間，坐納諸山。因又名之以“弄月”兩字，其意豈徒哉！蓋有志聖賢之學，而本其端於己，必欲改今弊，復古道，直溯淵源、體其氣象者，而予亦仰羡從感，不揆其量，欲待大豪杰而起者也。因記。《觀瀾集》。

立誠持敬説　伊藤仁齋

學者之於道，莫先於立誠，亦莫要於立誠焉。苟非立誠，則不能盡其性，而成其道也。故孔門之教，特以忠信爲主，立誠爲居業之本。凡所謂忠恕之説，慎獨之義，戒懼之法，反身之功，皆莫非誠之之謂也。故《中庸》曰：“誠者，天之道也。誠之者，人之道也。”夫誠者，實而無虚，真而無反，聖人之事也。誠之者，去其虚而盡其實，捨其反而求其真，學者之事也。然及其成功，則一也，而又由學者言之，則誠雖已立，而不敬以持之，則亦不能爲己有，以誠之難致，而實之難踐也。故至於程門，亦專以持敬之功，爲存養之要，蓋爲此也。故其言曰：“主一者謂之敬，一者誠也。”又曰：“誠，然後能敬，未及誠時，却須敬而後能誠。”是也，蓋誠者其本，而敬者所以達夫誠也。是以言誠則不消言敬，言敬則有誠在，此孔門之微旨，而程子之所以重發主敬之旨也。後之儒者，不究源委之所自，特倡持敬之説，而亦不知專務忠信立誠之功，所以其學支離而不一，迫切而不大，終身由此而卒無可安之地矣，豈非工夫顛倒，而用力失措也哉！其特持敬，固不若立誠之爲得其要，故吾屢言之而不厭焉。

然《書》所謂曰欽，曰寅，曰畏，曰恭，皆説主敬之旨不一，而紀立誠之語極罕者，何哉？蓋聖人至誠無息，全體天理，固不待立誠，然其所以兢兢業業，欽、寅、畏、恭者，亦至誠之念，自然而使然也。是故聖人之所以爲聖人者，本在於至誠無息之妙，而不在於欽、寅、畏、恭之功，誠與學者之用功，不可一例而語也。《語》所謂君子修己以敬，意亦如此，故曰修己安百姓，堯舜其猶病諸是也。且觀孔孟言敬之語，多主於事親事君，及承祭祀、執百事之間。而修身治心，必以立誠爲之本，蓋誠者，真實無妄之謂，而敬者，有尊崇奉持之意。故雖事親事君，承祭祀、執百事之間，亦必無有誠實之心以向之，則敬非其敬矣。故曰不誠無物，此誠者，實聖學之所以成始成終，而無餘藴者也，亦奚疑哉！故誠立，然後敬以持之，則可也。不先立誠，而遽欲持敬，則不可也。《語》曰：“子以四教，文、行、忠、信。”而程子以爲四者以忠、信爲本，夫子家法，豈不益彰然哉？此篇説敬，稍與先儒异，然襲主一之訓，説聖人曰全體天理，皆是初年之見。

長胤謹識《伊藤仁齋　伊藤東涯》。

讀近思録鈔　伊藤仁齋

晦庵跋《近思録》云："懼夫初學者不知所入也，因掇取其關於大體，而切於日用者，蓋以太極、陰陽、鬼神、性命之説爲所入之説，而求端之方矣。"謹按，聖門之教，以德行爲學，雖有言語、政事、文學等科，本德行中一事焉耳。未聞以太極、陰陽、鬼神、性命之説，爲所入之説而求端之方也。議論之高莫宋人若，而後之學者亦惟知悦議論之高，而未知其離道德實昉於此。蓋道德盛，則議論平。道德衰，則議論高。議論愈高，離道德愈益甚焉，而人倫日用之功蔑如矣。若佛老之説及理學者流之學是已，大抵宋之一代，禪學大行，上自文武百官，下至於賈人賤匠，老尼幼女，凡少識字者皆莫不習禪，浸淫染漬，靡然成風，雖老師宿儒，不覺自陷於其窠臼而不能逃焉。於是以悟爲的，廢百事趨之，苟於太極、陰陽、鬼神、性命之説有得焉，則爲學已至，而不知其與聖門德行之學實相背馳，何也？蓋失道德，則必以理性爲主，以理性爲主，則以悟入爲要，其論雖高，實空疏矣，惜哉！著《讀近思録鈔》其詳於《語孟字義》者不復贅於此。

時元禄辛未之歲春三月，維楨謹識

濂溪先生曰"無極而太極"。晦庵先生解之曰："上天之載，無声無臭，而造化之樞紐，品彙之根柢，非太極之外復有無極也。"

維楨按，晦庵之解既非濂溪之本旨，而濂溪之本旨又非聖經之意，故今亦論晦庵之解戾於濂溪，而後備明濂溪之説非聖經之旨。蓋周子之意以爲有斯理而後有斯氣，故曰無極而太極，無極者，謂無物之前自有理，太極即指一元氣而言，其意甚分明。而朱子遷就周子之本意，一以己之意釋之，故不免於本文處處窒礙，而後人亦不覺其非。噫！夫讀周子之書者，當從周子之意以解之，不可以己之説雜焉。若以己之説雜之，則既不是周子之本意，况以己之説改變之，則大不可也。

周子之學，蓋本漢唐舊注，未嘗有所變易。其改漢唐舊説以性爲理，仁義禮智爲性者，皆自伊川始。故周子太極之旨，從漢唐舊注解之爲是。班固《藝文志》曰：“太極，元氣，函三爲一。”《易疏》曰：“太極，謂天地未分之前，元氣混而爲一。”故周子以元氣爲太極，而以無物之前自有理爲無極，故曰太極本無極也。又曰“無極之真”，其理甚分明，下文節節相應，而朱子以太極爲萬理之尊號，而解“無極”二字爲無窮極，而謂非太極之外復有無極，皆非周子之本意。《圖解》雖若有所發越，奈其非周子之本意何？

或問：“朱子何故不從漢唐舊注，又不深究周子之原旨，妄以己之意釋之邪？”曰：“《大傳》以一陰一陽往來不已爲道，而未嘗就斯上面論理。蓋陰陽二氣充滿天地，相推相蕩，萬古不已，不知誰使然，即所謂道也。倘於一陰一陽往來不已之前求理焉，則老莊虚無之説，非聖人之旨也。朱子之學本自禪莊來，故以理爲本，而以氣爲粗，爲善惡雜，而不知天地間唯此一元氣，而所謂理者，反是就氣中指其有條理者而言。故以爲太極爲氣，則以爲《大傳》爲謂氣而遺理，知有形而下之器，而不知形而上之理。故强以太極爲理之尊號，而爲無極、太極共一意而無别，可謂誣矣。”陳北溪曰：“周子謂無極而太極，‘而’字衹輕接過，不可就此句中間截作兩截看，可謂皆牽合之甚也。”

或又問：“漢唐諸儒以太極爲一元氣，是知形而下之器，而不知形而上之理，至宋儒發明殆盡，而以理爲本，而氣云者，理之使然者。固漢唐諸儒之所不及，于所謂太極生兩儀合。”曰：“不然，《彖》曰：‘大哉乾元，萬物資始乃統天。至哉坤元，萬物資生乃順承天。’蓋乾元，陽氣之始，坤元，陰氣之始，所謂一元氣是也。其於乾則稱萬物資始，又稱統天，于坤則稱萬物資生，又稱順承天，則豈容於一元氣上面添一物乎？

又《説卦》云‘立天之道曰陰與陽’，又可見外陰陽無所謂天道者也。由是觀之，則漢唐諸儒以太極爲一元氣者，乃《易》之本旨，而以太極爲理者，乃其臆見，非《易》之本義，又非周子之意也。”

“太極動而生陽，動極而静，静而生陰，静極而動，一動一静，互爲其根，分陰分陽，兩儀立焉。”朱解曰：“太極之有動静，是天命之流行也，所謂一陰一陽之謂道。誠者，聖人之本，物之終始，而命之道也。”

氣有動静，而理無動静，其所以氣有動静者，即理也。然不可以動静即爲理，其曰動而生陽，動極而静，静而生陰，静極復動，又曰一動一静互爲其根，分陰分陽，兩儀立焉。則可見太極者，即指一元氣而言。其“生”字是分生之生，非生出之生，故曰分陰分陽。朱子謬爲生出之意，故以太極爲理，而□生於太極，而不知理無動静也。或曰：“朱子曰理有動静，故氣有動静，若理無動静，則氣何自而有動静乎?”曰：“此言甚非也。謂有動静者理也，則可，謂理有動静，則不可。若曰理有動静，則理與氣何分？其不可也必矣，可謂强辨也。”

太極本無極也。

周子以太極爲一元氣，以無極爲理，至此益明矣。詳其語勢，自五行而陰陽，而太極，而至無極而止。太極之於無極，猶五行之於陰陽，陰陽之於太極，皆推本言之，而發明有理，而後有氣之義，故不曰太極即無極，而曰太極本無極，多少分曉，觀“本”字可見。

五行之生也，各一其性。

此二句與上下文不相蒙，義亦不相接，故葉平巖斷之别爲一段。按朱子舊本，以此二句連續上文，摠注之曰：“五行具，則造化發育之具，無不備矣。故又即此而推本之，以明其渾然一體，莫非無極之妙，而無極之妙，亦未嘗不各具於一物之中。”平巖不察，特引張南軒之注而補之，可笑之甚。或曰：“此錯簡當在上文‘生水、火、木、金、土’之下。如此則五行無極，皆各以類相從，文詞順妥，意亦相承。”然近世之文章恐不可有錯簡，姑俟。

無極之真，二五之精，妙合而凝。

《老子》孔德之容章云："其中有精，其精甚真。"林希逸注曰："發明無物之中，真實有物。"圖説"精""真"二字蓋本於此。無極之真，即所謂無物之中，真實有理，所謂未有天地之先，畢竟是先有此理。二五之精，統陰陽五行之氣而言之，即太極也，所謂五行一陰陽，陰陽一太極是也。觀周子不曰太極之真，而曰無極之真，則知太極則一元氣，而無極者，即其所以然之理也。以無極、太極爲一，而無別者，非周子之本旨，羅整庵深譏"妙合"二字有害於理，甚是，見於《困知記》。

語孟字義　伊藤仁齋

天道凡七條。

道猶路也，人之所以往來通行也，故凡物之所以通行者，皆名之曰道。其謂之天道者，以一陰一陽往來不已，故名之曰天道。《易》曰"一陰一陽之謂道"，其各加"一"字於"陰陽"字上者，蓋所以形容夫一陰而一陽，一陽而又一陰，往來消長，運而不已之意也。蓋天地之間，一元氣而已矣，或爲陰，或爲陽，兩者衹管盈虚消長，往來感應於兩間，未嘗止息。此即是天道之全體，自然之氣機，萬化從此而出，品彙由此而生，聖人之所以論天者，至此而極矣。可知自此以上，更無道理，更無去處，考亭以謂陰陽非道，所以陰陽者是道，非也。陰陽固非道，一陰一陽，往來不已者，便是道。考亭本以太極爲極至，而以一陰一陽爲太極之動静，所以與《繫辭》之旨相盭太甚也。

天道有流行，有对待。《易》曰"一陰一陽之謂道"，此以流行言。立天之道，曰陰與陽，此以对待言。其實一也。流行者，一陰一陽，往來不已之謂。对待者，自天地日月、山川水火，以至於昼夜之明暗，寒暑之往來，皆無不有对，是爲对待。然对待者，自在流行之中，非流行之外又有对待也。

何以謂天地之間，一元氣而已耶？此不可以空言曉，請以譬喻明之。今若以版六片相合作匣，密以蓋加其上，則自有氣盈於其内，有氣盈於其内，則自生白醭，既生白醭，則又自生蛀蟫，此自然之理也。蓋天地，一大匣也，陰陽，匣中之氣也，萬物，白醭蛀蟫也。是氣也，無所從而生，亦無所從而來，有匣則有氣，無匣則無氣。故知天地之間，祇是此一元氣而已矣，可見非有理而後生斯氣，所謂理者，反是氣中之條理而已。夫萬物本乎五行，五行本乎陰陽，而再求夫所以爲陰陽之本焉，則不能不必歸之於理，此常識之所以必至於此，不能不生意見。而宋儒之所以有無極太極之論也，苟以前譬喻見之，則其理彰然明甚矣。大凡宋儒所謂有理而後有氣，及未有天地之先，畢竟先有此理等説，皆臆度之見，而畫蛇添足，頭上安頭，非實見得者也。

《易》曰："天地之大德曰生。"言生生不已，即天地之道也。故天地之道，有生而無死，有聚而無散。死即生之終，散即聚之盡，天地之道，一於生故也。父祖身雖没，然其精神則傳之子孫，子孫又傳之其子孫，生生不斷，至於無窮，則謂之不死而可，萬物皆然，豈非天地之道有生而無死耶？故謂生者必死，聚者必散，則可，謂有生必有死，有聚必有散，則不可，生與死对故也。

或以爲自天地既闢之後觀之，固一元氣而已。若自天地未闢之前觀之，祇是理而已。故曰"無極而太極"。適聖人□未説到一陰一陽，往來不已上面焉耳。曰："此想像之見耳矣。夫天地之前，天地之始，誰見而誰傳之邪？若世有人生於天地未闢之前，得壽數百億萬歲，目擊親視，傳之後人，互相傳誦，以到於今，則誠真矣。然而世無生於天地未闢之前之人，又無得壽數百億萬歲之人，則大凡諸言天地開闢之説者，皆不經之甚也。所謂清者升爲天，濁者降爲地，邵康節以十二萬九千六百年爲一元，及天開於子，地闢於丑，人生於寅等説，皆漢儒以來，狃聞戰国雜家讖緯諸書、迂怪不經之故説，互相附會耳。均之佛氏所謂無始，老氏所謂無極之前，亦皆妄誕而已矣。夫四方上下曰宇，古往今來曰宙，知六合之無窮，則知古今之無窮，今日之天地即萬古之天地，萬古之天地即今日之天地，何有終始，何有開闢？此論可以破千古之惑，但可與達者道，不可與痴人道。”或謂，既不可謂天地有終始開闢焉，則又不可謂無終始開闢。曰：“既不可謂天地有始終開闢，則固不可謂無始終開闢，然於其窮際，則謂聖人不能知之，况學者乎？故存而不議之爲妙矣。”《語孟字義》。

晦庵《太極圖解》云：“太極之有動静，是天命之流行也。”蓋依《周頌·維天之命》之詩而言之，程子亦曰天道不已，文王純於天道亦不已，皆指一陰一陽往來不已者而言，尤非也。所謂命者，乃謂上天監臨人之善惡淑慝，而降之吉凶禍福，《詩》曰：“維天之命，於穆不已。”其意蓋謂天命文王，王斯大邦，延及子孫，永篤保之，故其下繼之曰：“於乎不顯，文王之德之純。假以溢我，我其收之。駿惠我文王，曾孫篤之。”可見詩意總言保佑命之，自天申之之意，本無陰陽流行之意，太甚分曉。

聖人既曰天道，又曰天命，所指各殊，學者當就其言，各理會聖人立言之本旨。蓋一陰一陽往來不已之謂天道，吉凶禍福不招自至之謂○天命，理自分曉。宋儒不察，混而一之，盭於聖經特甚矣。陳北溪《字義》曰：“命一字有二義，有以理言者，有以氣言者。”其説出於考亭，杜撰特甚，觀其所謂理之命者，即聖人所謂天道者，而獨於聖人所謂命者，推爲氣之命，故天道天命，○本混而爲一，而聖人所謂命者，反爲命之偏者，可乎？聖人既曰天道，又曰天命，則可知天道與天命自有别。北溪又謂有理之命，又有氣之命，而氣之命中，又有兩般。嗚呼，聖人之言，奚支離多端、使人難曉若此邪！

性凡五條。

性生也，人其所生而無加損也。董子曰：“性者，生之質也。”周子以剛善剛惡，柔善柔惡，不剛不柔而中焉者爲五性是也，猶言梅子性酸，柿子性甜，某藥性温，某藥性寒也。而孟子又謂之善者，蓋以人之生質雖有萬不同，然其善善惡惡，則無古今無聖愚一也，非離於氣質而言之也。周子《通書》曰："性者，剛柔善惡中而已矣。"是祗言衆人氣稟之不齊耳，非定爲五性也。《太極圖説》所謂五性感動者，就一人分上言，漢儒所謂五常之性，仁義禮知信也，仁齋讀《近思録》，混合此兩説，此亦應然。《語孟字義》。

論宋周程張李之學　伊藤東涯

周子曰："無極而太極。"又曰："五行一陰陽也，陰陽一太極也，太極無極也。"《太極圖説》

胤按，儒家之言無極，始於此矣。周子之意，蓋推五行而一之陰陽，推陰陽而一之太極，推太極而本之無極。太極者，元氣也，動者爲陽，静者爲陰。無極者，理也，所以動而陽，静而陰之故也。自理而爲氣，故曰無極而太極，又曰太極本無極也。宋史舊傳作"自無極而爲太極"，其意自可見矣。今審其言，太極之名，見於《易·繫辭》曰："易有太極，是生兩儀。"即《漢志》所謂"太極元氣，函三爲一"者，而言一元氣分爲陰陽也，無極之言，不見於六經，始出於老子書曰"常德不忒，復於無極"説者。謂無極者，無物也，即其所謂有生於無之始也。周子以太極名篇，冠之以無極，蓋其所獨創，自是而無極太極之説，爲儒學之藴奧。《圖解》以太極爲即無極，則亦理之謂也，殆非周子之意。

周子曰："五性感動，而善惡分，萬事出矣。"

胤按，周子所謂五性者，指剛、柔、善、惡、中五者，就氣質爲説。《通書》中詳列其目，且觀其曰五性感動，善惡分，萬事出，可見矣。《圖解》則以中正仁義配五行，而謂之五性，然周子以仁義配陰陽，爲人之標準，故末引《易》曰："立天之道，曰陰與陽。立地之道，曰柔與剛。立人之道，曰仁與義。”其意自可考知也。

周子曰：聖人定之以中正仁義而主静，無欲故静。立人極。

胤按，於是乎始言中正仁義矣，始言無欲主静矣，蓋人之生質剛柔善惡，所禀不同，故聖人定之以仁義中正者也，何者？仁義之德雖尊，而苟失其中正，則爲煦煦之仁，爲孑孑之義，故不但言仁義，而必曰中正仁義，又恐人之認以爲四件。自注曰“仁義中正而已矣”。《通書》又曰：“聖人之道，仁義中正而已矣。”其旨不亦晰乎？周子之學祖《易》，《易》道尚中正，而《大傳》又以仁義爲人之道，則《圖説》所言，固有所由本矣。而《圖解》以中正做禮智，而先之仁義，則可疑也。從孟子以來，恒稱仁義禮智，未有以禮智先仁義者，而以中爲禮，以正爲智，亦未前聞。《圖解》蓋以五常爲五性，配之五行，故爲解如此，要非周子之本意矣。至其以無欲主静爲人極，則周子之旨，亦與聖人之道不同矣，何也？人之有欲也，與生俱生，縱而莫之節，則淫蕩不法，固無分人道於禽獸，故有禮義之爲之堤防，而後人有以立。然欲一念不動，一塵不染，如槁木，如死灰，亦非夫人之所能爲也。反令有之，亦不過徒爲一個恬静廉介之人焉耳，豈能得致與天地合其德，日月合其明，四時合其序，鬼神合其吉凶之盛哉？故夫子存三戒，孟子訓寡欲，而未嘗有以無欲爲教者也，平居以道德仁義勸诱人，其功爲多，而今以無欲主静，爲用工之極，則本老子所云“常無欲，以觀其妙”之説，而亦且與《易》之旨异矣。《易》之爲教，扶陽而抑陰，進君子而退小人，故於《復》之一陽始生曰“其見天地之心乎”？而程子斥王弼以静見天地之心之説，曰非知道者，孰能識之？則固得《易》之本旨者，而與周子之意有不同矣。大抵周、程、張、朱雖同爲伊洛之淵源，而其所立説各自不同，後世學者，回互調停，不肯置异同於其間，而謂三代已來，相傳衹是如此，則亦考究之未至焉耳。

韶按，周子説誠，此條不引説誠章，不知先意如何也。《伊藤仁齋　伊藤東涯》。

大疑録　貝原篤信①

大疑録卷之上

聖人之道，上古雖有繼天立極之人，如其教法未有之聞。至唐虞而有精一執中之傳，敬敷五教之命，是可爲立教之權輿，而後歷夏商周三代，而其法漸而備，然未得其詳明，至孔子而大明。孔子之道，孟子得其正宗，發揮之而爲詳，蓋天地之氣運，自萬古以降，逐時漸變，故人文之開亦隨焉而不息。雖唐虞三代之聖世，然人文未能一時開盡，必有待後世，是自然之理，然則自今而後至百世，亦當逐時漸開而不息。孟子之後，歷漢唐，斯道之傳将絶如綫，至宋諸君子輩出繼之，而復有可觀者焉。如二程、朱子，傳注解説之功，可謂大矣。蓋孟子之後，雖豪杰之士多矣，然知道立教之人，但當以二程爲最，其次則無如朱子，雖然其德未及聖人，其學亦恐未至聖處，然則後學之人於二程及朱子固可貴也，可信也。然如其言論，恐不與孔孟合者亦多矣，不可比并也。學者於其同异得失，虚其心，平其氣，而精慮之，詳擇之，而信其可信，疑其可疑，則可也。古人曰“學者，覺也”，覺悟所不知也，故爲學之道在解疑開迷，是以學以能疑爲明，以不能疑爲不明。故朱子曰“大疑則可大進，小疑則可小進，不疑則不進”，然疑有邪正，精思不得已而疑者，正也，妄疑者，鑿也，不可爲正。

宋儒之説，以無極爲太極之本，以無爲有之本，以理氣分之而爲二物，以陰陽爲非道，且以陰陽爲形而下之器，分别天

①底本署名：“筑前貝原篤信著，仙臺大野通明校。”貝原篤信（1630—1714），字子誠，小字久兵衛，號益軒，又號損軒，著有《大疑録》。大野通明，號北海。

地之性與氣質之性以爲二，以性與理爲無死生，是皆佛老之遺意，與吾儒先聖之説异矣，學者不可不精詳明辨也。且論守心法曰主静，曰静坐，曰默坐澄心，體貼天理，以静坐爲平生守心之工夫，是皆偏於静，而不能時動静，即是禪寂習静之術，非儒者之所宜言也。且論心體爲虚靈不昧，論天理爲冲漠無朕，此佛老之遺意，與孔孟之所教异矣。凡宋儒之説固是祖述於孔孟，又有不本乎孔孟，而出於佛老者，學者不可不揀擇去取。夫宋儒之排斥於佛老極謹嚴，而何以外道爲祖述如此邪？是皆愚之所以疑惑，而不能解也。

秦漢以來之載籍，我不知若干部，其中好書固多，不可枚舉。然而義理純正而不雜，論説廣博而明備，學者之得益無窮者，無如朱子之書。故天下之理，於其中求之而不得者，鮮矣。譬如入廣肆之中，而探求有用之物，無所求而不在其中。吾曹幸生於朱子之後，而得窺其書，可謂有無窮之幸，又罔極之恩也，故吾亦敬之如神明，信之如蓍龜。

孔子之後，傳聖人之教而學到至處者，特孟子一人而已矣。蓋由有三幸也，一曰以其命世之才也，二曰其生也近聖人之世也，三曰其所處聖人之居也。孟子之後，周、程、張及司馬并是賢哲，有功乎斯道之人，而程朱之所傳最得其正，其學術亦比之諸儒特廣大精詳，可爲後學之模範，故孟子以後，程朱之功甚高矣，而朱子之功最大矣。然則孔孟之後，唯此二子誠可以爲知道之人，學者之所當爲宗師也。

陸放翁《跋朱子易注》云：“易道廣大，非一人所能盡，固守一家之説，未爲得也。”放翁此言，可謂得古人爲學之意也。

爲學者惟宜不敢自信，而篤信其師，是爲善也。然而人非聖人，雖賢者不能無過不及之差、偏辟之誤。譬諸日月之明，不能無浮雲之蔽，明月之珠，不能無瑕纇。是以雖賢者，其論説廣博之中，必有駁不能盡粹美者。然則不可無取捨乎其間，而信其可信者，疑其可疑者，乃可以爲擇善也，擇善而後固執之而可也。苟不擇善，而欲固執，恐不免蔽塞偏辟而已。且天地之間，祇理最廣大無窮，雖大賢，非一人所可能知能言。故古人雖街談巷議亦取焉，狂夫之言復擇焉，芻蕘亦詢焉者，欲廣聞多觀而止至善之地也。是以雖舜之大知，好問察邇言，捨己從人，且詢於四岳，闢四門，明四目，達四聰。是聖人至公無我之心，亦恐有所壅塞於自己之聰明也。《淮南子》曰："同不可以相成，必待异而後成。"後漢劉梁曰："夫事有違而得道者，有順而失義者。"是君子之所以好言讜言也，然此與道不同不相爲謀，其旨大异，吾所謂异者，謂殊塗而同歸也，非如异學不同歸也。

予自幼年誦朱子之書，尊其道，師其法，服其教，然於其所不解，則致疑思而審擇，未嘗阿所好，是欲徯他日之開明耳。

聖人作六經，夫聖人之言爲萬世之模範，可信而不可疑，就中《易》書是精詳微之極，六經之藴奥，萬世之龜鑒，是不信也，孰可信也。

一陰一陽謂之道，兩"一"字是一氣之動静，一爲陰，一爲陽，循環無窮之謂，陰陽之流行，往來迭運而不息之妙也。竊謂聖人以"一"字加於陰陽之上，是必有深意，不加"所以"二字而意自足矣。夫聖人之言，萬世之信也，不可疑。况《易》中此一句，天下義理之大本，不可有一字欠闕，而加之以"所以"二字乎！恐是僭率之事，所謂畫蛇添足。

道是陰陽之流行，純正而有條理之謂，是陰陽之本然不紛亂者。理是氣之理，理氣不可分而爲二物，且無先後，無離合。故愚以謂理氣决是一物，朱子以理氣爲二物，是所以吾昏愚迷未能信服也。

聖人於《易》，再言以陰陽爲道，嗚呼，聖人之一言可爲萬世之信，不可疑也，况丁寧告教乎！

朱子曰：身有死生，而性無死生。李退溪《自省録》亦曰："氣有生死，理無生死。"夫朱子之賢，李氏之學，其所説不容有差，然而予之昏愚，於此等説未能通曉，故於此姑述臆説，記所疑如左，以徯識者之開示，是亦欲就有道而正之意耳。竊謂人身氣聚則生焉，氣散則死焉。性者，人所受天之生理也。理者，氣之理也，非有二也。苟身死，則生之理，亦何處在耶？

蓋人身以氣爲本，理即氣之理，故生則此理在矣，死則此理亦亡矣，故無身死而性存之理，有此身則有此性，無此身則此性亦隨而亡，無所寄寓。譬如水火有寒熱潤燥之性，而水火既竭熄，則其寒熱潤燥之性亦隨而亡，尚何可存耶？

性即理者，非性字之正解也。《中庸》："天命之謂性。"言天之所命，便是人之所受之謂性，是爲正解，"性"字不用他解而足矣。孟子曰："形色者，天性也。"亦是以容貌所稟受言性也，孔子、子思、孟子之説性也，其意相通而一也，俱以所稟受而言，稟受之外更無性。孟子説性善者，指稟受之本然而言之，理一之謂也。或曰：如桀紂爲至惡，復有殺父與君者。如子越椒，生則有豺狼之聲，苟以其氣質之性言之，則不可概乎爲善，何可爲相近乎？予曰：如桀紂、子越椒、隋煬帝之輩，固是性之惡者。然天下之理有常有變，善者，是性之常也，惡者，是性之變也，其變者極少，不可爲常，是何有害於以性爲善乎？蓋如桀紂之性惡者，億兆之中一人而已，不可爲常也。今夫人之於飲食也，好甘惡苦者，人之常性也。然千萬人之中，有惡甘而好苦者，是不可爲人之常，人生之有惡者亦如此。然則天下古今之人，雖有賢愚不同，然爲性相近者，同是可爲善也。

羅整庵立理一分殊説是簡要之言，不要分析而發明"性"字。愚謂，性者，一而已矣，不可分天地、氣質之性爲二。其理一者，言性之本然，其理一也，同是一也。性之雜糅，其分殊也。人皆可以爲堯舜，其分殊者，稟二氣之生，質各殊也，故曰性相近，習相遠，是以上智與下愚不移。氣質者，性之本義然。以所受天而言之，天地之性亦是所稟受之本然，非有二性，然立二名者，恐嫌有二性，不如以理一分殊説之，易簡而無疑惑也。蓋本然者，則是氣質之本然也，氣質亦是天之所命，非有二性。譬諸水，其流動盈溢且滋潤者，水之質也，其清者，水之本然也，其質與清者，非有二也。

古今天下唯有一夫子，若伯夷柳下惠，雖有高世之節行，清和之聖德，不能無隘與不恭之病，所以不及夫子也，況不及夷惠者乎？如宋儒之於孔子亦然，雖稱有繼往開來之功，而不能無偏僻蔽固之病、同异得失之差。故其説間有與聖言睽違者，亦當必然之理也，故程朱雖賢哲，豈可得與孔子同班乎？然則於其説也，學者亦當如所取捨也。

人非聖人，雖賢者多有偏曲，故其學識性行亦必有通有塞，有所長，有所短。其所通必開明，其所塞必固滯。故讀書之法，雖賢者之言，復當要有揀擇去取，苟偏信而不疑，恐不免有蔽固昏迷之失。然則學者之於先儒也，當信而信，當疑而疑，則可也。苟於其取捨也，平正而無偏僻，則可謂善學也。後世之學者，往往阿所好，偏陋主張之病多矣。

竊謂太極、陰陽、道器、理氣、心性之説，萬古一源，千聖一道。五經四書，無不同條共貫。蓋古今互相祖述而言者，所以無异同也。孟子没後，歷漢唐至於近世，捨古學而偏言新學者，往往不能無與先王乖戾。雖豪杰之士，亦其立説不免有偏异，學者之所宜精擇而取捨也，蓋有言聖人之所未言，而當道者是聖人所説之餘意，而上下同流者也，其有與聖人所言條貫不同者，是可爲异説。然則雖先賢之言，苟有與聖人之説不同者，不可不擇而審之。

明季之儒士誹議宋儒之説者，往往夸己自高，賤程朱如奴隸，或以爲异學，爲非聖人之正派，自以爲高出乎其上，可謂方不知其量也。譬諸諫人者，亦須含蓄有餘意，苟駡詈誹謗，訐以爲直，以小過爲大過，失禮甚矣。雖言粗有理，然聞諫者忿怒而不納，却爲拂戾而不悛，此不知諫人之道也。後儒之議宋儒亦猶是，不知所以言也，况其言不當理者多乎！此言之不艱，而所以言之者艱也。

與人議論學術之是非，大率與諫人一般。卒爾誹議者欲信己而屈人，是小人逞勝心，而自是夸人，輕薄之事，非君子忠厚之道。假令其所説粗有理，然有諍氣，則聞者不從矣。善導者以誠意爲主，辭氣從容不迫，和平婉曲，而語明意暢，故聞者信從，是忠告善道也。凡與人議异同者，不要勵氣抗論，須氣象從容，言語婉曲，使誠有餘而言不足，則能動人。蓋人言不直則道不見，雖然不欲强誹謗其過失，衹須要含蓄而有餘味，衹欲理之直而已，不可欲我説之勝人，而争以口舌也。苟吾所言輕率，而好勝欲上人，則不能使人信服，却爲人所忿戾。孔子曰：“不可與言而與之言，失言。”徐偉長曰：“君子非其人則弗與之言。”《国語》曰：“惟善人能爲盡言，然則衹善人而可與言，苟非善人而言，是失言也。”

聖人者，百世之師也，孟子有功乎聖學者，繇循夫子之道而不違也。宋儒之説，苟有本乎孔孟之説，而源流相同，統紀不异，同條共貫者，是誠發明其道也，所當依據也。苟其不本孔孟而無統紀，其源流不同，而别立异論者，亦往往有之，雖賢者之言，不可曲信從矣。

權然後知輕重，度然後知長短。苟欲知學術之异同得失者，亦當如比。蓋聖人與賢者自有輕重，有長短，雖先儒之言，苟亦有不同條共貫，則不可概乎枉苟從矣。須要胸中有權度，而後明知其輕重長短也。然則宋儒雖賢哲，不可與聖人同班，恐不免有出入。若夫自宋季以降，至元明曲學之士，往往有阿過諛信於朱子，而與聖人乖戾者，可謂無權度也。凡後儒之阿過諛信於朱子而爲雷同者，習而爲風，何耶？此豈可爲善學朱子者乎！

如宋季以後學者，尊信程朱者固好，然蔽固者不知有聖賢之别，故同异得失不能取捨乎其間，以宋儒之説與聖人之言爲作一樣看，雖背戾於義理不爲患，衹恐不合於朱子，是以委曲遷就，而雷同從諛者，未免阿所好耳，是後世之學者，習而爲俗也。

宋季學者往往拘其所聞，私其所好，不本乎孔孟之正宗，别立門户，不免於一副當習熟纏繞，可謂所蔽固之深也。是以其説與孔孟所立之教，往往齟齬者多矣。學者無主張於彼説，而虚心思之，則知鄙言之不僭妄，然而如曲士束教之輩，其蔽塞深矣，苟不能洗去其舊見而來新意，則此弊不能改，而終身必昏迷於此。

君子之道本自易簡，易則易知，簡則易從。易知則由不艱深也，易從則宜行而有功，是以從者多也。孟子曰："夫道，若大路然，豈難知哉？人病不求耳。"又曰："徐行後長者謂之弟。"夫徐行者，豈人所不能哉？所不爲也。蓋孔孟之教，下學之工夫，本自易簡，而易知易行如此。如其上達，則下學之功至，而後所自到之效而已。此與佛氏之學務好高遠，而欲一超直入者异矣。後儒之爲説，亦往往艱深高遠，故爲難知難行之言，與孔孟之本教异矣。

孔門設教也，以孝弟忠信爲本，以學文力行爲學，平易如大路然，雖愚者易知易行，漸而真積力久而極其趣，則致高大而極精微，是下學而上達也。宋儒之學，以太極無極爲致知之先務，以静坐澄心爲力行之先務，以支離破碎爲文學之先務，是乃高遠艱深，細末無用之事。以難知、難行、無用、不急者爲先，與聖門之所立教，以孝弟、愛敬、文行、忠信爲先務者异矣。故其所爲教，高深艱險，所以爲難學難行而不易入也，後世學焉者厭苦之而難進者，由此也。

凡此等之疑議，可與聰敏、通明、博達、平正之人語，不可與蔽固、昏塞、曲學、偏僻之士論，所謂不可與言而與之言者，失言也。

凡博覽古人之書，其妄信者爲蔽也。因不明妄疑者爲僭率狂妄，衹信可信，疑可疑，是通明之士之所爲，乃爲學良法，有識見者如此，曲學蔽昧者之所不能也。蓋人非聖人，誰無過，故雖先賢，其學術有與孔孟不同條共貫者，而其言往往有與聖言相戾者，所以不可不審擇也。

《論語》孔門之所立教，萬世之標準，古今之法則也，不可加損。如宋季世諸儒之説，其分析過於詳審，其議論過於高遠，蓋其所分析甚詳細，然愈詳細則愈支離，不能渾融而會通，是以爲紛擾，而却蔽昧，與孔門所教异矣。蓋聖人之教自有大道，而平易，非崎嶇小蹊也。苟分析太過，則迷曲蹊邪途，而不能造大道，此由與孔門所教不同也。

宋儒之説往往與聖人不同。《易》以一陰一陽爲道，立天之道曰陰與陽，是可見陰陽之流行，正而不變者，即是道也，非以變亂者爲道也，故聖人未嘗以理氣爲二物。然朱子以爲理氣决是二物，孔子説性相近，子思曰天命之謂性，孟子曰形色天性也，又曰性善。此言禀受之本然，同受天者，本無有二性。孔子、子思、孟子，其立言無不同，蓋性相近者。言性善之中，其禀受雖有高下、厚薄、賢愚不同，其所禀皆有惻隱、羞惡、辭讓、是非之心，是以人之生也，秉彝之性皆有之，故曰性善。是以天下古今之性不相遠，故曰性相近。蓋天下古今之人衹有一性，不要分析於天地之性與氣質之性，其天地之性，亦豈非氣質之禀乎？苟非氣質，則何處禀受天性乎？氣質之性，亦豈非所受天地者耶？然則氣質之性，亦是天地之性耳，不可分而爲二。故孔孟未嘗説二性，不分析天地與氣質，而自分明，蓋性者，便人之所受天之名。董子所謂性者，生之質者，爲庶幾矣，蓋論性之本源，則同善也。是爲一本，論其末流則爲萬殊。然堯舜之性與衆人之性爲不异者，恐非是，何則？堯舜自有堯舜之性，衆人自有衆人之性，其所受不同，不可混爲一性。蓋物之不齊者，物之情也，所以有萬殊也。夫性者，受於有生之初者也，天之降命也固是善，其初無有不善，是一本也。然既成之而有性，則其初受氣時，自有清濁厚薄之不齊一，既禀受而在人身，則各一定而成性，故聖愚之初自不同。

宋儒示人，欲其詳審，故以理氣爲二物，且分天地之性與氣質之性爲説，所以分析大過也。衹孔孟之言性，不分析而其理自明。孔子謂相近者，性善者之相近也，故孔孟之説性，不可爲有异。蓋不分析而其理明也，是便所以渾融之勝於分析也。凡後世爲説辭者，與孔孟之源流相同則可也，苟與孔孟之所説源流不同而别爲异，則不可也。夫天地之開物發微以漸，是氣運之勢，自然之理也。故事固有古人所未言，而徯後世者。堯舜之所未言，而孔子言之。孔子之所未言，而孟子言之。孔孟之所未言，而宋儒言之者多矣。

宋儒之論説與孔孟源流相同，而發明孔孟之説者，是宋儒之所以有功於聖門也。而其中亦有與孔孟所言源流不同者，以無極説太極，以理氣爲二物，以陰陽爲非道，且以陰陽爲器，爲有天地之性，氣質之性，説性善之言曰性即理也之類。此皆與孔孟之本旨不同，其源流不相貫通者也。學者於宋諸先生無阿諛偏主之私意，而公平其心而觀之，則庶乎看其有异同矣。

説經如訓義之有小异者，無害於道，此猶可也。如宋儒説理氣，説無極，説道器，説性道類，皆是義理之根源。須要與聖言無小异，苟於此處有所齟齬，則雖先正之成説，不可阿諛曲從，須以聖言比較之，而知其异同也，蓋不正則道不著也。

朱子曰："如云不主一門，不私一説，則博而雜矣。"篤信竊謂朱子斯言，以吾愚觀之，則不能無疑，何則？苟以聖人爲依據，如七十子之輩，則固當如此而可也。程朱雖賢哲，其純粹至善，無偏無黨，恐與聖人不同。若衆人主其一門，私其一説，則恐不能廣覽公聽，而或有固陋寡聞蔽塞於聰明之患，又恐偏僻之士不免有阿諛曲從爲黨，以同伐异之私，是區區之疑惑，所以不可解也。口實者損軒之論，可啓發守株之愚蒙，言各有所當。

後學固不蔑視於昔賢，輕議於先輩，是後學之所當戒也。但然雖古人未嘗無少過失，然則是是非非之際，不可有毫髮假借阿諛之私也。

夫初立言者，雖賢哲或有未詳盡，如程朱之言，間有與聖人异條貫者是也。苟自後世而論前人，則雖中材亦可能焉，是所以後出者，巧也，然則雖後人所議，又有不可盡廢者。

後輩之於先賢，其高下淺深、大小廣狹，誠不可同日而語也。故吾輩之尊信先儒也，固當厚重，然先賢之於前聖，亦豈可無高下、偏正之同异邪？然則雖先儒之成説，又須取與聖人之言不相乖戾者，而信其可信者，疑其可疑者，要在審擇之而已矣。

古來時運變替，日漸赴繁華而未已，此澆漓之世所以斫喪其本實也。古今天下之時勢態，自不能不如此，是以經世之道、爲學之術，須娓娓以去其繁衍，反其本實爲要務，不要因循於其世運變遷之時俗爲可也。孔子生衰周，時論以繁文爲君子，以質實爲野人，孔子欲從其先進者，蓋厭其繁文，而欲反其質實也。孔子時尚爲近淳古，然其世運之變替既如此，况後世澆漓之時益失質實，而日趣繁華乎！秦漢以來，時運漸變遷，世道益煩擾，方今世學者之居世，當以質實爲本。亦且稍稍順時宜，苟背戾於時宜者，非居世之道也。

宋儒學術，其所發明逾於漢唐也遠矣。然其議論漸傷紛擾，其訓詁益煩，其注解講説極廣博，逐時枝葉彌繁衍，支派益分析。至後世，則泛濫流蕩而忘反，是以本實日斫喪，後儒之於此學也，不能奮發興起而改舊習者，滔滔皆然焉。故不能融會貫通而自得之，雖有名士，衹隨時俗，而不能改舊習而就本實。然則後世爲學之道，須要奮起而改舊習，省繁細而反本實，遏鑿碎而就渾融。蓋不可無隨時制宜之道也，是即聖人從先進之意，後學之所當仰嚮也。鄙意如此，君子以爲奈何耶？

程朱之爲賢哲也，豈止爲其學問見識之高明而已哉？抑其道德制行之正大，亦并可爲宗。如明季异學之輩，輕侮於程朱，而誹議者亦并其德行而蔑視之也。夫爲學而不知先儒之造詣，不尊有德，而妄貶議，自爲夸高，此不能爲君子儒，而甘爲小人儒也，可謂不知人又不知己也，昏愚之至也。

朱子之豪雄，以繼往聖、闢來學爲志。故經説議論條分縷析，極細詳以惠來裔，不藉後儒之煩説而足矣，是後世無窮之恩也。故其説既精細繁衍，後儒效其繁衍，而雷同分析，紛紛未休，然其所説繁多者，唯多言重復而已，不能發起①其余揮②。雖有之無所補，無之無所缺，且不能變改其舊習。然則朱子没後，英俊之士二三輩所發明之外，諸儒雖隱默而效喑啞亦可也。

朱子極排斥佛氏，用其力至矣，盡矣。蓋嘗出入乎佛氏，而深造其道也，宜乎闢之之盡，其精微，無餘憾也。然其平生所論之中，復間有與异學相同者，何也？是恐自《太極圖説》之中來也，其尊信周子之至厚，恰如尊信聖人，然故并非其所

---

①“起”：底本此處注云：“揮。”

②“揮”：底本此處注云：“意。”

作者而信之。蓋此書也，雖實周子所實作，亦[1]是初年之所見，非終身之所執持也。觀於《通書》之中，無無極之説，《通書》之言與《圖説》不類，且《二程全書》廣博之中，亦不説無極，而可知而已矣。

宋儒諸君子皆是賢哲，其學術性行超越於人，漢唐諸儒之所以不可及也。然其説與佛老粗近，而可疑者亦多矣，大凡人自非聖人，則不能無偏僻。譬之雖日月之明，不能無陰翳。雖明月之珠，不能無瑕纇。邵子曰："天能生而不能養，地能養而不能生，火能烹而不能沃，水能沃而不能烹。"天地尚無全功，水火何由有全能！愚謂天地尚無全功，况賢哲豈可無偏僻乎？然則宋儒之學雖近純正，然未能造聖人，則其偶[2]有偏僻者，亦其所也，豈可必爲無偏僻而盡信之乎？聖人之道，誠大中至正，其執德也爲弘，其爲行爲有全功，其下焉者，雖賢者恐不能全備。宋儒之學雖純正，亦未到聖處，宜乎不免有偏僻也。故其説往往有與孔孟之教不同者：以無極爲太極之本，以理氣决爲二物，判斷天地之性、氣質之性分之爲二，以一陰一陽爲非道，以陰陽爲形而下之器，以所以一陰一陽者爲道，以氣與體爲有死生，以理與性爲無死生，以静坐爲常時工夫，以主静爲立人極之工夫，且以孔子之説性，與孟子之説性，爲氣質天地之异。此皆愚之所以不能無疑也。

東坡曰："邪説之移人，雖豪杰之士有不免者。"蓋東坡之學固非正，不自知爲邪説所移，然其所言如是，便却是也。然則豪杰之士偶有所聞於方外之徒，而間有偏僻蔽固之説者，亦所不免也。近世偏陋之士以爲宋諸君子之學與孔孟相埒，而一疵不存，萬善盡備焉者，吾未知其可也。然明季、清初之書生，妄誹議宋諸先生之學以爲非孔孟之正傳者，亦是异學之徒，偏蔽昏塞之甚者，非確論也。

明王陽明是天下之英才，一時之人迷溺於彼學者，滔滔皆

---

[1]"亦"：底本此處注云："蓋。"

[2]"偶"：底本此處注云："間。"

是，此之晋人之清談，其害太過。羅整庵與王陽明同時之人，以陽明爲非，而與彼論辨，可謂聰明英俊之人也。羅欽順之學，其説不阿於宋儒，其言曰理衹是氣之理，又曰理須就氣上認取，竊謂宋儒分開理氣爲二物，其後諸儒阿諛[①]於宋儒，而不能論辨，衹羅氏師尊程朱而不阿所好，其所論最爲正當。宋季以下，元明之諸儒所不言及也，可爲豪杰之士也，如薛瑄、胡居仁二子，雖爲明儒之首稱，然其所見不及欽順遠矣。《大疑録》卷之上畢。

大疑録卷之下

昔人有言，人之不悟，蔽於物欲者固多，而迷於聞見者實不少也。愚按，此迷古來固多矣，且自宋季以降，曲士之迷於聞見而不開明者最多矣，學者之所宜自省察也。

自宋季以來，世儒之學術，過繁細詳審而支離蔓衍，學者用功之繁多勞擾，比於孔孟之時，何啻相什佰而已耶？其流弊無紀極，不知所止，所守不約，所以泛濫而無功者，滔滔天下皆是，此何由哉？豈非自宋以降，學術遂漸益繁，捨本走末，分析支離，實德遂亡乎？是以後儒效其尤而未已也。

或曰："程朱之言可盡信耶？抑又可間容疑耶？"曰："聖人之言，固可爲萬世之信，其次賢者之言，亦可爲則。然知與行相爲表裏，雖賢者其行有過，則其知亦豈無偏僻蔽固乎？然則其學術論説亦恐不免有偏倚之病、過不及之差，是乃聖賢之别，其理當如此。苟使其學無偏倚之病，則又是近聖處也。竊謂程朱固是賢哲，孟子之後，衹此二子可爲知道之人也。然未能至於聖人，其學亦恐不與聖人同。然則程朱之説，固雖非後學之所可輕議，亦不可無取捨於其間。孟子曰：'盡信書不如無書，我於武成取二三策而已矣。'此言可信也。程朱之説數十萬言，苟以其言爲無疑者，即是盡信書也。今人於其説，一向回護遮

①"諛"：底本此處注云："黨。"

掩，而曲從者多涉私意，可謂阿所好也，不可爲公正。予是庸拙之材，不能爲程朱之忠臣，祇不阿所好，是却可不背於程朱之心而已。

武王、周公，聖人也，率天下之賢士與諸侯征獨夫紂，未嘗聞有非之者也。彼伯夷、叔齊者，乃以爲不可者，何也？蓋其獨見獨行，雖不及聖人之權，誠是聖之清者，然其所長乃其性之所偏也。雖大賢，其性偏如是，如宋諸君子之學亦然。孟子之後，宋儒之學固是義理開明，且性行亦是謹正爲真儒，然爲説過詳細，是以其病偏於分析，是所以與孔孟渾融之説不同也。譬如周末，文勝質，故其曲士之議偏者多矣。宋季之學量偏僻，與聖人乖戾者亦多矣。

程子曰："釋氏之學於敬以直内則有之矣，義以方外則未之有也。"此語愚未能解，蓋釋氏自有釋氏之體用，以空寂爲體，以無所住爲用，然則釋氏不可爲有敬以直内之體，釋氏若有敬以直内之體，則必有義以方外之用，何至於絶滅倫理乎？故愚未能解其意，後儒枉爲之辭者，阿諛耳。

唐虞三代之君臣，言敬者多矣，然言忠信者少，何邪？曰：上世風氣淳厚而質實，與澆漓之世异，故君臣皆忠質，雖不言主忠信，而不失忠信。敬是主忠信之工夫，故能敬則忠信亦在其中矣。至孔子之時，世漸澆漓，故聖人以主忠信爲文行之本，况澆季薄俗，苟不主忠信，而一於恭敬，則恐無質實之行，不爲曲謹色莊之人者寡矣。此小人僞學之態，非君子之道也，然則後世學者可以忠信爲主本，如居敬，則主忠信之工夫耳。

近世以道學好立名者，往往不以主忠信爲本，而以持敬爲名。其持敬也，以牽强束縛拍迫爲勤①，是色莊之人既失忠信，而不主之，其所强持，又非居敬之道，却是傷敬也。

聖門之教，以孝弟忠信爲先，是以本立而道生焉。始於卑近而終乎高遠者，從實也。蓋如行遠者必自邇，登高者必自卑，

---

①"勤"：底本此處注云："務。"

此循序而漸進於道也。异學[1]之教，及近世俗儒以高遠爲先者，爲大言快論，欲一超直入，不能循序而漸進，是欲强進者，深顧無有此理，是不務實而從虚。

朱子之做説話往往用禪語者多矣。如論作文曰："但讀史、漢、韓、柳而不能，便精研取老僧頭去。"又曰："一摑一掌血，一棒一條痕之類，恐是初年學禪習氣之所未能脱去。又好爲戲謔者間有之，説霍光之家奴蘇生事之類是也。如二程子，全無此二事。"

無極而太極，是《華嚴法界觀》之語也。法界觀是唐杜順和尚所作，相傳而至於周子，若太極本無極，及主静立人極，此自佛老之徒所傳來，朱子尊信於周子也至矣，故信出於周子而不爲疑也。

體用一源，顯微無間，是唐清凉国師華嚴疏之詞。此二語俱浮屠之所言，宋儒以爲周程之所始説者，何耶？此學之源流，千古一脉，六經四書，雖千言萬句，無不同條共貫，若不祖述先聖而立言者，其言雖出乎豪杰之士，有所可疑耳。苟有所違，則適足以增後學之迷耳。

讀書之法，衹是須除却自己私意，而依聖賢所説理會，不可妄加一字一句之間言語，如此則久而自然有得於聖賢真實意思。不可先立自己意思作氣勢，硬執爲主張作杜撰，苟如是，則不能見聖賢意思。嗚呼！雖先儒恐不免有斯病，然則學者之於先儒之説有可疑者，則不可一向固信矣。古語曰"人必是所學"，然則雖豪杰之士，恐不能無此蔽。宋儒[2]之信《太極圖説》，亦以厚信好學，故有此蔽，是見[3]過而[4]知仁也。

後學之於先儒也，固當不可不推尊，然學問之道，天下之公道，其是是非非之際，可爲公直之正論也。自宋以降，學者

[1]"學"：底本此處注云："端。"
[2]"宋儒"：底本此處注云："朱子。"
[3]"見"：底本此處注云："觀。"
[4]"而"：底本此處注云："斯。"

動阿諛曲從於先儒，而習爲俗者，何耶？學者偏執固滯者，於宋儒之説雖有可疑者，阿諛曲從而不敢疑，終身迷而不悟，苟有微疑議者，則睚眦相忤，以〇[①]异學邪説，且退而後言誹謗。甚哉，蔽固不通也！

聖人之教，易簡平直，無穿鑿煩擾之病，後世之學術，動爲支離零碎，而無渾融平正之意味，故學者不堪其煩擾。夫好易簡而惡煩擾者，天下之人情也。後世之學術煩擾如此，是以與天下之人情乖戾，宜乎世俗之不好學也。夫聖人之教人也，使學者勇進而不知厭倦，後儒之教人也反此。

小人有才辨者之教人也，居而不自疑，衆人不知人之誠僞，故信之而不疑，此非有賢德而能化人，祇是利口才辨之使然也。

爲學者不本聖經，而信末世偏僻之异論，安能悟其非而造大道之本源乎？

論形而上下

《繫辭》曰："在天成象，在地成形。"又曰："見乃謂之象，形乃謂之器。"又曰："形而上者謂之道，形而下者謂之器。"愚謂，形者，有體質之謂。上者，在天之謂。下者，在地之謂。蓋形而上者，謂陰陽之氣無形而在天，是在萬物形器之上者，故謂之形而上者。象者，形之精華發於上者也，以其氣在上而見，謂之成象，以在天之二氣流行交運，謂之道。形而下者，謂萬物各成剛柔之形質而在地也，形者，象之體質留於下者也，以形質具而各有成，故謂之器。蓋天者在上，地者在下，故以上下言。天道無形，而有陰陽之象，故曰在天成象，地道成形有體質，故曰在地成形，是以在天者無形，在地者有形，所講在天成象者，非是[②]陰陽乎？陰陽在天，未有形質，唯其所流行變易，便氣象露顯耳。故曰見乃謂之象，所謂立天之

---

①"〇"：底本此處注云："爲。"

②"非是"：底本此處注云："是非。"

道曰陰與陽者，是在天成象而無形質者也。蓋陰陽流行，化生於萬物，是乃天之道也。天之爲道也，唯有陰陽，陰陽之外，更無别物。一陰一陽，往來不窮，以其流行謂之道，在地成形者，非是①萬物乎？萬物者，謂山河、大地、人物，皆有形而在下者也。所謂立地之道曰柔與剛者，是在地成形，而有剛柔之質矣。斯之謂器，程子謂陰陽，亦形而下者，朱子《本義》亦從之。蓋陰陽有常有變，常者，純正可爲道，變者，偏邪有灾沴，不可爲道。程朱以陰陽爲形而下者，是分道與陰陽爲二也。蓋程朱分氣與理，理爲道，陰陽爲器，相對而説。愚竊疑，苟以陰陽爲形而下，則在天成象者，衹指日月星辰而言邪？然則與陰陽成象之説，异是不可解一也，所謂形而下者，指在地成形者，如山河大地人物。凡有形者皆是器也，凡有體製者謂之器，陰陽未有形體，不可謂之器，是不可解二也。陰陽，在天成象者也，非在地成形者，而謂陰陽亦形而下者，是不可解三也。且《説卦傳》所謂“立天之道曰陰與陽”者，以二氣流行爲道也。又曰“立地之道曰柔與剛”者，以剛柔二物成形而爲器也，是亦非指陰陽爲器也，是不可解四也。“上下”二字以在天在地言則分明，不然，則二字之義難通曉，是不可解五也。先儒此説愚之所未解也，所以未解者，以與聖人《易》中所言不同也。然此非敢誹議於先正，以欲伸愚説。姑記所疑，以俟君子之是正而已。

太極

《易・繫辭》曰：“易有太極，是生兩儀。”周子曰：“無極而太極。”朱子曰：“不言無極，則太極同於一物，而不足以爲萬化之本源。”竊謂太極是陰陽未判，萬物未生時，一氣混沌之名，然而有至理而存焉。是言天地萬物，皆以之爲本，故不言無而言有，所謂易有太極者是也。無極而太極，是本佛老之言，

①“非是”：底本此處注云：“是非。”

分明謂有自無而生也。《老子》第四十章曰："天下之物生於有，有生於無。"蓋以無爲萬物之本，且以爲宗者，是佛老之説也。以有爲萬物之本爲宗者，是聖人之教也。故有無之説，是吾道與外道之所由分，不可不慎審也。然則欲言太極，而不可先説"無"字。若夫以太極爲無形，雖愚者亦可得而知也，然則如其同於一物，不足以爲憂也，且不可以"極"字解爲"形"字，朱注以無極爲無形者，非此一句之本旨也。朱子此等之議論厚信堅執，欲人之遽信《圖説》而不疑，故其言偏重過主張，與平生之言婉曲平直而穏當者不同，何耶？

陸象山與朱子論《太極圖説》曰："夫太極者，宜有此理，聖人從而發明之耳，非以空言立論，使後人簸弄於頰舌紙筆之間也。"此①"《圖説》以'無極'二字冠首，而《通書》終篇未嘗一及'無極'字，二程言論文字甚多，亦未嘗一及'無極'字，假令其初可見其學之進，而不自以爲是也"。又曰："易道太極，聖人言有，今乃言無，何也？作《大傳》時不言無極，何嘗同於一物，而不足爲萬化根本耶？"又曰："朱子發朱子發是宋人姓字曰：'濂溪得《太極圖》於穆伯長，穆伯長之傳出於陳希夷，其必有考。'"蓋希夷之學，老子之學也。"無極"二字出於老子之書知其雄章，吾聖人之書所無有也。篤信竊謂如象山此數語，虚心而觀之，則却爲有理。蓋無極而太極，此一句唐杜順和尚所作《華嚴法界觀》之語，此浮屠之説，非儒者所可言。雖朱子之博洽，偶未及見之乎？"無極"二字本是老子之説，後世佛氏亦藉用者，以其立意相同也。象山所謂《太極圖》其初出乎希夷，而吾聖人之書所無有者，是有左證之言，固不可爲非，且無極而太極，此一句本出乎浮屠之書，故周子後來知其非聖學之言，而《通書》之中不復言無極，如象山所言耳。且《二程全書》中不言無極，則程子亦不是於無極之説可知也。老子曰："無，名天地之始，有，名萬物之母。"又曰："天下之物

①"此"：底本此處注云："又曰。"

生於有，有生於無。”夫以無爲有之先者，老子之所宗，而吾聖人之所未曾言也。無極而太極，即是老子以無爲有之先，有生於無之意。

陳希夷以圖傳於穆伯長，穆伯長傳之周子。蓋陳希夷、穆伯長皆爲老氏之學者也。明季王嗣槐曰：“希夷①又嘗學於鶴林寺僧壽涯。”此説亦必有出處。

朱子之尊信周子也，至厚矣。故於《太極圖説》不疑其初年未定之作，且不知出於异學之説，實以之爲周子之所作，尊信之甚深，用功最厚，畏諸儒之疑議，而回護委曲，論辨百端。其平生之論説義理之淵源，出於此者多矣，嗚呼，朱子之賢而如此，可怪哉！

郝景②山時習新智③云，茂叔之學，得之華山居士陳摶，或曰“茂叔與胡文恭同師潤州鶴林寺僧壽涯，今寺傍有濂溪祠”，張敬夫謂茂叔師陳摶學主静，然則清虚灑落，自在無礙，是其本宗也。大抵理學諸儒，其學術多禪寂之意。

道器

《易·上繫辭》曰“形而上者謂之道，形而下者謂之器”云云，陰陽之氣在天爲道，所謂形而上者也。

其發育流行一爲陰，一爲陽，其氣生生不息，純正而不邪，有理而不亂，非道乎？天之氣一著地則成形，人物是也。至於山川草木、禽獸蟲魚、霜雪雨露，亦皆然，是乃形而下者，凡在地成形者，皆是器也。

朱子曰：“未有天地之先，畢竟是有此理。”又曰：“當初無一物，衹是有此理。”篤信竊謂可怪，先賢正大光明之學，而有斯言，即是老子道生天地，有生於無之説也。

---

①“希夷”：底本此處注云：“茂叔。”

②“景”：底本此處注云：“京。”

③“智”：底本此處注云：“知。”

論天下歸仁

“一日克己復禮，天下歸仁焉。”一日者，猶言一旦也，蓋以其用功之時言而①已，非言一日之間也。克己復禮，至難之事，故其用功也，非積日之久，則不能矣，豈一日之功所能也乎哉！歸者，如孟子所謂“民之歸仁也”之歸，謂歸宿也。克己復禮，則無私欲之障礙，無物我之間隔。天下雖大也，人物雖多也，我心之量，無處而不至，無物而不體，苟若是，則皆歸宿於我仁心之度内，而無所不愛恤。譬如人之身體，無病痾而氣血貫通，則四肢百體無非己有，是爲歸仁也。苟氣血有滞塞，而不貫通，則手足痿痹，肌膚痛癢亦不知矣，四支百骸雖是我身體，爲不屬己，醫書謂之爲不仁。蓋仁者，以天地萬物爲一體，無非己之意。楊氏以爲皆在吾度内，與吕氏“洞然八荒，皆在吾闥”，還是實事，天下歸仁，言唯公則無己私之間隔，雖天下廣闊，無所不受也，此亦《西銘》之意，朱注一日克己復禮，則天下之人皆許與吾仁，是極言其效之甚達②。愚竊謂一日之間，實無此事，聖人之言，每每的實，不如方外之徒大言，説怪誕無實之話，而夸耀於人。大抵天下有兹事，必有兹理，苟一日之間克己復禮，則天下之人皆稱許其爲仁，是無此事，必無兹理。且一日之間而其效如是，是自張之言，恐非聖人謙遜自反語意，凡天下稱許，亦有不足以爲仁者。如王莽奸賊，其初僞飾爲君子之模樣，故天下之吏民被欺於彼之僞飾，上書稱善行者前後四十八萬人，諸侯、王公、宗室皆言，宜亟加賞於安漢公，是漢史所記，若不誠於爲仁，則雖天下稱許爲仁，而未可以爲仁，於此乎可見矣。苟誠於爲仁，雖無一人稱許者，不失爲仁也。如泰伯，民無得而稱焉，然夫子以爲至德。如周子大賢，衹程子知之，他人不知之，然而不失其爲賢。所

①“而”：底本此處注云：“耳。”

②“達”：底本此處注云：“速。”

謂其曲彌高，則和者彌寡也。且衆人不知，故可爲仁者，如衆人皆稱許之，則却不足爲仁者而已矣。《論語》所謂鄉人皆好之，夫子以爲未可。夫爲仁之道，不以人之稱許，故曰爲仁由己，而由人乎哉？天下許與吾仁，與在邦必聞，在家必聞，同是所考在外，所謂是聞也，非達也。聖人謂知我者其天乎？與此語意相爲齟齬，却是不由己而由人也。“歸”字爲許與説，不如爲歸宿而説之意義更的實也。唐孔氏曰：“此歸意與《洪範》歸其有極同。”吕氏曰：“歸其有極，歸如歸宿之歸。”此説亦可攘。蓋天下歸仁者，言克己復禮，則其心公而無私，兼均物我，故於天下之萬物無所不愛，而同歸在我仁之中。所謂仁者，以天地萬物爲一體，無不在己也。然朱子《答楊子順書》，亦其意與本注同，而云天下皆歸吾仁之中，却是大作意，説得張皇。然予之昏愚未能服從於此説，却以楊氏皆在吾度内，與吕氏皆在吾闥之説爲實事，且此説於天下歸仁焉爲相合，不可爲説得張皇，是雖乖於先正之成説，然姑記管見以待識者之訂正耳。

論敬

敬者，歷聖所傳之心法，是操心工夫。敬則有德，不敬則無德，故古人以爲敬者德之守，又以爲德之聚也。然聖人之門以忠信爲主，而不以敬爲主，何也？蓋誠、敬二者，固是爲學之要務，然誠是爲主本，敬是爲工夫。故主忠信者，本也，定爲學之主意。居敬者，主忠信之工夫也，不可爲主本。主本與工夫自有輕重，不可混同，故誠、敬二者，本自有輕重，譬如君與相不可相敬，况以敬爲主，則敬重而誠輕乎？夫説義理，如持權衡，彼重一分，則此輕一分，故偏説主敬過重，則恐主忠信過輕，苟如此則雖外貌嚴肅，恐有中心尫弱之患，是不誠則無物也。夫學者之修身制行也，須禮樂相兼，莊敬和樂并行，何啻偏於莊敬乎？且如今蔽固之人，不會“敬”字，動被束縛於“敬”字，而爲執滯，爲把捉，爲固陋，爲拘迫。其爲心也，寂寞枯槁，而不和不樂。其接人也，則無慈祥温和之實，而有嚴責刻薄之意。是其爲人也，不仁不恕，其容有拘束急迫之意思，而無從容不迫之氣象。且宋季諸儒説敬甚偏重，以敬爲心之主，自是以來，後世之學往往效其尤，祇知以偏嚴爲重，而不知忠信慈愛之爲最重，苟偏重於嚴毅儼恪，而輕於忠信慈愛，則恐曲謹刻薄流而爲色莊内荏之人，君子以爲奈何乎？

聖人之教，以主忠信爲本，以居敬爲工夫，是聖門之家法。先以立本爲主意，次居敬爲主忠信之工夫，其序當如此。宋儒偏以敬爲主本，而拘拘焉，恐於主忠信之工夫不專，而與聖門之家法异矣。蓋敬是修己之工夫，所以存誠也。然聖人之門以忠信爲主，未聞以敬爲主，苟主忠信，復以敬爲主，是一心有二主也。居敬固可貴，然而爲主者不在於此而已矣。

論敬者心之主宰

朱子曰："敬者，一心之主宰，萬事之本根。"蓋修己以敬者，聖人之至教，人心非敬不存，故須敬以執持斯心，此乃操則存之謂也。主宰云者，所以存之工夫也，非言以此可爲心之主也爾，讀者勿以辭害志而可也。今世有佞諛於朱子者曰："雖以敬爲心之主，豈有害道乎？"吾未知其言之可也，然則以何者可爲人心之主乎？孔子曰"主忠信"，是人心當以忠信爲主，忠信者，人之實心。《中庸》所謂"誠之者，人道也"，苟捨人道而不主之，反以操心工夫爲心之主，雖美德善行，非所以可爲主也。如"敬"之一字，爲修己之工夫，是堯舜以來歷世聖賢之心法也。然而孔、曾、思、孟之書，未曰以敬爲主，則可知古之聖賢，所爲心之主者，不在此也。忠是不欺之謂，體也。信是不妄之謂，用也。忠信二者合而言之，則誠而已，誠也者，心之主而人之道也。《易》曰"忠信所以進德也"，仁義禮智無誠則虚僞耳。若不主忠信，則恐爲學無其本，而不能由進。如敬，固是存心之工夫，衆儒[1]之事也。然而不可爲心之主也，蓋誠爲實理，在人爲實心，故以實心爲主則可也。以工夫爲之主，

---

[1]"衆儒"：底本此處注云："切要。"

則不可也。夫堯之欽明文思，舜之温恭，禹之祗承，湯之聖敬日躋，文王之敬止，太公之敬勝怠，孔子之敬以直内，修己以敬，《曲禮》之毋不敬，皆是聖賢自修教人切要之工夫，故君子爲學之道，固當以敬爲貴。

是乃主忠信之工夫，敬則可以至於誠也。然而非謂可以是爲心之主也，程伯子曰“誠者，天之道，敬者，人事之本，敬則誠。”蓋敬者，謂人事之本則可也，謂心之主則不可也。孔子曰：“天無二日，土無二王。”然則人心亦豈可有二主乎？既以忠信爲主，又以敬爲一心之主，是一心而有二主也。且夫德有可專主者，有可并行者。可專主者，忠信是也。可并行者，仁義禮智四德是也。苟以可并行者爲專主，則雖美德不能無弊。如偏乎仁，則流爲姑息。偏乎義，則流爲慘刻。偏乎禮，則流爲足恭。偏乎智，則流爲苛察是也。况以工夫爲主乎！若以敬爲專主，而不主忠信，則其流爲色莊，爲拘迫，爲曲謹，爲畏縮，爲隘陋，恐其弊有不可舉言者。今之持敬者，不知敬之道，往往爲色莊人，爲拘陋曲謹之人，雖貌恭色厲，然心倨内荏，此因不主忠信也。唯專主乎忠信者無弊，以其所主者德之基也。夫忠信者，在人之誠，大原出乎天之道。而人之道也，所以實於四德也，故曰忠信所以進德也。所以行三德也，可謂心之主也。

宋諸先生以説理學爲先，如《近思録》以《太極圖説》爲開卷第一義是也，是先上達而後下學也，恐與孔孟之立教不同。

“敬”字是千古聖人相傳之心法，説之者，可以六經、四書中所有聖賢言敬之説解之。《詩》曰：“戰戰兢兢，如臨深淵，如履薄冰。”曰：“小心翼翼。”曰：“戒慎乎其所不睹，恐懼乎其所不聞。”管子曰：“凡言與行，思中以爲紀。古之將興者，必由此始。”是皆説“敬”字，其言語易簡，其意明白，朱子晚年説“敬”字曰“敬祗畏字”。《近思録》孫思邈曰：“敬以畏爲本。”竊謂“畏”字即是“敬”字之正解，凡説“敬”字且須用此數説，不要多言，而意足矣。祗是操心不放、執事不苟之謂。宋季諸儒説敬，紛紛繁冗，不免爲畫蛇添足。凡宋季諸儒之説敬，用心太過，恐是過助長、過嚴厲，爲學者一副當習熟纏繞而爲心疾，執持拘迫爲束縛，不似聖人之言。蓋執持太過，拘迫束縛其心術，氣貌不從容舒遲，恐不能保久也。

夫操心之道，如持權衡，以量輕重然，加之一分，則爲過重，減之一分，則爲過輕，祇欲其平直，要在勿忘、勿助長之間而已。苟用心太過，則恐不能持久，亦觀夫子之燕居，申申如也，夭夭如也，而可見其平日從容和樂。苟不如此，則雖賢者不能持久，而爲心術之害也。

《正蒙》云："知死之不亡者，可與言性。"《困知記》曰："有此物即有此理，氣散而死，終歸於無。無此物即無此理，安得死而不亡者?"篤信謂宋儒以性爲理，曰氣有死生，理無死生，是與异學所謂死而不亡者壽同意。羅整庵此説可以破异學之謬，又可以解學者之惑。張子《正蒙》中猶有可疑如此者，夫張子之賢亞於二程，其學問亦然，其説之駁雜流入外道者如此，學術之弊可畏也。

莊子曰："用力少，見功多者，聖人之道。"莊子此言雖异學之言，却可信也，何則? 古聖人之教，本是爲易簡要約而不煩，若夫宋儒之學術繁衍，立説多言遂時增支離破碎，與莊子所稱聖人之道不同。

古之聖人，以陰陽爲道，未嘗廢陰陽而言道。宋儒廢陰陽，别以一個空無虚寂、無生氣、無權力者爲道，爲萬物之根柢，又以爲太極之妙者，非聖人之所謂道也。聖人之所謂道也者，天地之生理，而太和元氣常生生不息，故《中庸》曰："大哉聖人之道，洋洋乎，發育乎萬物。"蓋流行於四時，萬古不息，是便萬化本源，品物之所出，性命之源也，與佛老之所説空無不同。

理即是氣之理，一氣之行於四時也。生長收藏而不變亂者，自順正不乖戾，故理須就氣上認取。譬如水，其清潔而就下者，是水之本然，故水與其清潔流行者，非二物，不可分而爲二物也明矣。故二氣之順正而不變亂者，即爲道，不順正者，非氣之本然也，爲非道。

聖人之教以禮爲先，宋儒專以理學立教，與聖人之教异。且宋儒先上達而後下學，如以《太極圖説》爲初教是也，是皆與聖人之教不同。夫學以聖人之言爲萬世之法，《論語》一書所載是也，不要求乎外，苟求乎外，則恐流而爲异學也。

理氣不可分論

天地之道原其所自，其初兩儀溟涬而未開，一氣渾沌而未分，是至理之所會，而陰陽之象未著，名之爲太極。太者，太上之謂。極者，至極之名。太極是爲此道之本源，萬物之根柢。凡天下之事物莫尊於此，不可得而名焉，故名之爲太極也宜矣。一氣動而運轉名之爲陽，此太極之動也。動而後静，静而凝聚，名之爲陰，此太極之静也。静而後復動，一動一静，循環而不息，是陰陽者，由一氣之動静而分焉，非有二氣也。故陽者，一氣發動也。陰者，一氣之凝聚也。二者即是太極之動静也，夫子所謂易有太極，是生兩儀者是也。蓋一氣未分，則以一氣渾沌爲太極。陰陽既分，則陰陽之道爲太極之流行，太極、陰陽，雖有前後之分，而异其名也，然有至理而存則不异焉，蓋太極是一氣渾沌。

陰陽未分之稱，陰陽是太極既分之名，其實非有二也。因太極之動静而陰陽分焉，則陰陽之流行，亦可爲太極之理，故《易》曰“一陰一陽之謂道”，蓋道猶路也，以所通行名之焉，是一氣之所流行，故名之曰道。所謂一陰一陽者，以一氣之動静，一爲陰，一爲陽，交流行而不息言之也。故以渾沌時，名之謂太極，以流行之言①名之謂道，太極與道其實一也。道則太極之所流行，太極則一氣未流行之尊號，非有二也。蓋二氣之流行，有條理而不亂，常而正者，名之爲道，是二氣之本然也。

紛亂而不正者，不可以爲道，因非本然也。如春温、夏熱、秋凉、冬寒，是其常而正者，爲天之道。如伏陰、愆陽，失其

①“言”：底本此處注云：“時。”

常者，非道也。蓋陰陽正，則陰陽便爲道，是陰陽之本然。所謂立天之道曰陰與陽是也，如一年之中，有生長收藏之序而不變亂，是陰陽之流行，即是道也，非陰陽之中別有一物，而稱之爲道也。故柯尚遷曰："氣之運動而自然者，爲理。"此言宜矣。夫天地之間都是一氣，而以其動静稱之爲陰陽，其生生不息之德謂之生，故《易》曰"天地之大德曰生"，以其流行，而一爲陰，一爲陽謂之道，以其有條理而不亂又謂之理，雖由所指不同，而姑异其名，然其實皆一物而已矣。是以陰陽流行而純正者，即是道，故理氣決是一物，不可分而爲二物焉。然則無無氣之理，又無無理之氣，不可分先後，苟無氣，則何理之有？是所以理氣不可分而爲二，且不可言先有理而後有氣，故不可言先後。又理氣非二物，不可言離合也。蓋理非别有一物，乃氣之理而已矣。氣之純正而流行者，謂之道，以其有條理而不紛亂，故謂之理。其實道與理一也，苟以理爲别有一物而寓氣中，則是與老氏所謂"有物混成，先天地生"，佛氏所謂"有物先天地，無形本寂寥，常爲萬象主，不逐四時凋"者，何以异乎哉！天地太和之氣是陰陽之正者，故能生萬物，爲萬品之根柢，至貴之理不可賤之而爲形而下之器也，故理氣本是一物。以其運動變化有作用，而生生而不息，謂之氣，以其生長收藏有條貫而不紊亂，謂之理，其實一物而已。然命之謂理，則氣之純粹至善而無不正之名，是以無常變之可言。命之謂氣，則有時而雜糅紊亂爲灾沴，失其常度，是乃由運動變化而不定，故失常也。然此非陰陽之本然，語其氣之常，則無不正。其常者，是氣之本然，即是理而已矣。譬諸水，水本清潔，然過於泥土之中，則溷濁污穢，失其清潔，然不可以其濁穢爲水之本然也。故氣能生萬物，而謂理能生萬物亦可也。苟謂理能生氣，則不可也，何則？理者，氣之理也，非有本末先後，朱子《答劉叔文書》曰："理與氣決是二物。"其餘平生所説亦皆此意。此與聖人所説一陰一陽之謂道，其意相乖戾者，予之所迷而未解也。《大疑録》卷之下終。

九經談　大田錦城[1]

程子以周茂叔爲窮禪客《二程全書》。程朱出入佛老，其所自言也。《明道行狀》《朱子文集·語類》。邵澤民、張橫渠訪佛老似佛老，吕與叔、朱晦庵言之。《橫渠行狀》《朱子語類》《文集》。程門諸子陷溺佛老，程子言之，晦庵駁之《二程全書》《朱子語類》道學諸公出入佛老，事迹昭著，予曾著《直見編》一卷，詳載其事，附以宋士大夫學禪之事，學者可并考焉。

周茂叔所謂無極而太極，"無極"二字出[2]於老莊《大宗師》《在宥》《刻意》《列子·湯問》，而無極而太極則出於唐僧杜順《華嚴法界觀》。伊川所謂體用一源，顯微無間，亦出於唐僧澄觀《華嚴大疏》。尚直編《歸元直指》。

《河圖》《洛書》《先天》《太極》諸圖，於經義無用，《河圖》原於大戴盧辨注"明堂"，鄭玄易注"天一地二"。《洛書》原於太一行"九宫法"。《先天圖》誤解《説卦》"天地定位"而造之，《太極圖》乃唐時《道藏·上方大洞真玄妙經品太極先天合一之圖》，而原於魏伯陽《參同契》《水火匡廓圖》《三五至精圖》，華山道士陳希夷摶刊石於華山，則非周茂叔特得之妙。南宋偏安，晦庵不得見之，故誤爲茂叔之作耳。凡此諸圖，皆出於陳希夷，則是道家之物，於儒者無用，則歸之於其家可矣。先天之誤，黄震能辨之《日抄》，河洛太極之妄，毛奇齡《河洛原舛編》《太極遺議》，朱彝尊《經義考》，辨之具矣。晦庵解《太極圖説》，舛於茂叔原意者，近時伊藤東涯先生《太極管見》，辨之具矣。

---

①底本署名："加賀大田元貞公幹著，陸奥門人奥山清興、龜卦川守一同校。"大田錦城（1765—1825），名元貞，字公幹，號錦城，著有《九經談》。

②"出"：底本此處注云："本。"

晦庵以周茂叔爲二程師，是非二程之意也。昔受學於周茂叔，《二程全書》。是爲童子時所師，而非受道之師也。所以知者，程子稱周茂叔曰“周茂叔窮禪客”，《二程全書》。是所以稱其師資乎？伊川題明道墓表云“先生生乎千四百年之後，得不傳之學於遺經”。果使茂叔爲傳道之師，則伊川此言不敬莫大焉，伊川方正，豈有此不敬乎？以茂叔爲二程之師，是出於晦庵奉《太極圖》之私意，而非當時之事實也。

我邦唱古學者，以伊藤仁齋先生爲鼻祖師矣，先生負英邁之資，抱卓絶之智。○[①]於天下滔滔淪胥濂洛之中，特起麾之，海内靡然，闢左唱○[②]古學者，其實興起於先生之風，而先生爲之嚆矢也。且其行義確苦[③]，不耻古之賢士，朱舜水稱言“學問文章，貴國翹楚”，《舜水文集》。蓋非虚稱也。唯其學半出於吴廷翰《吉齋漫録》，所見不博，不長[④]考證。○[⑤]疑《大學》，斥《中庸》，卑視《詩》《書》《易》，而特尊《論語》，遂言三代聖人與孔夫子，其道不同，是背於《論語》述而不作。《中庸》，仲尼祖述堯舜，憲章文武，則其學多不可信者矣。其子東涯先生，博雅多識，當時無比，其所著作，皆有用之書也，經義辨駁宋學，十得七八，唯其推衍家學者，多不醇正，然要之學問之博，著述之富，爲我邦儒先之第一矣。

評。貝原損軒《大疑録》，與仁齋同時。

評。仁齋訾毁宋儒云，得罪於聖人，因啓徂徠、春臺横加惡聲於思、孟、程、朱之路，可謂功罪不相掩矣。

評。東涯之爲人，温厚不與物競，博學多識，其見亦不固陋，但惜有意於攻宋儒，張家學。故區區争堅白，往往有小辨破義者，是其所以受不醇正之謗也。

---

①“○”：底本此處注云：“生。”

②“○”：底本此處注云：“復。”

③“苦”：底本此處注云：“然。”

④“不長”：底本此處注云：“而乏。”

⑤“○”：底本此處注云：“故。”

朱學管窺　安積艮齋①

理氣之説，至周、程、張、朱始明，而其實不過發聖經之旨。蓋天地之所以生萬物者，陰陽二氣也。陰陽之所以升降翕闢者，理也。以其主宰而言，謂之帝，帝出於《震》是也。《雜卦傳》。以其不可測度而言，謂之神，陰陽不測之謂神是也。《繫辭傳》。一本削除“以其主宰”以下，至“神是也”，三十四字，作：“氣者，形而下者也，理者，形而上者也，故以理爲貴”十九字。以其流行不息而言，謂之道，一陰一陽謂之道是也。《繫辭傳》。以其造化之樞紐，萬彙之根柢而言，謂之太極，易有太極是也。《繫辭傳》。以其無形象、無方所而言，謂之無極。以其條理整齊不紊而言，謂之理，周、程、張、朱所説是也。其名雖异，其實一而已矣。蓋陰陽，氣也，所以一陰一陽者，理也。理虚而氣實，理無形而氣有形，惟虚，故能爲氣之主宰，則天下之實莫大焉。惟無形，故能爲萬彙之根柢，則天下之物莫神焉。然理不能獨立，必附氣以立，氣不能獨生，必因理以生。理氣本不相離，亦不相雜，大而天地日月、山岳江海之類，小而人物鳥獸、草木蟲魚之屬，皆氣之所聚，而理寓於其中矣。

評。東澤瀉曰：“蔡節齋曰：‘周子無極而太極之説，得於易有太極之一言。’易者，變易無體，即無極之義也。據此則艮齋先生之説，似不可改矣。”

評。樞紐根柢，周子之太極，非易之太極。《易》以占筮言，故《啓蒙》《本義》并無此解。以藉言造化則可，以爲《易》之正解則不可，此亦所當辨也。

評。無極者，所以名狀太極之無方所形象，非别有一物，

①安積艮齋（1785—1860）：名重信，字思順，通稱祐助，號艮齋，别號見山樓，著有《朱學管窺》。

則似難爲名目字面，故圖説加“之真”二字，以爲太極。

評。條理，或作條件，以避下理字。

評。周程句，當在“一而已矣”下。

漢儒以一氣混沌，陰陽未分爲太極，非也。太極是理，陰陽是氣，太極在陰陽之中，而不雜乎陰陽，故能爲造化之樞紐，若合而爲一，是陰陽無主宰也。且氣不陰則陽，不陽則陰，豈有一物混沌不可名者邪？朱子曰：“太極之義，正謂理之極致耳。有是理即有是物，無先後次序之可言。故曰易有太極，則是太極乃在陰陽之中，而非在陰陽之外也。今論太極，而以天地未分，元氣合而爲一者言之，亦恐未安也。有是理即有是氣，氣則無不兩者，故《易》曰太極生兩儀。而老子乃謂道先生一，而後一乃生二，則其察理亦不精矣。”《答程可久書》。此見朱子太極之説，與老子迥別，而理氣又無先後之可言矣。朱子又曰：“有此理，後方有此氣，既有此氣，然後此理有安頓處，大而天地，細而螻蟻，其生皆是如此。”《答楊志仁書》。又曰：“若論本源，即有理然後有氣，故理不可以偏全論。若論禀賦，則有是氣而後理隨以具，故有是氣則有是理，無此氣則無是理，是氣多則是理多，是氣少則是理少，又豈不可以偏全論邪？”《答趙致道書》。據此則理氣似有先後，蓋理爲氣之主宰，而氣爲理之形體，凡物之生，必先有所以生之理，而氣聚以成質，理亦隨以具，故微分先後耳。

世儒或以《宋史·濂溪傳》有“自無極而爲太極”之語，遂疑無極太極，本是二物。朱子所釋非濂溪之意，是大不然。朱子曰：“近見國史濂溪傳載此圖説，乃云：‘自無極而爲太極’，若使濂溪本書實有自爲兩字，則信如老兄所言，不敢辨矣。然因渠添此二字，却見得本無此字之意，愈益分明。”《答陸子静書》。又曰：“先生之精，立圖以示。先生之藴，因圖以發。而其所謂無極而太極云者，又一圖之綱領，所以明夫道之未始有物，而實爲萬物之根柢也。夫豈以爲太極之上，復有所謂無極者哉？近世讀者不足以識此，而或妄議之，既以爲先生病。史氏之傳先生者，乃增其語曰自無極而爲太極，則又無所依據，而重以病夫先生，故熹嘗欲援故相蘇公請刊國史草頭木脚之比，以正其失，而恨其力有所不逮也。”《邵州州學濂溪先生祠記》。由此觀之，“自爲”二字，後人所增加，無可疑者，世儒欲排宋學，輒援《宋史》以吹求之，亦已誤矣。

聖學私言　岡田煌亭①

或云：“周茂叔所謂無極而太極，‘無極’二字出於老莊。”是知其一，未知其二也。按，老莊所謂無極者，指無物之始言，周子所謂無極者，未離太極也。朱子云：“周子意，恐學者錯認太極别爲一物，故着‘無極’之二字以明之，太極之外，非復别有一物之稱無極者也。”又云：“無極而太極，猶曰無爲之爲。”《朱子語類》。夫老莊之言有無，以有無爲二，周子之言有無，以有無爲一焉。其立言之歸，正如冰炭之相反，不論其言之旨趣，而如以字之同而已矣，豈特宋儒之言似老莊？莊子曰：“人之所捨，謂之天民。”《庚桑楚》。孟子曰：“天民之先覺者也。”《萬章上》。莊子曰：“大道不稱。”《齊物論》。孟子曰：“君子之大道。”《盡心下》。老子曰：“聖人處無爲之事。”《不尚賢章》。孔子曰：“無爲而治者，其舜也歟？”《論語·衛靈公》。又云：“無爲而物成，是天道也。”《家語·大婚解》。老子曰：“大道廢而有仁義。”《大道廢章》。孔子云：“大道之行也，天下爲公。”《禮記·禮運》。又云：“敷其大道，而遂成情性。”《家語·五儀解》。又云：“聖人者，知通大道。”《大戴禮·哀公問五儀》。又云：“楚昭王知大道矣。”《左傳·哀公六年》。其他聖賢之語，近似於老莊者，不勝枚舉，孰謂孔孟浸淫於老莊乎？

①岡田煌亭（1792—1838）：名欽，字秀三，通稱彦助，煌亭爲其號，别號南嶺，下總人，著有《七經札記》。

或云："周子太極圖，發源於魏伯陽《水火匡廓》《三五至精》二圖。"按，後漢魏伯陽所作《參同契》中，載《水火匡廓》《三正①至精圖》，蓋其圖作《坎》《離》二卦爲一圓，其象如垣郭之形，《坎》《離》即水火也，其中一○則《坎》《離》之胎也。左◐爲《離》白黑，白即☲也，右◑爲《坎》黑白，黑即☵也。蓋丹家以《坎》《離》爲用，故云天地者，乾坤之象，《坎》《離》《乾》《坤》二用，《乾坤設位章》。非所謂兩儀也，亦非所謂陽動生陰，陰静生陽也。《三五至精圖》，則金與水以小畫相鈎連，木與火亦相鈎連，而總連於土，然復連一○焉，蓋其意以爲水火必還一元，故曰"三五與一天地至精"。《流珠金華章》。又云："三五并與一"，《法象成功章》。亦非所謂二五之精也。合而觀之，則與周子《太極圖》，不啻冰炭方圓也。學者何徒惡彼圖之似，而不要其理之實乎？

翁之文　富永仲基②

若問此誠之道，亦即今世日本當行之道如何，則唯致力於事物之所當然. 以今日之業爲本，使心直，身正，静言，慎行，有親父母者能奉養，有君者能盡心，有子者能教之，有臣者能治之，有夫者能從之，有妻者能率之，有兄者能敬之，有弟者能憐之，年長者能尊之，年幼者能慈之。不忘先祖之事，不疏一家之親。

與人交，盡切誠，不爲惡戲。貴賢才，不侮愚者。凡事設身處地，不爲惡事於人。勿尖刻待人，勿偏執頑固，勿急迫匆忙。雖怒而不失節，雖喜而不失其守。樂而不至於淫，悲而不

---

①"正"：當作"五"。

②富永仲基（1715—1746）：俗稱道明寺屋吉兵衛，通稱三郎兵衛，號謙齋，著有《翁之文》。

至於惑。事足與不足，亦皆我之幸，心當足之。不當受者，雖塵不取，臨當與時，雖國天下而不惜。

衣食之善惡，亦隨我身之境況，不奢，不吝，不盜，不僞。好色而不耽，飲酒而不亂。不殺於人無害者。慎身之養，不食惡物，不多食物。暇時學於己身有益之藝，致力於成賢。書今之文字，用今之語言。食今之食物，著今之衣服，用今之用具，往今之房屋，從今之習慣，守今之規約，交今之人。不爲諸惡事，行諸善事，謂之誠之道，又謂字今世日本當行之道也。《翁之文》第六節。

漢學紀源　伊地知季安①

新注第十九

夫新注者，孔子既没，三千之徒，曾氏獨得其宗以傳子思。子思筆諸《中庸》，精微益明，傳之孟軻，軻愈擴充，述乎七篇，軻之死而其傳泯焉。遺經空存千五百年，迨至於宋，天開斯文，濂洛關陝巨儒輩出。周子爲學不由師傳，默契道體，建圖著書，發明幽頤，有以接乎孟氏。二程纘承，表章《學》《庸》，經傳粲然，蘊微復彰。以至朱子，朱子之學居敬，七分。窮理，三分。博探經史，斂華就實尚粹，厥淵源闡而大之，道統復續，乃因程子所定《章句》《學》《庸》，詳爲之序以弘於世。實宋孝宗淳熙十六年，而於我朝則後鳥羽帝文治五年，僧榮西游宋之歲也。朱子又嘗集注《論》《孟》，教次讀焉，并稱"四書"，迨其門人劉爚居國子司業遂奏，寧宗嘉定四年，刊之《大

---

①伊地知季安（1782—1867）：通稱安之丞、小十郎，實名貞行、季彬、季文，著有《薩藩旧記雜録》《漢學紀源》《松山領代官執務要鑒》《薩隅日田賦雜徵》等。

學》，自是四書大行於世，爲後學所宗尊焉。今季安按，當時本邦有僧名俊芿者，字曰我禪，俗藤氏，肥後飽田郡人。建久十年浮海游宋，明年至四明，實寧宗慶元六年，而朱子卒之歲也。居十二年，嗣法北峰，士庶崇尊，至畫其像，乞瑞律師爲之贊辭，以納祖堂。而其歸則多購儒書二百五十六卷。回於我朝，乃順德帝建曆元年，而寧宗嘉定四年，劉爚刊行四書之歲也。俊芿之歸也，購律宗經書三百二十七卷，天台章疏七百十六卷，華嚴章疏百七十五卷，雜書四百六十三卷，與上儒書通計二千百三卷，回於本邦，見其傳。據是觀之，四書之類入本邦，蓋應始乎俊芿所齎回之儒書也，書俟博識爾。

崇信第二十一

一山之來本邦也，鍊虎關年二十二，自幼好讀書，穎悟超倫，日記千百言。聖教釋録、諸史百家、神紀雜編靡不獵記。屢就一山古今儒釋紬繹審詢，妙達性理，一峰跋句。聲聞寰中。蓋於本邦聞宋以後核崇程朱者，應首乎斯也。一日一山因鍊多識，問國朝名僧履歷，鍊多弗記，一山乃曰："子涉漢竺博辨章，然而矇國故，却澀酬對何哉?"鍊慚矣，於是博稽史籍，著書三十卷，元亨二年表呈帝闕，所謂《元亨釋書》，此也。則其文曰："仲尼没而千有餘歲，衹周濂溪独擅興繼之美矣。"

當是之時，有伊勢度會人曰家行者，元應二年，撰《類聚神祇本源》，采《通書》語，濂溪所著。又一條禪閤兼良公。著《尺素往來》述其沿革云。清中二家世業儒者，所自古受經子注疏，皆依前後漢、晋、唐之説。迨獨清軒建叟一名洗心子，號玄惠出，始崇濂洛之風，信程朱説，開講於朝廷。天和癸亥長尾某所梓行、羅山訓點四書尾，亦本朝釋元江侍講朱注於御筵，爾來四海翕然知祖鑒之云，未詳何帝。按，元江疑玄惠之訛，注此竣考。

至若史、漢、三國、晋書，十七代史、唐書之類，南式菅江皆從古注，亦至健叟則始讀《資治通鑒》《宋朝通鑒》等，以授其徒弟。獨北畠准后親房得其蘊奥云，山崎闇齋駁之曰："朱書之來於本朝凡數百年，玄惠始以爲正，而未免佛，藤太閤亦以謂程朱新釋爲肝心而猶惑乎佛，遂不聞實尊信之者云。"其云玄惠即健叟，太閤即禪閤，而時未闡耳。雖然親房特欽朱子之學風，讀四書、五經、《宋朝通鑒》等，當時博識無比肩者。偕楠正成等事南帝於吉野，爲柱石臣，著述尤多，見《親房傳》《高僧傳》《尺素往來》《南山巡狩録》《鄰交徵書》。而其《元元集》則引《太極圖》述神道秘蘊云。凡本邦取宋説之徵乎古書者，大抵此類也。

宋學第二十

本邦緇徒之學宋也，道元、聖一、大明、大應、月林等，相繼游宋。道隆、普寧、正念等歸化自宋。逮至元世，祖元、一山、子曇等歸化自元，皆宋儒説盛行於世之後也。而於其中舉概略。

則祖元字子元，俗姓許氏，故宋會稽鄞人，七歲入小學，沈鷙寡言，年十三祝髮爲僧，道德益隆，四方傾企慕向者日益衆，而宋亡，居天童。我朝弘安二年，北條時宗遣使招高僧，明州太守遣元充之，四年來見時宗，乃拓圓覺寺居焉，年六十一逝。明編修官揭傒斯爲之塔銘。其文：“余聞西域諸國去中土至遐遠，然車馬可計日而至，而其人不知有孔氏者，東南諸國邈在海中，而皆言孔子，蓋去中土近，人居巽離文明之方。然尊信佛法與西域同，以海路不能限之耳。佛光，祖元號也。起乎會稽，赴平氏招日本地近又適其時，嗚呼，佛光亦忠孝人哉！”其銘亦云邈矣，前聖萬化之宗，孔釋雖异，忠孝則同，孰知我元參天配地，孔釋并隆，無遠不至，據此祖元匪啻釋教，兼精聖道以唱宋學於本邦，亦足概証焉。

一山，字一寧，俗姓胡氏，亦故宋台州人，齠齡就學以英敏稱，後入浮屠，正安元年，或爲三年。逼乎使命來朝於本邦，遂主建長，法規濟濟，群衲鑽仰就中鍊虎關等，詢儒釋書通達古今云。朱子門人黄勉齋贊朱子德，海外夷虜亦慕其道，竊問其起居，家蓄其書，私淑諸人者，不可勝數，或逮没後亦傳其書，信其道者益多云。按欧陽修《日本刀歌》呼吾本邦爲“夷貌”，據是觀之，勉齋所謂海外夷虜，亦蓄其書云，傒斯所謂東南諸國皆言孔氏，孔釋并隆，無遠不至云之類，蓋皆贊祖元赴日本招，或聞俊芿等多購儒書歸於日本以言之，可并知焉。

與恭畏闍梨書

原夫聖道之行於世有明，蓋自周衰，孟子没，斯道晦盲。若夫濂溪周先生生乎千五百歲之後，繼不傳之正統，再興斯文已墜，誠天之所畀也。斯道之晦盲，至於斯時焕然復明於世矣。周子傳之河南二程，二程傳傳[①]至於朱子，而斯文益明。《漢學紀源》卷三。

聖教要録　山鹿素行[②]

人物之生

理氣交感而萬物生焉，其間根陽爲男，根陰爲女，天地及萬物之生無先後，强謂之有天地後有人物也。

妙合之間，未嘗無過不及，故有萬物之品，禀二五之中是人也。人亦有過不及之差，而有賢愚也，君子小人之成，皆因習教。

人者，禀正氣。物者，禀偏氣。正氣者理之正也，偏氣者氣之厚也。

易有太極

太極者，象數已具而未發，無朕之稱也。理氣妙合，而其间廣大變通，縣象著明悉具而無缺處。甚相至極曰太極也，太

---

①衍一“傳”字，當删。

②山鹿素行（1622—1685）：名高祐，一名義矩，幼名佐太郎，字子敬，號因山，又號素行子，通稱甚五左衛門。《聖教要録》，山鹿素行著，村岡典嗣校訂，岩波書店1940年。

極之象已發，而天地便廣大也，四時便變通，日月便縣象著明，雲行雨施，萬物品節。

理氣妙合，则幽微眇茫之間，必太極、天地、人物各一太極也。

聖人於事物，唯太極耳，依天地物则含蓄衆理，故未發之间，象數既具，是感而通天下之物，思而無不通也。夫子论易以太極，這裏有六十四卦，三百八十四爻之象數相具。

周子作《太極圖》，尤足起後學之惑，是不知聖人之道也。河出圖，洛出書，各有自然之象，何以造設哉？周子以“無極而”三字冠以“太極”字上，甚聖人之罪人，後學之异端也。太極之外別無無極，则其言贅也。太極之前有無極，则异端之说也。聖人之教，唯日用而已，太極乃含蓄先後，本末至矣，盡矣。

誠

不得已之謂誠，純一而不雜，古今上下不可易也。維天之命，於穆不已也，聖教未嘗不以誠道也，德也，仁義也，禮樂也，人人不得已之誠也，如父子之親，是非假合附會也。

無妄之謂誠，真實無妄之謂誠，其不知誠也。致不得已之誠，则一言一行一事一物之间，無不誠。

道統

伏羲、神農、黄帝、堯、舜、禹、湯、文、武、周公之十聖人，其德其知，施天下而萬世被其澤。及周衰，天生仲尼，自生民以來未有盛於孔子也。孔子没而聖人之統殆盡。曾子、子思、孟子亦不可企望。漢唐之間，有欲當其任之徒，又於曾子、子思、孟子不可同口談之。及宋周、程、張、邵相續而起，聖人之學至此大變，學者陽儒陰异端也。道統之傳至宋竟泯没，况陸王之徒不足算。唯朱元晦大功聖經，然不得超出餘流。噫，道之托人行世皆在天，其孰强與此乎？

孟子没，而後儒士之學至宋三變。戰國法家、縱横家，漢唐文學訓詁，專門名家，宋理學心學也。自夫子没至今，既向二千餘歲三變來，周孔之道陷，意見誣世惑民，口唱聖教，其所志顔子之樂處，曾點之氣象也，習來世久，嗚呼，命哉！

惺窩先生三十三回忌日拈香并叙　松永遐年①

慶安第四重光單閼無射旬有二日，惺窩先師之三十三回諱辰也。令嗣爲景朝臣究禮奠之敬，盡祭享之誠。遠者，人之所易忘也，能追之，惟孝子仁人之至情也。先師者，本朝台輔道長公之世家，而定家卿之雲孫也，自幼剃染入緇徒，居萬年山禪窟，有年於兹。天質英挺，夙智哲，應奉五行，蘇頲一覧，二妙備，四德并，且眼界高明，胸宇開豁，聞往知來，即始見終。抵排漢唐記誦之俗儒，尊崇宋元性命之道學，遂脱却嵩山少林之禪機，接得濂溪伊洛之道脉。解法衣，着司馬之深衣。抛貝葉，講晦庵之《集注》。始點和訓於六籍，新極工夫於聖言。《尺五先生全集》。

尺五堂昌三恭儉先生全集序　滝川昌樂

嗚呼，我嚴師尺五堂昌三恭儉先生，是其人也，蚤流出於東海風雅和歌浦浪之際，游學於北肉山間光風霽月之裏。舉學鞭於萬卷之文場，揚文瀾於千古之翰海。晨師鄒、魯、濂、洛、關、閩之聖賢，昏友漢、魏、唐、宋、元、明之豪俊。進攻李德之書城，退下董氏之書幃。自經傳國史，到醫卜老釋，摭其

①松永遐年（1592—1657），字昌三，小字昌三郎，號尺五、講習堂，現存有《尺五先生全集》。

華粹，掇其精英，惺窩先生之伐柯，而青於藍，寒於水者也。《尺五先生全集》。

省庵文集序　安積澹泊①

文貴醇正淹雅，不貴華靡雕鏤。西漢之文，如相如、子雲，工則工矣，如其有嫵媚之態，艱澀之累何？至於司馬子長之雄健，獨步古今，固已偉矣，但其於聖賢之學，則未之聞焉，安足以論義理之醇正乎？若夫粹然一出於正，則董仲舒之文，其庶幾乎？朱子雖議其緩弱，而竟稱之曰"仲舒之文實"，其正誼明道之言，至今天下誦之，此則諸子之所無者，豈非其學術之正，發爲至文乎？韓昌黎文起八代之衰，遂爲百世師。歐陽文忠推尊昌黎，唱爲古文，而宋文大振。

下至元明，如劉静修、方正學輩，皆以濂洛關閩之學爲宗。充實輝煌積於中，而發於外，故其爲文雍容典雅，足以維持世道人心，歷千載而不可廢者也。近世惺窩先生表章四書、六經，專尚程朱之學，其又鏟劘偶儷之陋，力挽古風，儒宗魁士相踵而出，文運之興與治比隆。《澹泊齋文集》。

通軒説　安積澹泊

楊子雲曰："通天地人，曰儒。"通豈易言乎哉？譬諸通路，必如街衢康莊，無所窒礙，方可名之爲通。故在學術則晝讀夜思，孳孳經典，察精微於毫厘絲忽之間，究蘊奥於傳注訓詁之外。優柔厭飫，涵泳融釋，發而爲文章，則黼黻經綸，可以贊

①安積澹泊（1656—1737）：著有《大日本史論贊》。

徽猷，垂不朽。舉而措之事業，則敦教化，正風俗，興郅隆之治，致雍熙之化。儒之用，至此不可勝計，不通而能如是乎？夫通五經，通禮樂，通兵農者，世既不可多得，況欲兼而有之乎！然士之立志，不以其難而自沮，苟有一物之不格，一理之不窮，必欲鑽研考核，體驗而擴充之。巨細相涵，動静交養，真知實踐，積累既久，則豈無豁然貫通之日哉？彰考館總裁中島君蘄號於余，乃以通軒應之，又蘄其説。

夫通者，塞之反也。余天下之至塞者也，豈足以知通之義哉？然嘗讀周子之《通書》，一言以蔽之曰："誠者，聖人之本。"故舉《乾》之四德曰："元亨，誠之通。利貞，誠之復。"朱子釋亨爲通，曰："文王以爲乾道，大通而至正。"通之時義大矣哉！君長於史學，既操筆削之權，他日甄擢，将有政事之責，則其所蘊，有時而發。楊子之言，方不爲虚設，苟能立誠以修業，焉往而不可哉！故以此勉之。《澹泊齋文集》。

義理無窮　中村蘭林①

朱子曰："大抵前聖所説底，後人衹管就裏面發得精細，如程子、横渠所説，多有孔孟所未説底，伏羲畫卦衹就陰陽以下，孔子又就陰陽上發出太極，康節又道須信畫前元有易，濂溪《太極圖》又有許多詳備。"又陸象山曰："自古聖賢發此理，不必盡同。如箕子所言，有臯陶之所未言。夫子所言，有文王、周公之所未言。孟子所言，有吾夫子之所未言。理之無窮如此。"又黄東發曰："自孔孟殁，异端紛擾者，千四百年中間，惟董仲舒'正誼、明道'二語與韓文公《原道》一篇，爲得議論之正。迨二程得周子之傳，然後有以窮極性命之根柢，發揮

①中村蘭林（1697—1761）：著有《閑窗雜録》。

義理之精微，議者謂比漢唐諸儒説得向上一層。”

愚謂豈特視漢唐爲然，風氣日開，議論日精，濂洛之言，雖孔孟亦所未發，特推其旨，要不越於孔孟云耳。然孔子於性理舉其端而不盡言，或言之必要之踐履之實，固可垂萬世而無弊，自心性天等説，一詳於孟子。至濂洛窮思力索，極而至性以上不可説處，其意固將指義理之所從來，以歸之講學之實用，適不幸與禪學之遁辭，言識心而見性者，雖所出异源，而同湍激之衝。故二程甫没，門人高弟多陷溺焉，不有晦翁，孰與救止？故二程固大有功聖門，而晦翁尤大有功於程子。薛敬軒曰：“理無窮盡，故聖賢之書亦無窮盡。”雖先聖賢發揮此理極其詳盡，及後聖賢有作，亦必有繼往開來，垂世立教書焉，是皆理之自然不能已也。《閑窗雜録》。

山崎傳　大高坂芝山①

山崎氏名嘉，字敬義，號闇齋，又號垂加，俗稱嘉右衛門。洛陽市店針醫之子也。自幼敏捷秀英，八歲誦法華八部，遂入禪林，呼絶藏主，來栖吸江寺。在土陽城正東。時未弱齡。先見時中翁講儒經，後隨三省兼山子勖磨礱，既有信得，而歸正路。擲曲徑而作闢异。邦君憎其譏浮屠氏，將却之。兼山亟告其才之中用。君曰：“此侏儒鼠輩，在邦奚爲?”遂逐之，倉卒還洛。兼山深憫非其罪，爲渠於洛下買宅，嘉終身所居宅。饋粟，以姫爨炊。又屬學徒六七人，而承其業。擠排芸窗講書，從游浸臻。嘉也有侵不韙。其徒離散，兼山聽之。艴然弃捐。嘉也奄失賴據。無聊煞似水母之無蝦，狽之無狼。致書屢謝戾，而兼山不敢報。閲歲之武陵，寄寓加藤作州牧，游事井上河州牧，最後

①大高坂芝山（1647—1713）：名季明，字清介。

徇會津源羽林公之召，爲侍讀矣。和解經義而析毫縷，諳史書若千萬言。極便給饒舌，善答問如撞鐘。故有門人子弟通業者，有君長士夫進塗者，羽林公撰《玉講附録》《三子傳心録》《社倉記》等，唯主總裁。嘉也纂輯之，祇慊資質褊急粗厲，負才倨傲，凌忽人物。是以朋友故舊，或慭或愠，或鄙或憎，無始終全交之人。雖三省兼山之教育，河州作州之渥恤，且乖且遺，一過弗顧。斯知其事，或惡學儕，詬罵叱咤曰："口藉先聖之語，躬爲飽膺之行，讀書如此，不如不讀之愈也。"書曰："非知之艱，行之惟艱。"言行相顧，知行兼至，學之要也。嘉也固讀書者之罪人也，鷙鳥累百，不如一鶚。丘垤積萬，争及泰山。我愛彼之高才，邇聽後來悔改寛厚，思當必然。天和壬戌季秋没，歲六十六，或曰六十一，然寛文乙巳上日詩曰："大衍用數四十九。"則至此六十六。嘉本經術學，史學亦該明於文義，昧於體驗，長於言説，短於文章。所編《小學蒙養集》《大學啓發集》《四書序考》《洪範全書》《文會筆録》梓行於世。又好神道，洞達厥説，丱髫逮耆艾，極目焦懷，以觀古昔文字者也。《芝山南學傳》。

南學遺訓　大高坂芝山

嘗聞海南先儒深疑《近思録集解》，爲忒本旨不鮮，如《西銘》《太極圖説》便復朱子之舊，别有海南板本。以與學者。

己千子曰："爲學之法，莫切於動静道體之妙，亦全在動静之介，大而天地四時鬼神，小而坐卧瞬息語默，都不能外於動静。試看《易經》《中庸》這般之義，看《定性書》《太極圖説》，復那意思話頭雖异，要皆不過教學者審研於動静之幾而已矣。"自奇偶闔闢方圓，以至寒暑燥濕水火，及魂魄精氣言貌，天下之萬理，祇出於一動一静耳。

適從録　大高坂芝山

又有字异而義同者，曰咸有一德，曰皇建有極，曰天地之中，曰止於至善，衹是一理，敢莫差别，猶一室開四窗也。又有字异義相近者，程子訓人以敬，司馬公訓人以誠，孔明、周子訓人以静。雖言不侔，而其趨則近似，猶一堂設兩階也，我普搜古經，困勉所得，豈可敢浮語輕言乎？唯恐後生之惑，故有不能已於言也。

主人問曰："彼譏朱子以無聲無臭爲道體，又所以然之理爲道體，曰於聖人之書無斯理，老莊虚無之説也，如何？"客對曰："是亦攬一句、掇片言當全體，而使其言唐突偏陂也。譬猶山有草木禽獸，指山之一草而爲山歟？程朱素以性與天道爲道之體統也，無聲無臭句，朱子憑詩及《中庸》，而解周子所謂'無極'字，所以形容斯理之妙。下句以樞紐根柢解'太極'字，所以莫墮於虚無之看也。凡事物之理，有表有裏，有精有粗，朱子以爲其表者，人事之儀，而當然之則也，以爲其裏者，道義之體，而所以然之故也。"

吾學源流　渡邊予齋①

以事業論人，乃周茂叔、李延平何有哉！後儒信朱子亦多見事業與文辭，以闇齋爲涓涓螢螢，亦以事業論。然以予視之，

①渡邊予齋（1796—1859）：藤田畏齋之門人，名予章，字思誠，號予齋，通稱萬平，新發田藩人，主編《吾學源流》。

闇齋事業亦大也，豈涓涓哉！豈螢螢哉！思誠竊謂韓子曰："堯以是傳之舜，舜以是傳之禹，禹以是傳之湯，湯以是傳之文武周公，文武周公傳之孔子，孔子傳之孟軻。"此豈事業之謂乎？程子曰："雖堯舜事業，猶一点浮雲過目。"良有以哉！

松陰快談　長野豐山①

太宰德夫《紫芝園漫筆》曰："周濂溪作《愛蓮説》，以蓮比君子，是宋儒道學之氣習，其弊也大矣。"余謂屈原作《離騷》，以香草比君子，周子之文原於此，果如德夫言，則屈子亦有道學之氣習耶？可發一粲。史繩祖《學齋占畢》曰："《左傳》云，譬諸草木，吾臭味也。"屈正平《離騷》經一篇之中，固以香草比君子矣。然於《九章》中特出《橘頌》一章。濂溪周子作《愛蓮説》，謂蓮爲花之君子，亦以自況，與屈原千古合轍。不寧惟是，而二篇之文皆不滿二百字，咏橘，咏蓮，皆能盡物之性，格物之妙，無復餘蘊。由是言之，德夫之論可謂陋矣。

讀損軒先生大疑録　太宰春臺②

筑前貝原損軒先生博學洽聞，海内無比，生平所著書，已刊行者凡數十部，皆有益於斯世，其未刊行者，猶有數十部云。

---

①長野豐山（1783—1837）：名確，字孟確，著有《松陰快談》《武乘三名士傳》《嘉聲軒文約》《嘉聲軒詩約》等。

②太宰春臺（1680—1747）：又號紫芝園，著有《經濟録》《論語古訓》《六經略説》《辨道書》《聖學問答》。

蓋先生少學程朱之道，以篤實之性，竭力專精，至老弗怠，其所造，寧淺乎哉！及晚年忽疑二氏之言，有异於先聖之道，反復思之，不得其解，卒成《大疑》，所録且二萬言，分爲二卷，名曰《大疑録》。先生謙恭，未敢示人，由美子善少逮事先生，幸得見之，因寫而藏之，及子善之再游東都也，予與之有舊。子善嘗見我徂來先生，而問古文辭焉，徂來亦善視之。今徂來亡矣，子善視吾二三兄弟有加於往日，則猶以徂來故也，於是予就子善而求一見《大疑録》，三請乃見許予，而後得藉而讀之，始知損軒先生信程朱之道如斯其篤，而疑之如斯其大。

先生所疑者，自周茂叔著《太極圖説》以太極本無極、主静立人極，二程、朱氏繼作，盛唱理氣心性之説。其言曰性即理也，曰有天地之性，有氣質之性，曰理氣二物，曰身有死生，性無死生。曰一陰一陽非道，所以一陰一陽者是道。曰明德虚靈不昧，曰天理冲漠無朕。且教人静坐，此皆老佛之道，非我聖人之道也。又茂叔所云無極而太極，伊川所謂體用一源、顯微無間者，并釋氏之言，二子取之以發明易道，非當行也。諸如此類，皆古聖人所弗言，而宋儒言之，此損軒所以大疑之也。

夫損軒以宋儒之徒而能疑宋儒，誠奇士也。然特疑之而已，未能排之，且其所論辨，猶在宋儒範圍之中，推尊孟子，以配孔子如故，則未能及洙泗之流也。夫仲尼之道，至子思而小差，至孟軻而大差，所以差者，與楊墨之徒争也。軻之道性善，其實亦苟且教導之言耳。軻急於教導，不自覺其言之違道也。宋儒又不知軻之違道，以爲軻實得孔氏之傳，遂以其書配《論語》，迨其解性善之言也，不能不置氣質而別説本然之性，所以謬也。夫仲尼教人不以心、性、理、氣，心、性、理、氣之談，胚胎於子思，萌芽於孟子，而後長大於宋儒，則與佛老同其歸，何足怪哉！

今損軒雖能疑宋儒，而未能疑孟子，則其所疑宋儒者，何以釋哉？易自有易之道，不可以常道論之，宋儒未始知之，損軒亦未之有見，則其所疑宋儒者，何以釋哉？佛之與老，其道相反，猶冰炭不相容也。其有相似者，特其末耳。宋儒之道，效佛者十八九，效老若者十一二，今損軒疑宋儒，概以爲老佛之遺意，亦未深考也。夫六經者，仲尼所定，昭昭乎如日月之在天，孔子之言如規矩準繩，是故凡天下之道，照之以六經，臨之以孔子之言，則其是非邪正可立而定，自子思、孟子不能逃其過差之罪，況其他諸子乎？而況後世諸儒乎？然諸子毁仲尼者，其非易見，宋儒似而非者，其非難見，自非善讀孔氏之書，而深信仲尼之言者，未有能排宋儒者也，雖損軒猶坐是爾。

悲夫！雖然損軒之疑宋儒，由博覽故也，何少其晚哉！若天假之以年，必有所發明焉，豈徒疑之而已哉？近世朱氏學者流，謂仲晦賢於仲尼，非朱氏之書弗讀，所讀不過數部書，則何從生疑哉？若然者，終身不覺悟，所謂醉生夢死者也，豈不哀哉？由是觀之，損軒之疑宋儒，可謂天誘其衷也。純之少也亦讀程朱氏之書，弱冠見程氏二性之説，而竊疑之，又因讀《易》及《禮記》，而得舉錯字，乃覺《論語》朱氏之解謬，自是逐大疑宋儒，卒至排之。然後仲尼日月無復雲霧之蔽，余生而見之，是幸也已。余故沾沾自喜，以爲得天之寵靈，豈不然乎？予觀損軒先生，其學不可及也，至排宋儒，予無畏於先生云。《讀大疑録》終。《讀大疑録》。

本朝學原浪華鈔　松下慶摄①

近至於惺窩藤先生講學教授，興斯學於既絶，濂洛關閩之學至此始盛，後之學者孰不受其賜。

惺窩先生，妙壽院也，其傳行狀在《羅山集》，《本朝儒宗傳》曰：藤歛夫，名肅，號惺窩，父曰藤原爲純，定家卿十二

---

①松下慶摄（1637—1704）：名慶，字諸生，諱秀明、慶攝，别號西峰散人、見林，著有《异稱日本傳》《三代實録》。

世之裔，稱冷泉家，世食邑於播州細川，永禄四年辛酉，斂夫生於此。左眉傍有黑䵷三寸餘，眼有重瞳子，始學佛於禪院，僧徒呼神童。後加冠巾，歸播州，見赤松氏。天正十八年，朝鮮使黄吉等來貢，斂夫交筆語。又赴肥州見豐臣金吾，金吾嘗爲驕泰戲，斂夫諫之。豐臣秀吉公征朝鮮在肥州，源君來會，斂見焉。文禄二年，再見源君，乃命講《貞觀政要》，斂赴筑陽欲適明國，船漂著鬼海島，朝鮮員外郎姜沆來寓赤松氏，斂晤語有日。沆嘆曰："朝鮮三百年來，未聞如斯人，吾不幸雖在他邦遇斯人，不大幸乎！"本朝衹傳漢唐注疏，鮮知程朱之説解者，斂與沆等數輩勸赤松氏，梓行程朱訓解之四書五經，天下自是貴宋儒之學。《羅山文集·惺窩行状》："相國寺普廣院泉和尚者，先生叔父也。"又云："先生祝髮彝首座云號妙壽院，惺窩號。"朝鮮刑部員外郎姜沆稱先生所居爲廣胖窩，先生自曰惺窩，取諸上蔡所謂惺惺法也。此外稱北肉山人，取艮山之義，艮其背，意背"北肉"謂者也。斂夫塔在相國寺林光院，濂、洛、關、閩、周、程、張、朱所居也。濂，濂溪也。洛，洛陽。關，關中。閩，朱子鄉黨也。閩書有《朱子傳》《四賢行状》《伊洛淵源録》《宋史·道學傳》等等詳。

辨道　荻生徂徠①

道者，統名也，舉禮樂刑政凡先王所建者，合而命之也，非離禮樂刑政别有所謂道者也。如曰賢者，識其大者，不賢者，識其小者，莫不有文武之道焉。又如武城弦歌，孔子有牛刀誚，而子游引君子小人學道，可見已。孔安國注："道謂禮樂也。"

①荻生徂徠（1666—1728）：本姓物部，名雙松，字茂卿，號徂徠、萱園，通稱總右衛門，著有《辨道》《辨名》《論語徵》《學則》《太平策》等。

古時言語，漢儒猶不失其傳哉？

後世貴精賤粗之見，昉於濂溪，濂溪乃淵源於《易》道器之言。殊不知道謂《易》道也，形謂奇偶之象也，器謂制器也。《易》自卜筮書，不可與它經一視焉。如宋儒訓道爲事物當行之理，是其格物窮理之學，欲使學者以己意求夫當行之理於事物，而以此造禮樂刑政焉。夫先王者，聖人也，人人而欲操先王之權，非僭則妄，亦不自揣之甚。近世又有專據《中庸》《孟子》，以孝弟五常爲道者，殊不知所謂天下達道五者，本謂先王之道可以達於天子庶人者有五也，非謂五者可以盡先王之道也。堯舜之道，孝弟而已矣，亦《中庸》登高必自卑意，非謂堯舜之道盡於孝弟也。又如以《中庸》爲道，亦欲以己意擇所謂中庸者，苟不學先王之道，則中庸將何準哉？又如以往來弗已爲道，是其人所自負死活之説，猶爾貴精賤粗之流哉？凡是皆坐不識道爲統名故耳。

萱園十筆　荻生徂徠

易有太極，是生兩儀。易，《易》書也。太極，猶言大端也。兩儀者，奇偶之畫也。易之道，以陰陽爲其大端，是所以畫兩儀也，觀於三極之道可見。但極者，古言指道之大端者，言之大要領、大統會處也，由極至義轉用。然不可訓以極至也，皇極者，君道大要領、大統會處，大氏求而至子是以極者，皆謂之極，四極、八極、屋極皆然。

易有太極，是生兩儀。古昔聖人，有見夫天地萬物，雖變化無窮，而其要有在焉，以畫奇偶，是所謂太極也。漢儒謂爲元氣，宋儒謂爲一理，是自其所見耳，何足以盡聖人所謂太極者乎？學者試從漢、宋儒之説求之：若有見天地萬物一元氣者，而足以能畫出兩儀、四象、八卦，則宋儒之解爲得之矣。若有見天地万物一理者，而足以能畫出兩儀、四象、八卦，則宋儒之解爲得之矣。若不能由此以畫出，則其非聖人之旨者審矣。大氐後儒欲以一言訓夫所謂太極者，豈非是其不解事之尤者耶？果有一言可以代太極者，則聖人何必謂之太極哉？蓋聖人有以見其要不過如是者，而難名道之，故且就其要唯如此者，以立是名，而謂之太極耳。學者苟能有見夫天地萬物變化無窮，而其要不過若是者，則一元氣亦可矣，一理亦可矣，然則漢、宋儒之解，豈非贅旒邪？

以余觀之，一陰一陽往來弗已，雖萬古唯是耳，此天道之所由而行焉，故曰謂之道。此誠非一陰一陽往來弗已之外，别有所謂天道者，由此而行焉。譬諸有一條道路，人由此而行也，一陰一陽往來弗已，雖萬古亦唯是耳，是如有道路由此以行焉乎爾，故謂之道。所謂太極者，亦聖人有以見於是而云焉耳。雖然，一陰一陽往來弗已，雖萬古唯是耳，而如有道路者，聖人命之曰道，而未嘗謂之爲太極也。所謂太極者，乃指聖人有見於是，以作《易》者而言之耳，故太極在聖人，而不在天地焉。太氐極者，樞紐之名，它如皇極，亦聖人立於天地之間，執其樞紐，統治天下之名也，故《繫辭》唯謂易有太極，而不謂天地有太極，亦謂聖人作《易》時有見此者，爲作《易》之樞紐也。如朱子謂爲造化之樞紐，則造化豈有樞紐哉？其見以爲有樞紐者，亦未免爲臆度妄想焉耳，唯天不可測，故敬而畏之，奉以行之，此聖人之意也，豈敢見所謂樞紐者哉！

漢儒謂太極元氣也，而仁齋主張之。夫一陰一陽，往來不已，問是何物，孰謂非氣也？然聖人之意，本謂一陰一陽往來不已，雖萬古唯是耳。如有道路然，聖人指此而謂之道也。宋儒謂之爲理，豈非也乎？一陰一陽往來不已，雖萬古唯是耳。如有道路然，此如有道路然者，自然之理也。此固非謂一陰一陽之外，别有此理。辟如謂水隨器布形，是自然之理也，豈謂水之外别有理哉？然其説終非聖人之旨者，罪在以知天自處已。夫聖人之於天也，敬而畏之，奉以行之，豈知天之爲何物乎？且所謂自然之理者，亦唯見其自然而然焉耳，豈能盡夫天道之全哉？故或謂之氣，或謂之理，皆聖人之罪人也。

萱園隨筆　荻生徂徠

周子主静之説，學者多不識。予嘗論之曰：《易》曰："繼之者善，成之者性。"此天道人道之分也。以天道言者，太極之流行也。以人道言者，太極之凝聚也。流行者主陽，凝聚者主陰，各從其類也。故邵子曰："用行天地先。"朱子曰："扶陽抑陰。"皆以流行言天道也。周子曰主静，以凝聚言人道也，且成性之物，有動有植，而動物每失之於動，動而不已，成性其將壞矣，故主静云者，所以保夫成性者，使其不壞也。但所謂静者，亦承篇首太極動静之言而言之，其實所包甚廣，何者？動静乃陰陽情狀之大者，而周子特舉其大者以包攝其它耳。故凡所謂忠信，誠敬，質樸，儉讓，重厚，木訥及退一步法，皆此意。知之高明配天，仁之博厚配地，而孔門尚仁亦此意。所謂無過不及之中，不以此爲權衡，則恒失之過，是聖學大綱領處，古皆寓諸禮樂中，要非有所大知之者不能言焉已。

誠者，真實無妄之謂。仁齋引春當温而反寒類，以駁無妄之訓，此不知天人不同也。其以此類爲妄者，由人觀之故也。若由天觀之，皆爲不妄。故天也者，不可得而測之矣，能識乎是，則於彼所謂冥冥之中自有陰騭之理者，何之有也。

周子其知道乎？所謂主静者，禮樂之準也。

朱學辨序　金子義門

吾師柳泓鐮田先生，夙覃思於梅岩石田先生之學，又傍廣搜諸家之説，以故識見洞明，記聞該博，出言必有至理，且涵養日深，心神清明，常和於物之内，而超於物之外。門人輩每有不適意，一見先生，輒渙然冰釋而歸，且其說書，至言說不及處，亦必旁喻縷分，必極其淵底而後止，聽者暢然會意矣。是以門人日進，予與西谷、清水、林、西村諸子最友善，皆有卓然自立者也。先生平素所著盈筐矣，此書特其小而要者也。而此書首作論，言三教之一，而宗朱學。次作詩，會衆聖賢之言，歸之於“仁”之一字，而至仁之方，又歸之於“敬”之一字。終辯周子之學原於聖經，排异議以正程朱之源流，因名之曰《朱學辨》。嗚呼，國家宗朱學，而於道釋二教，亦崇奉而不舍焉，今先生亦宗朱學，而以三教爲一，豈非符乎國家之意乎？予受而讀之，感佩已久矣，因私記其大意，又且表先生之德之所至，自序以藏於家云。

時寬政十二年庚申春三月，豫洲松山藩金子義門謹撰《朱學辨》。

辨周子學　鐮田柳泓

程朱之學，出於周子，而周子之學，得之六經，而又博通於釋老之學矣。蓋知三經同源而异方，然惟儒之教，正平而無弊，故遂純於儒，而捨於釋老矣。後人見其言通神入妙，遂或疑以爲釋老之學矣，不知我儒固有神妙之道也，不獨釋老有此也。予今將辨其學之所原，以明其出於聖經也。周子之學，《太極圖》《通書》二書，可以窺其藴矣。予今摘其中要文以辨之，又抄《樂記》之文標於其後，以倍見其學之所淵源也。若於周子之學辨得明白，則程朱之學，不辨而自見焉。

《太極圖》曰：“無極而太極。”“太極”二字出於《易》，則人人所知也。《繫辭傳》曰：“易有太極，是生兩儀，兩儀生四象，四象生八卦，八卦定吉凶，吉凶生大業。”是其所原也。“無極”二字，稱之周子之創撰矣，然柳氏亦有無極之極之語，邵子《先天圖説》亦曰：“無極之前，陰含陽也，有極之後，陽分陰也。”然則不特周子有此語也，蓋三子所見皆同矣，故其言自然相符也。然後世疑周子者，以此語爲出於釋氏，而遂疑周子，以爲釋氏之學，何耶？假令釋氏實有此語，三教本异方而同源，則其言暗相合，亦未可知也。且假令釋氏有此語，而周子偶取之以解我書，亦何妨焉。釋氏亦有取我書以證其學者，如晦堂以“吾無隱乎爾”曉山谷，雲門以“朝聞道夕死可矣”示其徒，散見於彼書者不少矣。蓋以其同源而其言自相通耳，但以其异方，故諸儒力拒之，復但恐學者陷於彼弊耳。後人不知，遂以宋朝諸儒貶諸釋老之中，毫有帶神入玄之語，則皆斥以爲彼教之言而不容焉。但以淺淺施設之末術自任，以爲我道也。夫生民以來未有之孔聖，而豈但如是而已，但自溺於其所見而不深思焉耳。

按，無極而太極者，無其極而有其極也，言無其物而有其理也。西山真氏曰：“無極而太極，豈太極之上，别有所謂無極哉！不過謂無形無象，而至理存焉耳。蓋極者，至極之理也，窮天下之物，可尊可貴，孰有加於此者，故曰太極也。世之人以北辰爲天極，以屋脊爲屋極，此皆有形而可見者，周子恐人亦以太極爲一物，故以‘無極’二字加於其上，猶言本無一物，祇有此理也。自陰陽以下，則麗乎形氣，陰陽未動之前，是此理豈有物之可名耶？即吾一心而觀之，方喜怒哀樂之未發也，渾然一性而已，無形無象之中，萬理畢具，非所謂無極而太極乎？”朱子又曰：“無極即是無形，太極即是有理，祇是説無形而有理。”又游九言曰：“人肖天地，試即吾心驗之，方其寂然無思，萬善未發，是無極也。雖云未發，而此心昭然靈源不昧，是太極也。欲知太極，先識吾心。澄神端慮，察而見焉。”

三子之言，可謂明而盡矣。但朱子祇輕輕因其理而言之，真、游二子，近驗之於人心矣。然其致一也，蓋天人一貫，心理同體，天即人也，心即理也。故説天者，必驗之於人，説人者，必符之於天。若但説天而不及人，則是徒術數之學耳，無益於世教，豈聖人之心哉？故周子之二書，《圖》説天而驗之於人，《書》説人而符之於天，故《圖》所謂太極，《書》所謂誠也,《書》所謂善惡,《圖》所謂陰陽也。餘準於此而可知焉。

按,此“無極”字,實從“無爲”字轉化來也。何以言之?《繫辭傳》曰:“易无思也,无爲也。寂然不動,感而遂通天下之故。”此一節文,實是周子二書之所根本也。蓋无思也,无爲也,寂然不動二句,所以形容太極之無形無朕也,猶《中庸》所謂上天之載,無聲無臭也。然周子不直以“無爲”字釋太極,而反別妝撰“無極”字以解之者,何如?則无思、无爲二事,本是人心分上之事,非天所有也。聖人本以人心之无思无爲,欲以形容太極之無心無作也,雖是本假象以示之,然亦可以見聖人説天者,將以驗於人心也。下寂然不動句,方是平説天理,今周子欲以“无爲”字直屬之於人心,而別撰一個字,以平説天理,二言對映,以明天人一致之理也,庶幾條理分明而人易曉也。

故以“無爲”字屬之於《通書》曰:“誠,無爲也。”因撰“無極”字,屬之於圖曰“無極而太極”。下又曰“太極本無極也”,分明是以“太極”字對映“誠”字,以“無爲”字對映“無極”字。以此觀之,則是周子以此无思也、无爲也、寂然不動一行文字,分説天理與人心也。是實以天人爲一貫,以心理爲一體,豈不妙哉?

“誠”字原於《中庸》,曰:“誠者,自成也。”又曰:“誠者,不勉而中,不思而得。”又曰:“不見而章,不動而變,無爲而成。”此不思而得,無爲而成,豈不无思也、无爲也哉?此不見而章,不動而變,豈不寂然不動、感而遂通天下之故哉?周子以“誠”字配太極,以“無爲”字解之,豈不確哉?《中庸》又曰:“誠者,天之道也。”又曰:“至誠無息,不息則久,久則徵,徵則悠遠,悠遠則博厚,博厚則高明。博厚所以載物也,高明所以覆物也,悠久所以成物也,博厚配地,高明配天,悠久無疆。”是以誠符於天而説之,周子以誠配太極,豈不倍確哉?

且“無極”字,符於上天之載無聲無臭,下文“一動一静互爲其根”字,符於無息悠久,則豈不更倍確哉?又《繫辭》

下文“感而遂通天下之故”者，即此圖下文所謂“太極動而生陽，静而生陰”者。《通書》所謂幾善惡者，而《中庸》所謂無息悠久者，則是周子以《易》與《中庸》約爲一貫也，豈不復亦妙哉？

然不啻是也，《樂記》曰：“人生而静，天之性也，感於物而動，性之欲也。”此“静”字對下文“感於物而動，性之欲也”。則是爲無欲之義明矣，無欲則無爲，故《通書》又曰：“一爲要，一者，無欲也。”是以“一”字易“誠”字，以“無欲”字易“無爲”字而説之也。《中庸》亦於至誠無息之下文云：“天地之道，可一言而盡也，其爲物不貳，則其生物不測。”此“不貳”字，則是“一”字，則分明是以“一”字釋“誠”字也。然則周子以“一”字易“誠”字，亦非杜撰也。而“無欲”字則爲“無爲”字之義，倍明矣。如是則此“静”字，則是誠無爲之意，無極而太極之意，而《易》所謂无思也、无爲也、寂然不動之語，亦實與此相符焉。而下“感於物而動，性之欲也”之語，則是感而遂通天下之故者，則亦與太極動而生陽，静而生陰者，幾善惡者，實相合也。且圖下文主静立人極者，實根本於此“静”字。而幾善惡者，亦實原於此。《記》下文“物至知知，然後好惡形焉”之語，則是周子又以《易》與《中庸》與《樂記》，亦約爲一貫也，豈不復亦妙哉？

然亦不止是也。《論語》曰：“天何言哉，四時行哉，百物生焉！”天何言哉！此天何言哉，則是所謂无思也、无爲也，所謂人生而静，所謂無極而太極。所謂誠無爲者，而四時行焉，百物生焉。即是所謂感而遂通天下之故。所謂感於物而動，性之欲也；所謂太極動而生陽，静而生陰；所謂幾善惡者。則是周子又以《易》與《中庸》與《樂記》與《論語》，亦約爲一貫也，豈不復亦妙哉？

然則周子之學，確乎其有明據如此，誰謂之不出於聖經乎？若疑周子之無極，以爲釋氏之語，則今所引《易》《中庸》《樂記》《論語》之言，亦爲釋氏之語乎？人不疑於此，而疑於彼矣，不思之甚也。且三教本异方而同源，故其言自相似也。所謂无思也，无爲也，豈非是宛然老子之語乎？所謂寂然不動，豈非是確乎釋氏之語乎？老子之學未甚行，釋氏之學未入中國之前，而孔聖已言之，則其三教爲同源也，亦何疑焉。

本邦近世自惺窩學衰，物氏學行，而以聖人之道爲治天下之術子，等諸兵法政刑，以經濟自任，而於修身正心之事，則弃而不講焉。人我之心日盛，功名之情月熾，身陷於不義而不暇顧，心墮於不仁而不自覺，顧自誇以爲我豪杰矣，豈不痛哉？其下者研章煉句，以多作詩文，爲儒者之事，欲以不朽其名焉。於是乎，學李杜之風，效王李之流，以放飲爲高致，以游蕩爲曠達，名儒者而身實蕩子，而自是焉以不疑也。因此敗學者之風，賊諸生之志，使天下之人，至不知貴儒而反輕賤之，其爲害豈小小哉？信可爲痛哭流涕，長太息也。

予今辨周子之學者，欲以明程朱之學於世也。欲明程朱之學於世者，欲以易學者之風，而使天下之人，知儒之道之真而化之也。予於程朱豈親故哉，亦將何苦强爲解嘲雪冤乎？但不辨程朱，則世之學術不正矣。世之學術不正矣，則人不得其益，而反受其害也。予今爲之者，豈有他乎？亦但庶幾有微益於世人而已。自惺窩之學衰，而後人不知窮理，但自以己之淺見而量聖人之書，如前於同异辨而辨之，真可嘆哉！予於此等學者，豈有仇怨而非之乎？祇以君子之心不當如是耳，故詳辨之云。

太極動而生陽，動極而静，静而生陰，静極復動。

是言太極之中，自然相推之妙用也。猶《論語》曰“逝者如斯夫，不舍晝夜”，實原於《繫辭傳》“天下何思何慮，日往則月來，月往則日來，日月相推而明生焉。寒往則暑來，暑往則寒來，寒暑相推而歲成焉。往者屈也，來者信也，屈信相感而利生焉”之語，動極而静，静極而動，亦屈信相感之義耳。孟子云：“天下之言性也，則故而已矣，故者以利爲本。”此“利”字亦原於《傳》文“屈信相感而利生焉”。

一動一静，互爲其根。

原於《繫辭傳》“一陰一陽之謂道，繼之者善也，成之者性也”。

分陰分陽，兩儀立焉，陽變陰合，而生水、火、木、金、土。

水、火、木、金、土以配仁、義、禮、智、信。

五氣順布，四時行焉。五行一陰陽也，陰陽一太極也，太極本無極也。

以太極爲體，陰陽五行皆出於此矣。

五行之生也，各一其性。無極之真，二五之精，妙合而凝。乾道成男，坤道成女。二氣交感，化生萬物，萬物生生，而變化無窮焉。

《繫辭傳》曰："生生之謂易。"

惟人也，得其秀而最靈。形既生矣，神發知矣。五性感動而善惡分，萬事出矣。

《樂記》曰："感於物而動，性之欲也。""感動"二字，實原於此。又曰："物至知知，然後好惡形焉。"形既生矣，神發知矣。五性感動，而善惡分，萬物出矣。實原於此。

聖人定之以中正仁義，而主静，立人極焉。

此"静"字，實原於《樂記》"人生而静，天之性也"，然《樂記》静，指其本體而言之，此静，守之以求合其本體者也，實就動功上而言之，猶孟子云"誠者，天之道也。思誠，人之道也"。《中庸》又云："誠者，天之道也。誠之者，人之道也。"

故聖人與天地合其德，日月合其明，四時合其序，鬼神合其吉凶。

是約《乾卦·文言傳》之文也。《文言》"故聖人"作"夫大人"者，"日月""四時""鬼神"之上，各皆有"與"字。

君子修之吉，小人悖之凶。

《樂記》所謂"好惡無節於内，知誘於外，不能反躬，天理滅矣"之意。

故曰：立天之道，曰陰與陽。立地之道，曰柔與剛。立人之道，曰仁與義。

《説卦傳》之文。

又曰：原始反終，故知死生之説。

《繫辭傳》之語。

大哉《易》也，斯其至矣！

《文言》云“大哉乾元”，又云“至哉坤元”，大哉至矣，原於此。

《通書》曰：誠無爲，幾善惡。

説見於“無極”注，誠則无思也，无爲也，寂然不動之義。《中庸》所謂“喜怒哀樂未發之先，幾則感而遂通天下之故”之義，《中庸》“喜怒哀樂已發之後也”，《樂記》所謂“物至知知，然後好惡形焉”之意。

德愛曰仁。

此仁以用言之，以誠既爲之體也。

宜曰義，理曰禮，通曰智，守曰信。

仁、義、禮、智、信，對圖水、火、木、金、土。

性焉安焉之謂聖，復焉執焉之謂賢。

孟子曰：“堯舜性之，湯武反之。”性焉復焉原於此。《中庸》曰：“或安而行之，或利而行之，或勉强而行之。”又曰：“誠者，不勉而中，不思而得，從容中道，聖人也。誠之者，擇善而固執之者也。”安焉執焉原於此。

發微不可見，光周不可窮之謂神。

《易》云：“陰陽不測之謂神。”孟子云：“聖而不可知之謂神。”“神”字原於此。

程伊川曰：“天地儲精，得五行之秀者爲人，其本也真而静。”原於《樂記》：“人生而静，天之性也。”其未發也，《中庸》所謂“未發之中，五性具焉，曰仁、義、禮、智、信，五行之秀，形既生矣，外物觸其形而動其中矣”。《樂記》所謂“感於物而動，性之欲也，物至知知，然後好惡形焉”。其中動而七情出焉，曰喜怒哀樂愛惡欲，《中庸》所謂“已發之中，情既熾而益蕩，其性鑿矣”。《樂記》所謂“好惡無節於内，知誘於外，不能反躬，天理滅矣”，是故覺者約其情，使合於中。《樂記》所謂“以道制欲，則樂而不亂，以欲忘道，則惑而不樂”，而“中”字原於《中庸》“正其心，養其性”。孟子曰

“存其心，養其性”，今代“存”字以“正”字，正心原於《大學》，養性原於孟子。而《樂記》所謂“奸聲亂色，不留聰明，淫樂慝禮，不接心術，惰慢邪辟之氣，不設於身體，使耳目鼻口心知百體，皆由順正以行其義”之意。愚者，則不知制之，“制”字自《樂記》“以道制欲”來，縱其情而至於邪僻？“邪僻”字自《樂記》“邪辟之氣，不設於身體”來，牿其性而亡之，孟子《牛山之木》章曰：“旦晝之所爲，有牿亡之矣”。

此言實符於《圖》《書》二書之蘊焉。蓋程子受之周子者也，故今附於此，以略注其所原云。

《樂記》曰：人生而静，天之性也。

説既見於上，周子一生之學問，在一“静”字，實原於此矣。

感於物而動，性之欲也，物至知知，然後好惡形焉。好惡無節於内，知誘於外，不能反躬，天理滅矣。

説既見於上，“天理”字始見於此。

夫物之感人無窮，而人之好惡無節，則是物至而人化物也。

前“物至知知者”，正也。此“物至而人化物者”，不正也。“人化物”字最妙，程子《聽箴》云“知誘物化”，則化物也，“遂亡其正”，則下文“滅天理而窮人欲者也”。

人化物也者，滅天理而窮人欲者也。

宋學天理人欲之言，實出於此。天理，則上文“人生而静，天之性也”者，而《易》所謂无思也，无爲也，寂然不動。周子所謂無極之太極，無爲之誠，而道體也。故朱子注仁體曰：“天理渾然，學者宜致思也。”人欲，則上文“感於物而動，性之欲也”者，而《易》所謂“感而遂通天下之故”，周子所謂“太極動而生陽，静而生陰，幾善惡者，而道用也”。惟謂之窮，則上文所謂好惡無節於内，知誘於外，不能反躬，天理滅矣。周子所謂“君子修之吉，小人悖之凶”者，而爲私欲焉。蓋用合於體，則爲君子。用溢於體，則爲小人。學者請熟察焉。

於是有悖逆詐僞之心，有淫泆作亂之事。

好惡無節於内，知誘於外，不能反躬而窮人欲，故有此禍，予所謂用溢於體者也。又曰："奸聲亂色，不留聰明，淫樂慝禮，不接心術，惰慢邪辟之氣，不設於身體，使耳目鼻口，心知百體，皆由順正以行其義。"

主静持敬之骨髓，即《論語》四勿之意。

又曰："以道制欲，則樂而不亂，以欲忘道，則惑而不樂。"

"樂"字則和順之意，自樂上説來，上章之本。

又曰："心中斯須不和不樂，而鄙詐之心入之矣。外貌斯須不莊不敬，而易慢之心入之矣。"

此章可謂主静持敬之要訣矣，蓋不和不樂之句，樂也。不莊不敬之句，禮也。樂以稱禮，禮以合樂，而後禮樂可行矣。故《論語》曰："禮之用，和爲貴，先王之道。斯爲美，小大由之，有所不行，知和而和，不以禮節之，亦不可行也。"所謂和則樂也，此言禮樂相待而後行也，則與此章之言實相表裏焉。然所以謂之主静持敬之要訣者，何耶？蓋樂之質，和也。禮之質，敬也。故《論語》以和言樂，此章以和樂言樂，以莊敬言禮，敬和實可謂藏於心之禮樂也。若夫金石之響，揖讓之態，則禮樂之文耳。有質而後有文，則敬和實可謂禮樂之本也。故孔子曰："禮云禮云，玉帛云乎哉！樂云樂云，鐘鼓云乎哉！"然持敬者，若徒一於敬，而嚴威儼恪，則急迫失中焉。若徒一於和，而懈惰弛慢，則亦流蕩而不收焉。惟莊敬之中有自然和樂，和樂之中有自然莊敬，而後敬可用矣。如是則久之身體安正，意思純一而静也。既能静，則神鑒明靈，義理昭著，而鄙詐易慢之氣無由入焉，於是乎人生而静，天之性者得矣，是持敬之極功，而主静之法，亦但如是而已。蓋人生而静者，體而尚矣。而欲主之者，亦必莊敬其心，和樂其神，敬和相待，而後安正純一，而静可得也。是所以此章實爲主静持敬之要訣也，然則主静持敬，本是一法，但异其名耳。故程子釋"敬"字曰"主一無適"者，亦原於周子之語也。夫周子之太極與誠，則《樂記》所謂静之義，而主之以保焉。而又要一之一，則是"誠"字，無欲則無爲，予前已詳論之也。蓋程子因要一之一，而冠之以主静之主，而曰之主一，因"無欲"字，而易之以

"適"字，而曰之"無適"。夫"一"與"静"同義，"無適"與"無欲"同義，則主一無適，則爲主静之義無疑也。但言誠則大，而言一則緊，言無欲則廣，而言無適則密，然警學者之語，宜於緊密，則程子之意可知也。

或問："敬與静其意本同，則程子亦何不從而守主静之説，而必代之以敬乎?"曰："周子之静，至矣盡矣，莫以尚焉也。然學者不識者，或誤認以爲寂寞無心之義，於是乎厭動好静，常在屏處，兀兀坐定，以百不思爲是。故在静居無事之時，則其心似稍定，若臨世情紛亂之際，則或遲鈍不及事，或皇遽失其措，是誤認"静"字之弊也。蓋莊周槁木死灰之言，達磨墻壁瓦礫之語，在其徒猶皆議其誤認之弊，則此弊尤所不免也。若持敬，則動時一於動，静时一於静，動静相代於前，而一則不移焉。應用萬變，而心常安然，不須求静，而静在其中矣。是持敬之所以無弊而有益，而程子唱之也。若徒求静，則未及得静，而心既沈暝矣。蓋周子之静，迥出於動静，而超然獨静者也，是之爲真静，學者不識而成誤耳。"

或曰："'敬'之字散見於四書、六經之中者，甚夥矣。程子所最據者，果在何書耶?"曰："其所最據者，蓋在《易》'敬以直内，義以方外'之語，《易·坤卦·文言》。其次在《論語·仲弓問仁》之章。《論語》曰，仲弓問仁，子曰：'出門如見大賓，使民如承大祭，是不言敬而敬在其中。'其餘如同《書》'居敬而行簡'。《論語》曰，仲弓問子桑伯子，子曰：'可也簡'。仲弓曰：'居敬而行簡，以臨其民，不亦可乎?居簡而行簡，無乃大簡乎?'子曰：'雍之言然。'《大學》敬止，《大學》引《詩》曰：'穆穆文王，於緝熙敬止。'慎獨，《大學》曰：'君子必慎其獨也，慎則是敬。'《中庸》戒慎恐懼，《中庸》曰：'戒慎乎其所不睹，恐懼乎其所不聞，戒慎恐懼則是敬。'篤恭，而天下平。《中庸》曰：'篤恭而天下平，恭則是敬。'《易·震》驚百里不喪匕鬯。《易·震卦·彖傳》曰：'震驚百里，不喪匕鬯，是不言敬而敬在其中。'等，皆其所據也。其他不言敬而其實敬者，如孟子平旦之氣。《孟子·牛山之木之章》

曰：‘雖存乎人者，豈無仁義之心哉？其所以放其良心者，亦猶斧斤之於木也。旦旦而伐之，可以爲美乎？其日夜之所息，平旦之氣，其好惡與人相近也者幾希，則其旦晝之所爲，有牿亡之矣。牿之反覆，則其夜氣不足以存，夜氣不足以存，則其違禽獸不遠矣。人見其禽獸也，而以爲未嘗有才焉者，是豈人之情也哉？’養氣，孟子曰：‘我善養吾浩然之氣。’‘敢問何謂浩然之氣’？曰：‘難言也。其爲氣也，至大至剛，以直養而無害，則塞乎天地之間。其爲氣也，配義與道，無是餒也，是集義所生者，非義襲而取之，行有不慊於心，則餒矣。’又曰：‘必有事焉，而勿正，心勿忘，勿助長也。無若宋人然，宋人有閔其苗之不長而揠之者，芒芒然歸，謂其人曰：今日病矣。予助苗長矣。其子趨而往視之，苗則槁矣。天下之不助苗長者寡矣，以爲無益而捨之者，不耘苗者也，助之長者，揠苗者也，非徒無益而又害之。’按，養氣之法云，以直養集義，此直與義，則是與《易》所謂“敬以直内，義以方外”者實相符，則其養氣之即爲持敬，自可見也。蓋直者，慊於心而不自欺之義，義者，物來而順應之義也。如此而持敬，不亦美矣乎？且必有事焉以下一節，實是持敬之要訣乎？求放心。孟子曰：‘學問之道無他，求其放心而已矣。’操則存，捨則亡。孟子曰：‘孔子曰，操則存，捨則亡，出入無時，莫知其鄉，惟心之謂與？’存其心，養其性。孟子曰：‘盡其心者，知其性也，知其性則知天矣。存其心，養其性，所以事天也，夭壽不貳，修身以俟之，所以立命也。’按，程朱存養之言原於此，亦不少矣。以上所辨，周程之學既如是矣，而朱子亦遵奉之，不移易一毫，誰謂宋賢之學而不出於聖經乎？”

時寬政八年歲次丙辰初冬初二日撰《朱學辨》。

道統詩并序　鐮田柳泓

予嘗疑孔子於《論語》惟説一仁，而傍及忠恕、孝弟、信義、恭敬、禮樂、文質等，至曾子受《大學》，又以明德、親民、至善爲三綱，以格物、致知、誠意、正心、修身、齊家、治國、平天下爲八目。至《中庸》，又説性命、中和、未發、已發等。至孟子，又説性善、養氣、四端等，其言似各別爲一家者，學者將誰適從焉？至宋儒，以致知存養爲學道之大端，而濟之之方，周子專主静焉，程朱專主敬焉，其言亦似別自爲一家者，將倍望洋焉。予思之久矣，一旦豁然，知其衆聖賢之旨前後一貫，曾無毫末之异矣，因賦詩一篇，以辨之云。

孔聖一生説一仁，仁之一字妙無倫。
其體渾然純天理，不雜一毫人欲塵。
一片鐵瓦無縫罅，千槍萬箭誰得親？
其用惻怛至誠發，恩周萬物博濟民。
孝弟之心不外覓，治國齊家此中真。
忠恕信義與恭敬，至仁之方更諄諄。
四絶二無及一貫，皆語其體醇乎醇。
禮樂政刑又文質，皆出其用原愛人。
曾參嗣聖受大學，三綱八目分明陳。
明德仁體親民用，至善體用一誠辰。
格物致知要識體，宋學窮理此語因。
已得其體要熟此，誠意正心又修身。
存養省察宋學語，總原此語重相申。
齊家治國平天下，擴仁之用欲無堙。
其傳十章須玩弄，誠意正心最精純。
子思續之述中字，未發已發論説新。
未發仁體已發用，本之天命人性真。

戒慎恐懼及慎獨，至中之方更諄諄。
鳶飛魚躍無聲臭，語中極致精且純。
聖門心法此書傳，學者潛心須究研。
孟軻次之言性善，仁義禮智此中圓。
仁爲性主兼三者，義行禮節智知焉。
其用王政斥霸術，其害功利仁義宣。
過人説性蓋窮理，盡心知性稱知天。
養氣功成心身一，平旦清明氣常全。
是則仁性長養法，非是性外事别傳。
七篇多由心性説，楊子贊之其信然。
性學千載傳者少，運至宋時稱多賢。
周子通書圖太極，始説天理人性全。
其教主静立人極，以此長養仁體專。
二程續之唱道學，微言精語滿遺編。
反恐静字人誤會，澄清心思以爲玄。
守静厭動坐兀兀，槁木死灰是爲賢。
代静以敬其功大，主一無適仁體圓。
不墮無心與亂想，心體清明性德全。
静時亦定動亦定，大用圓轉出自然。
孝弟忠信何須數，治國齊家掌上旋。
集而大成是朱子，四書詩易注釋宣。
千言萬語汪不極，古今大儒是爲賢。
其學專主二程道，精微正大仰瞻懸。
性學之要唯二事，致知存養以爲全。
致知之方雖多端，研究心體最可歡。
寤寐動静須觀察，虚靈寂照心體寛。
一旦豁然貫通日，萬理精粗指掌看。
既知心體仁即是，凡百道義此中完。
舊習難盡假存養，常存心念毋他看。
念念收存無漏泄，即是長養仁體完。
省察但察心正否，不正則正正加爾。

存養省察無二旨，其實祇是一敬是。
致知亦由主一功，徹上徹下敬爲美。
至仁之道無他方，學者須從事於此。《朱學辨》。

原學 三浦左平

趙宋御天下也，禪教塞於宇外矣，如慧琳浮屠而參於朝政，曰之黑衣之相。周氏介在其間，盛唱先王之道，信《易》而著《大極圖説》曰："無極而太極。"又云"太極無極也"，以無極爲極，其言終歸禪理，是其理學所職由也。理本無極，因己所見而斡旋之，則天地之間何物有底極？辟之環無端，由是學流日波。至張載曰："形而後有氣質之性。"反之則天地之性存焉，程朱盛言性有氣質、本然，是其濫觴乎？

讀書會意 澀井孝德

朱子云："合周、張、程子之言於四書六經，亦窮理之一事。"闇齋之徒，專據此説，而不知上事。

性命説至宋盛行，其勢然，周子而後論定。"無極之真，二五之精，妙合而凝。"朱子之注，不大分曉。夫二五之精，即無極之真，妙者真，合者精，合二五之精者，無極之真，凝者成，乾道成男，坤道成女也。朱子云"氣强理弱，管攝佗不得"。凡氣以已發言，理以未發言，管攝佗不得者，人欲克也，發而中節者，天理克也。羅欽順疑而未明，故云"待後朱子也"。

程子曰："海島廣莫，自然有氣化之人。"既有人種，無復氣化，是因誤解《太極圖》"乾道成男，坤道成女""萬物化生"也。朱子解不分明。蓋上言父乾母坤，乾坤生此人也，父母生之，之謂氣化。下言乾父坤母，父母生此子也，乾坤生之，之謂形化。其生民之始，猶天地之始，不可論也。歸之氣化，非張子之意。張子之意，謂此一人之身，無極之真，二五之精，妙合而凝，即氣化，即形化，父母各一太極，所生各一太極也。非謂有氣化、形化二種。昔日今日二時也。且程子以人爲裸蟲，而如夏生秋死之蟲乎？夏生秋死，猶有逾年，形化氣化，蠢動無异，不可謂既有形化，無復氣化。今無氣化，則上古無之，便可知也。夷蠻之種有疑其先，作種種怪妄，程子無亦坐此意乎？

動而成陽，静而成陰，自古有其説，至宋循環詳悉，不可復加。余竊按，是因理原其始也，以氣論之，陽故動，陰故静。而陰之動也，以陽在陰中也。陽之静也，以陰在陽中也。以形驗之，日陽也，月陰也，日光所及陽，而所不及陰也。月有光者，陰中有陽也，日月并行，陽中有陰也。月入晝者，陰就陽也，月不入晝，則陰陽不接，物無由生。

《通書》曰："發聖人之藴，教萬世無窮者，顔子也。"下章曰："聖人之藴，因卦以發。"以是觀之，似以顔子爲深於《易》也。然孔子特於《復卦》曰："顔氏之子，其始殆庶幾乎？"言合初九爻耳。蓋上章聖人言孔子，下章聖人言古聖人，不可一之。朱子又云"因顔子進修之迹，見孔子之藴。猶天不言而四時行，百物生也。"是以顔子之身言也。竊按，孔子不自發其藴，因人之問而後發也，顔子亞聖也，所問异於諸弟子，則所答亦异於諸弟子，是顔子發其藴而傳諸後者也。余之説以顔子之學言。

《太極圖》，此所謂無極而太極也。朱子注《太極圖説》，周子之所以作圖之説，總言之爲《太極圖》，分言之爲《圖説》。朱子所謂愚既爲此説者，《圖説》之注也。

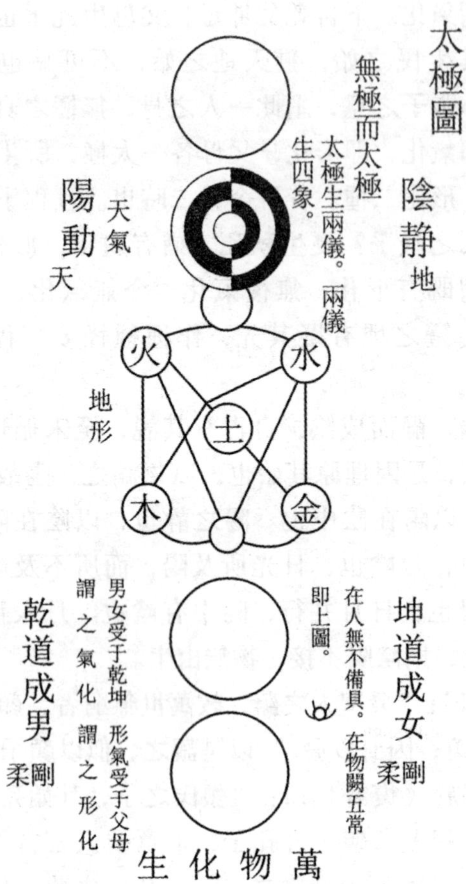

人兼有上三圖，而齊同混一，又兼受於萬物之氣，身中有萬物之形氣，即一太極也。

圖中○皆所謂一太極，譬如五入爲緅，非如累紙雖成帖，尚各成一層。

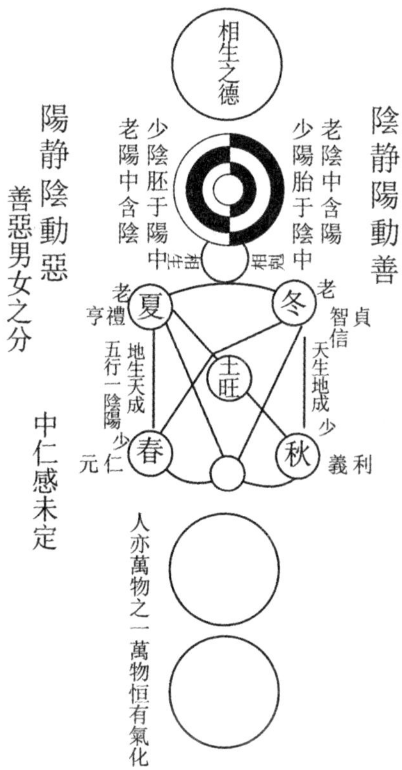

動先天也，靜後天也，靜非寂然不動之謂。

明道得周子之德，伊川得周子之義，延平似明道，考亭似伊川。

後　記

本書選録的底本大致共計五十多種，是在我所編纂并已出版的《濂溪志補遺》（中國社會科學出版社 2020 年）、《濂溪風雅》（中國社會科學出版社 2020 年）、《濂溪志新編》（中國社會科學出版社 2019 年）、《濂溪志八種彙編》（湖南大學出版社 2013 年）的基礎上，整理日本學人從鎌倉時代前期到江户時代末期創作的周敦頤相關史料，編纂校勘而成，内容與前述著作完全不同。

感謝湘潭大學碧泉書院院長陳代湘教授，收録本書於他主編的《湖湘文化海外傳播研究叢書》中，爲本書出版解决了後顧之憂。陳先生對湖湘學的研究與思考讓我由衷欽佩，他以開闊的國際學術視野積極推動海外湖湘學的研究工作，庶幾開拓出湖湘學研究發展的新天地，此皆歸功於陳先生浩浩然之學術戰略。

感謝日本關西大學吾妻重二教授，在 2017 年我申請國家社科項目時同意加入項目組，待項目結項成果出版，又欣然撥冗賜序，鼓勵我做好相關研究。他在序中對本書頗多溢美之詞，令我愧不敢當。

本書史料均來自域外，整理工作頗有些難度。幸有許多博雅君子樂見其成，自始至終給予我極大的幫助。文獻的獲取是首要困難，美國康奈爾大學東亞圖書館的國際國内館際互藉系統，讓我有機會在赴美期間藉閲美國、日本、中國大陸、中國台灣著名圖書館的藏書，從而克服了地域局限帶來的資料收集障礙，我將終生感恩銘記。數量衆多繁複瑣屑的原始文字録入和圖像製作，由我團隊成員李紹麗、申瀟負責，這極大緩解了我的工作壓力，深深感謝她們幾年來持续高效的工作。相較我支付的微薄薪酬，她們屢次多番調整始終恪勤恪謹，曠日持久修改永遠不厭其煩，常激勵我不可懈怠。幾年來，浮波新葉净，吹露曉風香，紹麗從懷孕至今小朋友都三歲了，申瀟闖蕩幾個城市，職場已能獨擋一面，本書終於要付梓了。

還要感謝南開大學日本研究院院長劉岳兵教授，多次鼓勵我做好本書，不僅提供文獻資源，更指導了極好的研究規劃。北京大學日語系劉瑩博士後不僅幫助查詢核實了部分内容，并慨然翻譯了吾妻先生序作，她勤奮好學，積極進取，氣象浩然而志向高遠，是我學習的榜樣。一并感謝岳麓書社劉文編輯爲本書出版付出的辛勞！

最要感謝我的先生郭曉賢博士，不僅讓我有赴美進行科學研究的機會，無數次解决數據采集的技術難題，更是點點滴滴持續愛護包容我的任性驕縱，讓我能一直保持蓬勃的生命热情，在平静自在的情緒中開展工作，感謝我親愛的家人！

王晚霞於天津科技大學

2021 年 11 月 16 日

圖書在版編目(CIP)數據

日本濂溪志/王晚霞編著;陳代湘主編.—長沙:岳麓書社,2022.1
ISBN 978-7-5538-1600-5

Ⅰ.①日… Ⅱ.①王…②陳… Ⅲ.①周敦頤(1017—1073)—哲學思想—研究 Ⅳ.①B244.25

中國版本圖書館CIP數據核字(2021)第250199號

RIBEN LIANXI ZHI

日本濂溪志

叢書主編:陳代湘
本書編著:王晚霞
責任編輯:劉 文
責任校對:舒 舍
封面設計:羅志義

岳麓書社出版發行
地址:湖南省長沙市愛民路47號
直銷電話:0731-88804152 0731-88885616
郵編:410006
岳麓書社網址:www.yueluhistory.com

版次:2022年1月第1版
印次:2022年1月第1次印刷
開本:640mm×960mm 1/16
印張:19
字數:250千字
ISBN 978-7-5538-1600-5
定價:98.00元

承印:長沙鴻發印務實業有限公司

如有印裝質量問題,請與本社印務部聯繫
電話:0731-88884129